Conradin von Planta
Rittergasse 7, 4051 Basel, ✆ 061/23 81 58

Dr. Rudolf Suter

# Baseldeutsch-Grammatik

2. Auflage 1976

Christoph Merian Verlag Basel

© Christoph Merian Verlag Basel, 1976

Herausgeberin: Christoph Merian Stiftung, Basel

Gestaltung: Josef Hodel, Basel
Druck: Buch- und Offsetdruckerei Kohlhepp AG, Allschwil
Einband: Buchbinderei Flügel, Basel

ISBN 3 85816 001 6

Vorsatzblätter:
Die Stadt Basel Mitte 17. Jahrhundert
Kupferstich von Matthaeus Merian d.Ä., 1642

Reihe «Grammatiken und Wörterbücher des Schweizerdeutschen»

Band VI  Baseldeutsch-Grammatik

In ähnlicher Ausstattung sind, herausgegeben vom Bund Schwyzertütsch,
bereits erschienen:

Band I    Zürichdeutsche Grammatik von Dr. Albert Weber,
          2. Auflage 1964 (3. Auflage in Vorbereitung)
Band II   Luzerndeutsche Grammatik von Dr. Ludwig Fischer,
          1960
Band III  Zürichdeutsches Wörterbuch von Dr. Albert Weber
          und Dr. Jacques M. Bächtold, 2. Auflage 1968
Band IV   Zuger Mundartbuch von Hans Bossard und
          Dr. Peter Dalcher, 1962
Band V    e Baseldytsch-Sammlig vom Fridolin,
          4. Auflage 1976

# Inhaltsverzeichnis

Die Zahlen hinter den Stichworten entsprechen den fettgedruckten
Abschnittsziffern am Rand des Buchtextes

# Vorwort

### Zum Jubiläum der Bürgergemeinde der Stadt Basel

In diesem Jahr kann die Stadt Basel das Jubiläum des hundertjährigen Bestehens ihrer Bürgergemeinde feiern. Die Christoph Merian Stiftung nimmt dieses Ereignis zum Anlass, der Bürgerschaft durch Übergabe eines baslerischen Präsents zu gratulieren.

Beim Abschluss des Ausscheidungsvertrags zwischen Bürgergemeinde und Einwohnergemeinde im Jahre 1876 musste auch entschieden werden, wem die Aufsicht über die Christoph Merian Stiftung, die noch nicht in Rechtskraft getreten war, übertragen werden sollte. Die Witwe und Vorerbin des Stifters, Frau Margaretha Merian-Burckhardt, lebte noch und konnte die Hinterlassenschaft bis zu ihrem Lebensende weiter nutzen. Christoph Merian hatte aber vorsorglich in seinem Testament den kleinen Stadtrat unter der üblichen Aufsicht des grossen Stadtrates zur Oberaufsicht über seine Stiftung eingesetzt.

Da die Einwohnergemeinde aus praktischen Erwägungen von den Behörden des Kantons verwaltet wird, lag es nahe, die Oberaufsicht über die Christoph Merian Stiftung der Bürgergemeinde zu übertragen. Diese hat bisher, unter Beanspruchung eines nur kleinen Teils des Stiftungsertrages für ihre Fürsorgeanstalten, das Mandat grosszügig und im wohlverstandenen Interesse der Stiftung ausgeübt, weshalb die Christoph Merian Stiftung in Dankbarkeit des Jubiläums gedenkt und allen Baslern eine Darstellung ihrer Mundart überreicht.

### Zur Sache

Eine umfassende Grammatik der stadtbaslerischen Mundart gab es bisher merkwürdigerweise nicht. Verheissungsvolle Ansätze zu einem solchen Werk waren allerdings in einzelnen wissenschaftlichen Monographien und einigen volkstümlichen Aufsätzen schon im letzten Jahrhundert vorhanden.

Ende der 1940er und Anfang der 1950er Jahre gab der Germanist und vorzügliche Hebelkenner Professor Dr. Wilhelm Altwegg der Baseldeutschforschung neue Impulse. Er nahm u.a. mit den jungen Germanisten Dr. Ernst Erhard Müller und Dr. Rudolf Suter die Vorarbeiten zu einer systematischen Grammatik an die Hand. Allein, äussere Umstände brachten die Arbeiten zum Stillstand und liessen das Begonnene Torso bleiben.

Inzwischen ist ein Vierteljahrhundert verflossen, und die Notwendigkeit einer vollständigen Darstellung des Baseldeutschen wurde immer dringlicher. Denn der heute rascher als früher ablaufende Prozess des Sprachzerfalls, der Sprachvermischung und der Sprachverflachung bedrängt die Eigenständigkeit unserer Mundart in besorgniserregender Weise; Lautgebung und Formenbestand sind ebenso stark gefährdet wie Satzfügung und wortbildende Kraft.

Diese betrübliche Entwicklung kann, wenn überhaupt, nur aufgehalten oder doch gebremst werden, wenn die heimische Mundart in der Familie, in der Schule und im Rahmen der städtischen Geselligkeit bewusst gepflegt wird. Hierzu bedarf es aber einer gewissen normativen Grundlage. Diese war einst weitgehend durch die Sprachtradition der einzelnen Familie gewährleistet; heute braucht sie, weil merklich schwächer geworden, eine zusätzliche Stärkung. Als solche bietet sich die vorliegende Baseldeutsch-Grammatik an.


## Zum Geleit

Die Christoph Merian Stiftung hofft, dass die Herausgabe der Grammatik des Baseldeutschen nicht nur denjenigen, welche den angestammten Dialekt schon immer schätzten, Hilfe und Anregung bedeutet, sondern dass grosse Teile der jubilierenden Bürgerschaft dadurch ermuntert werden, ihre Umgangssprache zu pflegen. Wir wollen damit aber auch allen Einwohnern, die die Eigenart ihrer Stadt hochhalten, und nicht zuletzt unsern Nachbarn am Oberrhein, soweit sie an ihren verwandten alemannischen Dialekten festhalten, unsere Reverenz erweisen.

Das Jubiläumspräsent soll schliesslich auch bewusst machen, dass die Bürgergemeinde, in Ermangelung einer organisierten Stadtgemeinde von Basel, deren Aufgaben teilweise übernehmen und, mehr noch als bisher, Trägerin des Basler Kulturgutes werden sollte. Die ihrer Aufsicht unterstehende Christoph Merian Stiftung will und kann der Bürgergemeinde auch im zweiten Jahrhundert ihres Wirkens dabei helfen. Diese Bereitschaft will sie mit der Herausgabe der Baseldeutsch-Grammatik ebenfalls zum Ausdruck bringen. Sie dankt dem Autor Dr. Rudolf Suter für seinen grossen Einsatz, den er unter beträchtlichem Zeitdruck neben einer anspruchsvollen beruflichen Tätigkeit erbringen musste, damit das Werk termingerecht erscheinen konnte.

Basel, Anfang Oktober 1976    Hans Meier
Direktor der Christoph Merian Stiftung

Basler Stadthaus, Sitz der Bürgergemeinde. (Photo P. Heman).

# Einleitung

## Die Stellung des Baseldeutschen

Die Mundart von Basel-Stadt nimmt in zweifacher Hinsicht eine Sonderstellung ein. Einmal gehört sie zwei verschiedenen Dialektgruppen an, indem sie niederalemannische, dem Elsässischen zugehörige, und hochalemannische, dem Baselbieterischen zugehörige Eigenheiten aufweist, somit eine eigentliche Sprachinsel bildet. Sodann ist ihre Verbreitung auf wenige Quadratkilometer städtischen Bodens beschränkt; kaum irgendwo im deutschen Sprachgebiet unterscheidet sich die Mundart einer Stadt von derjenigen ihrer allernächsten Umgebung derart stark wie die stadtbaslerische. Dies alles bewirkt, dass der Basler auch wegen seiner Sprache von den Miteidgenossen als etwas Besonderes, ja Befremdliches empfunden wird.

Zudem besitzt das Baseldeutsche keinerlei Rückhalt an einem Hinterland, wie etwa das Berndeutsche; es ist ganz auf sich selbst angewiesen. Umso überraschender ist die Tatsache seiner Resistenz. Trotz starker Bevölkerungsbewegung und -durchmischung haben sich die wesentlichen Charakteristika bis heute einigermassen behaupten können. Freilich ist nicht zu übersehen, dass die ursprüngliche Substanz immer rascher verwässert wird, nicht zuletzt auch infolge des weltweit grassierenden Sprachzerfalls.

## Sinn und Zweck der Grammatik

So ist es jetzt höchste Zeit, das noch Bestehende festzuhalten, damit es länger lebendig bleibe und an kommende Generationen weitergegeben werde. Unsere Grammatik hat demnach zwei Ziele: Einerseits will sie das Baseldeutsche beschreiben, anderseits zum korrekten Gebrauch der Mundart anleiten; sie ist also zugleich deskriptiv und normativ.

Dabei soll das normative Element nicht überschätzt werden; eine lebende Sprache lässt sich stets nur bis zu einem gewissen Grade in ein starres System von Regeln zwingen. Die Normierung darf die organische Weiterentwicklung in keiner Weise hindern. Wichtig ist lediglich, dass eine solche Weiterentwicklung aus dem Wesen der Mundart erfolgt und nicht unter dem Einfluss der Schriftsprache, des anglogermanischen Werbe-Slangs und anderer Dialekte oder durch ein abgestumpftes Sprachgefühl fehlgeleitet wird.

In erster Linie will unsere Grammatik den Sinn für die Eigentümlichkeiten und auch Schönheiten der Muttersprache wecken, bei Baslern und auch bei Nichtbaslern.

## Normen und Massstäbe

Jede Sprache, wie eng begrenzt ihr Gebiet auch sei, wird nie von allen ihren Trägern gleich gesprochen, so auch das Baseldeutsche. Jedermann kennt die zahlreichen Schattierungen zwischen den Extremen «Dalbanesisch» (Sprache der alten städtischen Oberschicht) und «Hösch»-Sprache (schüler- und soldatensprachlich beeinflusstes Sonderidiom). Diese Schattierungen decken sich nicht etwa mit verschiedenen Wohnquartieren, sondern mit verschiedenen gesellschaftlichen Schichten und haben alle ihre Lebensberechtigung. Indessen kann eine Grammatik niemals alle Variationen berücksichtigen, sie muss sich an irgend einen bestimmten Grundtypus halten.

Wir haben als solchen die Sprache der alteingesessenen Familien gewählt. Denn sie zeigt das Charakteristische der Basler Mundart am deutlichsten. Sie ist es auch, die in schriftlichen Zeugnissen am häufigsten festgehalten wird, heute so gut wie gestern. Es fällt übrigens auf, wie sich beispielsweise Jahr für Jahr auch die Fasnachtspoeten – Schnitzelbankdichter, «Zeedel»-Autoren und Laternenvers-Schmiede – um eine möglichst starke «Klassizität» des Baseldeutschen bemühen, wenn auch selbstredend mit unterschiedlichem Erfolg. Anders ausgedrückt: jeder Basler sieht im «klassischen» Baseldeutschen eine Art von Hochsprache, gewissermassen das Sonntagskleid des Dialektes. – Warum soll schliesslich dieses Sonntagskleid nach einigem Gebrauch nicht auch an Werktagen getragen werden?

Schwieriger war indessen zu entscheiden, welcher Epoche die Normen entnommen werden sollten, der unmittelbaren Gegenwart, der Zeit vor dem Zweiten oder gar vor dem Ersten Weltkrieg. Im Prinzip haben wir die «Hochsprache» der Gegenwart gewählt, das heisst jene Dialektnuance, die zwar im «Sprachalltag» nur von einer Minderheit gepflegt wird, die aber immerhin noch recht lebendig ist, uns zudem mit der Sprache unserer Grossväter und Urgrossväter verbindet und somit eine Brücke zur Vergangenheit schlägt, die als Fundament einer Sprache, ja der Kultur überhaupt, jederzeit und allenthalben notwendig ist.

Freilich sind wir nicht der Meinung, dass sich nun jedermann anhand dieses Buches zu einem «Dalblemer», «Dalbemer» oder «Dalbanesen» durchmausern soll. Jeder möge durchaus seine eigene, durch Herkommen, Geburt, Umgebung oder Gewöhnung erworbene Sprechweise bewahren, diese jedoch an der «Normsprache» messen und einzig das tatsächlich

Mundartfremde allmählich ausscheiden. Dieses Fremde ist, nebenbei bemerkt, keineswegs, wie viele Dialektfreunde glauben, nur im Wortschatz zu finden, sondern weit häufiger in den Formen und im Bau der Sätze. Sodann kommt auch der Sprachmelodie grosse Bedeutung zu. Sie kann natürlich in unserem Buch ohne akustische Stützmittel nur höchst unvollkommen wiedergegeben werden.

## Unterlagen

Als Unterlagen dienten mir ausser der eigenen, in mittelständischer Umgebung erlernten und gepflegten Sprache und der Sprache von Freunden, Verwandten und Bekannten aus allen Schichten der Bevölkerung die literarischen Quellen vom ausgehenden 19. Jahrhundert bis zur Gegenwart. Sie reichen also von den baseldeutschen Feuilletons Ludwig Siebers und den Idyllen Emma Krons über die Satiren Dominik Müllers und die Kleinbasler Bilder Theobald Baerwarts bis zu den Gedichten Fritz Liebrichs, den Versen von Blasius (Felix Burckhardt) und den Sprachfeuilletons eines «Glopfgaischt», um nur ganz wenige zu nennen.
Als die hauptsächlichen wissenschaftlichen Hilfsmittel liegen zu Grunde die wichtigen Abhandlungen von Gustav Binz: «Zur Syntax der baselstädtischen Mundart» 1888 (nur die Lehre von der Bedeutung der Wortklassen umfassend), von Andreas Heusler: «Beitrag zum Consonantismus der Mundart von Baselstadt» 1888, von Eduard Hoffmann: «Der mundartliche Vokalismus von Basel-Stadt» 1890, ferner das Wörterbuch «Die Basler Mundart» von G. A. Seiler 1879 (Baseldeutsch und Baselbieterdeutsch sowie einen knappen grammatischen Anhang umfassend)[1] und das Schweizerdeutsche Wörterbuch (Schweizerisches Idiotikon), seit 1881 erscheinend. Aus neuerer Zeit standen mir zur Verfügung Vorlesungen, Aufsätze, Artikel und nachgelassene Manuskripte meiner verehrten einstigen Hochschullehrer Wilhelm Bruckner und vor allem Wilhelm Altwegg. In längerer Zusammenarbeit mit dem Letztgenannten und mit Ernst Erhard Müller (heute Professor für Germanistik an der Universität Basel) durfte ich mich bereits vor einem Vierteljahrhundert mit dem Konzept einer modernen baseldeutschen Grammatik befassen. – In aufschlussreicher Weise behandelte ferner Ernst Erhard Müller die Sprachgeschichte in «Die Basler Mundart im ausgehenden Mittelalter» (Bern 1953). Ausserdem ist der Sprachatlas der deutschen Schweiz (SDS), seit 1962 erscheinend, zu erwähnen. Wertvoll als Vergleichsunterlage ist Robert Schläpfers «Die Mundart des Kantons Baselland» (Liestal 1955). Grosse Hilfe leistete mir im Bereich des noch lebendigen baseldeutschen

1 Neudruck im Verlag Martin Saendig, Wiesbaden 1970

Wortschatzes «E Baseldytsch-Sammlig» von Fridolin (Robert B. Christ) und Peter Pee (Kurt Hägler), kürzlich in vierter Auflage herausgekommen.

Unschätzbarer Begleiter aber war während der ganzen Ausarbeitung die «Zürichdeutsche Grammatik» von Albert Weber (2. Auflage 1964), der vorbildliche Prototyp der danach erschienenen allgemeinverständlichen Schweizer Mundartgrammatiken. Die Baseldeutsch-Grammatik schliesst sich wie Ludwig Fischers «Luzerndeutsche-Grammatik» (1960) in Aufbau und Inhalt aufs engste an die zürichdeutsche an. Wo sich Sachverhalte in beiden Sprachen decken, habe ich Webers treffende Formulierungen zum Teil wörtlich übernommen.

Schmerzlich wurde mir während der Benützung der Zürcher Arbeit und anderer Werke immer wieder bewusst, wieviel ärmer heute trotz aller Eigenständigkeit das Baseldeutsche im Vergleich etwa zum Berndeutschen oder auch zum Zürichdeutschen ist. Es fehlte und fehlt ihm eben, wie schon erwähnt, der Rückhalt an einem gleich- oder ähnlichsprachigen Hinterland und an einer starken literarischen Mundarttradition. – Wenn das vorliegende Werk dazu beiträgt, die Stellung unserer doch einzigartigen Stadtmundart zu stärken und ihrer langsamen Auflösung entgegenzuwirken oder gar – zu kühner Gedanke! – eine Baseldeutsch-Renaissance herbeizuführen, dann sind Mühe und Aufwand der Herausgeberin und des Autors reichlich belohnt.

## Dank

Zum Schluss bleibt mir noch die angenehme Pflicht, allen zu danken, die zur Entstehung und zur Vollendung dieser Grammatik beigetragen haben. Es sind das zunächst die bereits oben erwähnten Autoren, sodann Dr. Rudolf Trüb, Redaktor am Schweizerdeutschen Wörterbuch, der das Manuskript kritischer dialektologischer Prüfung unterzogen und manchen wertvollen Änderungs- und Verbesserungsvorschlag gemacht hat, ferner Robert B. Christ, der als einer der besten Kenner des Baseldeutschen das Manuskript ebenfalls prüfend durchgelesen und in Zweifelsfällen klaren Bescheid gegeben hat, sodann Dr. Hans Meier, der als Direktor der Christoph Merian Stiftung die Herausgabe des Werkes durch die Stiftung vorangetrieben und überhaupt ermöglicht hat, schliesslich die Buchdruckerei Kohlhepp AG, welche die keineswegs einfache Drucklegung ebenso speditiv wie sorgfältig besorgte.

RUDOLF SUTER

# Zum Gebrauch der Grammatik

Die Grammatik ist so aufgebaut und abgefasst, dass sie von allen an der Sprache Interessierten verstanden und benützt werden kann, auch wenn sie keine sprachwissenschaftliche Ausbildung genossen haben. Bewusst habe ich, von einigen Ausnahmen abgesehen, auf sprachgeschichtliche Hinweise und wissenschaftliche Erörterungen verzichtet, auch wenn ich in vielen Einzelfragen immer wieder auf Ergebnisse der sprachhistorischen Forschung und auf die mittelhochdeutsche Sprache zurückgreifen musste.

Nicht verzichten konnte ich auf die Verwendung der üblichen grammatikalischen Benennungen und Begriffe; sie sind nachstehend zum grössten Teil alphabetisch aufgeführt und erklärt, desgleichen die Abkürzungen. Ein ausführliches Inhaltsverzeichnis und ein Wortregister sollen das Nachschlagen erleichtern. Das Wortregister ist lange nicht vollständig, kann also nicht ein Wörterbuch ersetzen.

Alle Mundartwörter sind kursiv gedruckt. Häufig wird ihnen eine schriftdeutsche Übersetzung beigegeben, vor allem wenn schriftsprachliche Entsprechungen fehlen oder ein wesentlicher Bedeutungsunterschied vorliegt. – Das grammatische Geschlecht eines Substantivs (Hauptwort) wird nur dann angegeben, wenn es von der Schriftsprache abweicht, z.B. *Faane* m. Fahne oder *d Schooss* w. der Schoss. Betonungen sowie Hervorhebungen einzelner Laute werden, wo nötig, durch Fettdruck bezeichnet. Veraltete Wörter sind mit nachgestelltem † bezeichnet.

Die fettgedruckten Zahlen am Rand des Textes haben ordnende Funktion und bezeichnen die einzelnen Abschnitte oder Paragraphen der Grammatik. Die im Text vorkommenden Hinweise auf einzelne Abschnitte erfolgen mit der entsprechenden fettgedruckten Zahl.

Die Fussnoten enthalten Hinweise auf Sonderformen und Analogien in andern Mundarten, ferner Bemerkungen zur Schreibweise sowie sprachgeschichtliche und andere Erklärungen.

# Erklärung grammatischer Begriffe

(Die in Klammern gesetzten erläuternden Beispiele sind in der Regel mundartlich und nur dort hochdeutsch abgefasst, wo der Mundart eigentliche Entsprechungen fehlen.)

| | |
|---|---|
| Ablaut | wechselnder Stammvokal der starken Verben *(dräffe, driffsch, dròffe)* |
| Adjektiv | Eigenschaftswort *(beesi Männer)* |
| adjektivisch | als Eigenschaftswort verwendet |
| Adverb | Umstandswort *(gèschtert, gäärn, gaar)* |
| Akkusativ | Wenfall, 4. Fall (den Namen) |
| Aktiv | Tätigkeitsform des Verbs *(i nimm, er goot)* |
| Anakoluth | Satz ohne folgerichtigen Bau |
| analog | von andern, ähnlichen Fällen übertragen |
| Anlaut | Laut am Wort- oder Silbenanfang |
| Artikel | Geschlechtswort *(der, die, e)* |
| aspiriert | behaucht *(Phaul, Thee, Kaffi)* |
| Assimilation | Angleichung eines Lautes an einen Nachbarlaut *(gimmer aus giib mer)* |
| Attribut | Beifügung *(s grooss Huus, s Huus am Bach)* |
| attributiv | als Beifügung verwendet |
| Auslaut | Laut am Wort- oder Silbenende |
| Dativ | Wemfall, 3. Fall *(diir, niemetsem niemandem)* |
| Deklination | Beugung der Substantive, Adjektive usw. in den verschiedenen Fällen *(blau Glaas, blauem Glaas, blaui Gleeser)* |
| Demonstrativpronomen | Hinweisendes Fürwort *(sälle, dää)* |
| Diminutiv | Verkleinerungsform *(Dischli, duubäggele)* |
| Diphthong | Zwielaut *(au, ai, ei, ie, ue)* |
| direkte Rede | wörtlich wiedergegebene Rede *(«I kùmm graad.»)* |
| Ellipse | Auslassung, die in Gedanken ergänzt wird *(e Dreier Roote drei Deziliter Rotwein)* |
| Flexion | Beugung der Wörter in den verschiedenen Formen, siehe auch Deklination und Konjugation |
| Fremdwort | aus einer fremden Sprache übernommenes Wort, das noch als fremdsprachig empfunden wird *(Byyliee Billet)* |
| Futur | Zukunft *(Si wäärde stuune.)* |

| | |
|---|---|
| Genitiv | Wesfall, 2. Fall *(s Maiers*, des Königs) |
| geschlossene Silbe | Silbe, die mit Konsonant(en) endet *(Wand, git)* |
| Gliedsatz | Nebensatz, von einem Hauptsatz abhängiger unselbständiger Satz ( . . . , *wil er grangg isch.)* |
| Hauptsatz | Selbständiger Satz *(Die Lyt sinn verrùggt.)* |
| Hiatus | Zusammenstoss eines auslautenden mit einem anlautenden Vokal *(Stoo yy!* Steh ein!) |
| Hilfsverb | Zur Bildung der Zeiten notwendige Verben *(haa, syy, wäärde. Er hèt gässe. Si sinn gange. S wird gschraue.)* |
| Idiom | Sondersprache, Mundart, Dialekt |
| Idiotikon | Wörterbuch der Idiome |
| Imperativ | Befehlsform *(kùmm! nämme!* nehmt!) |
| Imperfekt | erste Vergangenheit (Ich schlug. Sie kamen.) |
| Indikativ | Wirklichkeitsform des Verbs *(er macht, er hèt gmacht)* |
| indirekte Rede | abhängige, nicht wörtliche Rede ( . . . , *er wèll sich s nò iberleege, er syg noonig baraad.)* |
| Infinitiv | Grundform des Verbs *(singe, wèlle, koo)* |
| Infinitivsatz | Infinitiv, der Nebensatzcharakter hat (Ich freue mich, euch zu sehen.) |
| Inlaut | Laut im Wort- oder Silbeninnern |
| Interjektion | Ausrufewort *(au! jee! oo!)* |
| intransitives Verb | nichtzielendes Verb, Verb ohne Objektergänzung *(säärble* hinsiechen) |
| Komparativ | erste Steigerungsstufe *(greesser, bèsser)* |
| Konditional | Bedingungsform des Verbs *(er käämt, er wùùrd koo)* |
| Konditionalsatz | Umstandssatz der Bedingung *(wènn i Gäld hätt)* |
| Konjugation | Abwandlung des Verbs *(kùmm, kùnnsch, kèmme, i bii koo)* |
| Konjunktion | Bindewort, Fügewort *(ùnd, ooder, wil* weil) |
| Konjunktiv | Möglichkeitsform des Verbs *(er mies* er müsse, *si haig* sie habe) |
| Konsonant | Mitlaut *(p, t, k, s* usw.) |
| Kontamination | Kreuzung verschiedener Wörter oder Fügungen |
| Lehnwort | aus einer fremden Sprache übernommenes Wort, das nicht mehr als fremdsprachig empfunden wird *(Mäss* Messe, *Dram* Tram) |

| | |
|---|---|
| modal | die Art und Weise bezeichnend |
| Modalverb | Verb, das vorwiegend ein anderes Sein oder Geschehen modifiziert *(kènne, miese, sòlle)* |
| Modus | Aussageweise des Verbs, siehe auch Indikativ und Konjunktiv |
| Monophthong | einfacher Vokal *(a, o, u)* |
| | |
| Nebensatz | siehe Gliedsatz |
| Nominativ | Werfall, 1. Fall *(e Maa* ein Mann, *d Männer)* |
| | |
| Objekt | Sinnergänzung im Satz *(Er git ere e Roose.)* |
| Offene Silbe | Silbe, die mit Vokal endet *(nie, blau)* |
| Orthographie | Rechtschreibung |
| | |
| Partizip | Mittelwort *(glänzend, glänzt* geglänzt) |
| Partizipalsatz | Partizip, das Nebensatzcharakter hat (Nach Basel zurückgekehrt, begann er zu studieren.) |
| Passiv | Leideform des Verbums *(S Ässe wird bròcht.)* |
| Perfekt | zweite Vergangenheit *(Si hèt gstriggt. Si isch fùùrtgange.)* |
| Personalpronomen | persönliches Fürwort *(ych, du, är)* |
| pleonastisch | mit überflüssiger Häufung sinngleicher oder sinnähnlicher Ausdrücke *(wysse Schimmel. Er isch go gò hälffe)* |
| Plural | Mehrzahl |
| Plusquamperfekt | Vorvergangenheit, dritte Vergangenheit *(Er hèt gässe ghaa.)* |
| Possessivpronomen | besitzanzeigendes Fürwort *(my, dy, sy)* |
| Prädikat | grammatischer Kern der Aussage, Satzaussage *(Si **singen** alti Lieder. Er **hèt** Hùnger.)* |
| prädikativ | zum Prädikat gehörend *(Dä Dùùrm isch **hooch**.)* |
| Präfix | Vorsilbe *(**ver**-stègge, **Gi**-bùùrtsdaag)* |
| Präposition | Vorwort, Verhältniswort *(ùff, in, uus)* |
| Präsens | Gegenwart *(Mer lääse. Si kòcht.)* |
| Pronomen | Fürwort *(ych, myy, weele, sälle)* |
| Pronominaladverb | *(dòòrùm, doodraa, drùff* darauf) |
| | |
| Qualität eines Lautes | Klangart, z.B. offen *(ò, ù),* geschlossen *(o, u)* |
| Quantität eines Lautes | Länge bzw. Kürze eines Lautes *(yy, y)* |
| | |
| reflexibles Verb | rückbezügliches Verb *(sich wùndere, sich bsinne)* |
| Reflexivpronomen | rückbezügliches Fürwort *(sich)* |
| Rektion | die Kraft eines Wortes (Verb, Präposition, Adjektiv), den Fall des von ihm abhängigen Wortes zu bestimmen |

| Relativpronomen | bezügliches Fürwort *(wo* welcher, der) |
| Relativsatz | Bezugswortsatz *(Das Huus, **wo de gsiisch** welches du siehst)* |

| schwach | schwache Deklination, schwache Konjugation = Flexion mit kleinerer Formenzahl *(d Noodle* für alle Fälle des Singulars und des Plurals; *mache, gmacht)* |
| Singular | Einzahl |
| Stamm | sprachlicher Kern eines Wortes ohne Vor- und Endsilben *(**Schnyyd**-ere, **Yy-richt**-ig)* |
| stark | starke Deklination, starke Konjugation = Flexion mit grösserer Formenzahl *(guete Maa, gueti Männer; gang, goot, gange)* |
| Subjekt | Satzgegenstand *(**Der Fischer** fischt.)* |
| Substantiv | Hauptwort *(Baum, Biire, Huus)* |
| substantivisch | hauptwörtlich verwendet *(s Schlimmscht)* |
| Suffix | Nachsilbe *(Gsùnd-**hait**, fèls-**ig**)* |
| Superlativ | zweite Steigerungsstufe *(greescht, èltscht)* |
| Syntax | Satzlehre |
| Synonym | sinnverwandtes Wort *(rènne, zäpfe, sèggle)* |

| transitives Verb | zielendes Verb, Verb mit Objektergänzung *(bschaue, kauffe, verwäggsle)* |

| Umlaut | aus *a, o, u, au, ue* zu *ä, e, y, ai, ie* aufgehellte Vokale *(schmaal-schmeeler, Doon-Deen, Huus-Hyyser, Baum-Baim, Brueder-Brieder)* |

| Verb | Zeitwort, Tätigkeitswort *(mache, luege)* |
| Vokal | Selbstlaut *(a, e, i, o* usw.) |

## Abkürzungen

| adj. | adjektivisch | hd. | hochdeutsch | tr. | transitiv |
| Akk. | Akkusativ | intr. | intransitiv | u.a. | und andere |
| bzw. | beziehungsweise | it. | italienisch | u.a.m. | und andere mehr |
| d.h. | das heisst | lat. | lateinisch | u.ä. | und ähnlich |
| Dat. | Dativ | m. | männlich | vgl. | vergleiche |
| engl. | englisch | Nom. | Nominativ | w. | weiblich |
| ff. | und folgende | Plur. | Plural | z.B. | zum Beispiel |
| frz. | französisch | s. | sächlich | z.T. | zum Teil |
| Gen. | Genitiv | Sing. | Singular | † | veraltet |
| | | subst. | substantivisch | | |

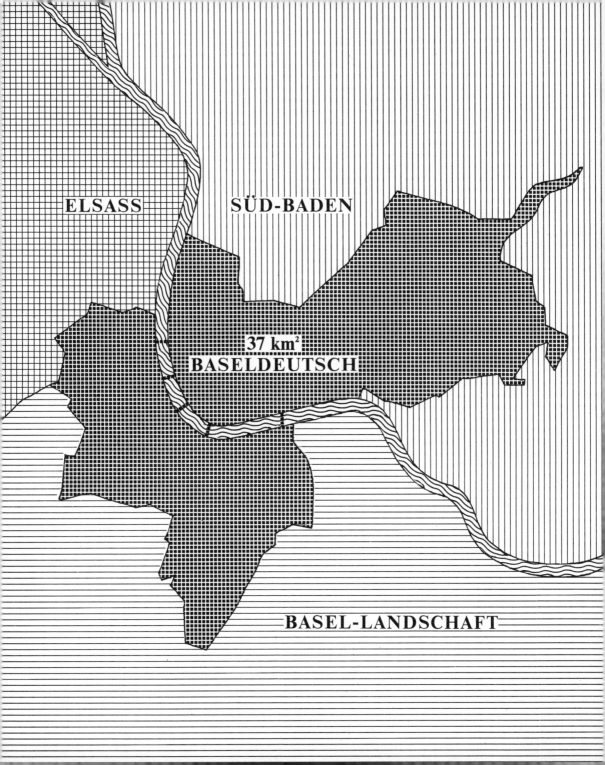

ELSASS

SÜD-BADEN

37 km²
BASELDEUTSCH

BASEL-LANDSCHAFT

# Erster Teil: Die Laute

# Beschreibende Darstellung der Laute

## Übersicht

**1** Das Baseldeutsche kennt folgende Laute:

Vokale

| | | | | | | | | |
|---|---|---|---|---|---|---|---|---|
| kurze Vokale | geschlossen | | | | $(e)^1$ | $(o)^1$ | $y$ | $u$ |
| | | $a$ | | | | | | |
| | offen | | $ä$ | $è^2$ | $ò$ | $i$ | $ù$ | |
| lange Vokale | geschlossen | | | | $ee$ | $oo$ | $yy$ | $uu$ |
| | | $aa$ | | | | | | |
| | offen | | $ää$ | $èè$ | $òò$ | $ii$ | $ùù$ | |
| Zwievokale | | $au$ | $ai$ | $ei$ | | | $ie$ | $ue$ |

Konsonanten

| | | | | | | |
|---|---|---|---|---|---|---|
| Verschlusslaute | schwach | $b$ | $d$ | $g$ | | |
| | stark (unbehaucht) | $p$ | $t$ | $gg$ | | |
| | stark (behaucht) | $ph$ | $th$ | $k$ $(=ggh)$ | | |
| Reibelaute | schwach | $f$ | $s$ | $sch$ | $ch$ | $r$ |
| | stark | $ff$ | $ss$ | $schsch$ | $chch$ | |
| Verschluss-Reibelaute (Zwiekonsonanten) | | $pf$ | $z$ $(tz)$ | $tsch$ | | |
| Stimmlaute | schwach | $l$ | $m$ | $n$ | $ng$ | |
| | stark | $ll$ | $mm$ | $nn$ | $ngng$ | |
| Halbvokale | | $j$ | $w$ | | | |
| Hauchlaut | | $h$ | | | | |

$q(u)$ und $x$ werden nicht als besondere Laute aufgeführt, sondern als Konsonantenzusammensetzungen: $q(u) = gw$, $x = ggs$. (Siehe auch **4.2**)

---

1 Diese Vokale kommen nur im Satzzusammenhang in unbetonter Silbe vor.
2 Unbetontes $è$, das leicht gegen $ö$ hin tendiert, wird mit $e$ wiedergegeben.

### Zum Lautstand

**2** Die Laute des Baseldeutschen, vor allem die Vokale, sind zahlreicher als die des Hochdeutschen[1], wenn auch nicht ganz so zahlreich wie diejenigen etwa des Zürichdeutschen[2]. Beispielsweise weist das Baseldeutsche je vier verschiedene i- und u-Laute auf: geschlossen lang und kurz sowie offen lang und kurz, während das Hochdeutsche hier bloss lange geschlossene und kurze offene Vokale besitzt. Auch im Bereich der Konsonanten unterscheidet sich das Baseldeutsche zum Teil stark vom Hochdeutschen. Die Behauchung von starken Konsonanten ist viel seltener; überdies sind die starken Konsonanten im Anlaut betonter Silben sehr oft geschwächt: *Buuding* Pudding, *Diire* Türe, *Graft* Kraft.

### Die wichtigsten Lautgesetze[3]

**3** 1. Betonte Vokale in sogenannten offenen Silben (vor schwachen Konsonanten) werden im Baseldeutschen wie im Hochdeutschen, aber im Gegensatz zu den meisten anderen Schweizer Mundarten, gedehnt, z.B. in *Waade* Wade (zürichdeutsch *Wade*), *Nääbel* Nebel (zürichdeutsch *Näbel*), *Biini* Bühne (zürichdeutsch *Büni*), *Oofe* (zürich- und berndeutsch *Òfe*), *Stùùbe* (zürich- und berndeutsch *Stùbe*), auch in Lehnwörtern wie *Baaragge* usw.[4]

2. Vor *r* in betonter Silbe wird ausnahmslos der Vokal gedehnt; ebenfalls ausnahmslos erscheinen *e* und *o* in solchen Silben offen, also als *èè* und *òò: faare* fahren, *haart* hart, *wùùrd* würde, *Hèèr* Herr, *Sòòrg* Sorge.

3. Die betonten geschlossenen Vokale *y* und *u* sind vor schweren Konsonanten gekürzt: *Zyt* Zeit, *lut* laut, *tschuppe* zausen, *Pfyffe* Pfeife, *Fuscht* Faust usw.

4. In unbetonter Stellung sind alle, auch die sonst langen Vokale kurz. *Oobe* oben (*oo* ist betont und lang), aber *obenaabe* (*o* ist unbetont und kurz).

---

1 Korrekterweise müssten wir von «neuhochdeutscher Schriftsprache» reden; der Einfachheit halber verwenden wir jedoch im folgenden neben der Bezeichnung «Schriftsprache» die in der Schweiz übliche Bezeichnung «Hochdeutsch».
2 Die kleinere Zahl geht darauf zurück, dass durch die sogenannte Entrundung die Vokale *ö* und *ü* sowie die Zwievokale *öi* und *üe* verschwunden sind.
3 Die für das Baseldeutsche geltenden Lautgesetze wurden erstmals und in umfassender Weise dargestellt in «Beitrag zum Consonantismus der Mundart von Baselstadt» von Andreas Heusler 1888 (vollständiger Abdruck mit Kapitel III in Andreas Heusler, Schriften zum Alemannischen, herausgegeben von Stefan Sonderegger, Verlag Walter de Gruyter, Berlin 1970) sowie in «Der mundartliche Vokalismus von Basel-Stadt» von Eduard Hoffmann 1890.
4 Auch das Baselbieterdeutsche hat diese Entwicklung mitgemacht.

5. Die ursprünglichen Umlautvokale *ö, ü, öi, üe* sind entrundet,[1] das heisst sie werden als *e* bzw. *è, y* bzw. *i, ai* bzw. *ei* sowie *ie* gesprochen, also: *scheen* schön, *Gnèpf* Knöpfe, *nyt* nichts, *Baim* Bäume, *nei* neu, *wiescht* wüst.

6. Ursprünglich starke Verschlusslaute im Anlaut betonter Silben sind im Gegensatz zum Schriftdeutschen (mit bestimmten Ausnahmen, siehe **12**) schwach: *Baar* Paar, *Daig* Teig. Dies gilt auch, wenn sie mit anderen Konsonanten verbunden sind: *blaudere* plaudern, *draage* tragen, *Gnei* Knie.

7. Alle schwachen Verschluss- und Reibelaute sind im Gegensatz zum Schriftdeutschen stimmlos. Es fehlt also z.B. der Unterschied zwischen stimmhaftem und stimmlosem s («sauber» mit stimmhaftem, «bis» mit stimmloscm s).

### Zur Schreibung

**4** Die vom Hochdeutschen oft und deutlich abweichende Qualität und Quantität der Laute erheischt eine von der hochdeutschen Orthographie völlig unabhängige Schreibweise, die das Klangbild möglichst getreu wiedergibt. Eine allen Nuancen gerecht werdende Schreibung würde allerdings die Lesbarkeit herabsetzen. So benützen wir den gangbaren Mittelweg, den Eugen Dieth in seinem Leitfaden «Schwyzertütschi Dialäktschrift» gewiesen hat[2], allerdings mit einigen Modifikationen.

1. Lange Vokale werden doppelt geschrieben: *aa, ee, ii,* usw.[3]; kurze Vokale werden einfach geschrieben: *a, i, u* usw. Offene Vokale werden, sofern kein besonderer Buchstabe für die geschlossene Qualität zur Verfügung steht, mit dem Zeichen ` versehen: *è, ù, ò.* Der offene i-Laut wird mit *i,* der geschlossene mit *y* bezeichnet.

2. Schwieriger wiederzugeben sind die Konsonanten, weil sie im Baseldeutschen nicht nur wie im Hochdeutschen eine bestimmte Qualität, sondern im Gegensatz zum Hochdeutschen auch eine unterschiedliche Quantität haben, das heisst weil es nicht nur starke und schwache, sondern

1 Diese Entrundung hatte sich bis ca. 1500 vollständig durchgesetzt. Heute ist sie, vor allem unter dem Einfluss nicht entrundender Mundarten und auch des Hochdeutschen, stark zurückgegangen. Als am widerstandsfähigsten erweist sich der Zwievokal *ie;* Leute, die sonst *schöön* und *nüt* sagen, sagen immer noch häufig *riere* rühren, *Gieti* Güte usw.
2 Verlag Orell Füssli, Zürich 1938 (jetzt zu beziehen beim Bund Schwyzertütsch, Zürich).
3 Das im Schriftdeutschen vorkommende Dehnungs-h und das den langen i-Laut bezeichnende ie werden also nie gebraucht. *ie* bezeichnet in der Mundart nur den Zwievokal, z.B. in *fiere* führen, *Liecht* Licht usw.

auch kurze und lange Konsonanten gibt, ausserdem lautliche Zwischenstufen. Beispielsweise müssten wir unterscheiden zwischen drei verschiedenen *sch:* schwach und kurz in *schryybe,* stark und kurz in *Fisch,* stark und lang in *fische.* Eine solche Unterscheidung würde aber eine schwerfällige doppelte oder gar dreifache Schreibung des gleichen Lautes erfordern. Wir unterlassen also zumeist eine derart feine Differenzierung, weil die Artikulationsunterschiede zwar hörbar, aber doch nicht sehr gross sind und weil ohnehin in den meisten Fällen die Quantität des Konsonanten durch seine Stellung im Wort oder im Satz bestimmt ist. – Die mit aspirierten, das heisst mit nachfolgendem h-Laut gesprochenen starken Verschlusslaute im Anlaut betonter Silben wie in hochdeutsch packen, Tee, Koffer werden in mundartlichen Wörtern folgendermassen wiedergegeben: p und t mit nachgestelltem h: *phagge, Thee,* k als blosses k: *Kòffer,* da für den entsprechenden unaspirierten Laut das Zeichen *gg* zur Verfügung steht. – Die Zeichen *q (u)* und *x* verwenden wir nur dann, wenn sie im hochdeutschen Schriftbild eine Entsprechung haben: *Quatsch, Xaavèèr;* sonst schreiben wir *gw* und *ggs: Gwalt, waggse* wachsen.

3. Im Zusammenhang der Rede wechseln häufig je nach Betonung die Qualität oder die Quantität der Laute oder beide zusammen, z.B. *si kèmme* sie kommen, aber *kème si nit? mit,* aber *midenander; vò iire* von ihr, aber *vònn ere* usw. Solche Unterscheidungen werden in der Schreibweise nur berücksichtigt, wenn die Gefahr falscher Aussprache besteht. Nach Möglichkeit wird die Schreibung des Grundworts nicht verändert. Allerdings ist eine ganz strenge Konsequenz schlechterdings ausgeschlossen.

Zur Anwendung der Schreibregeln in der Praxis siehe Anhang, Seite 243 ff.


### Die einzelnen Laute

*Die Vokale*

**5** a wird als kurzer und als langer Vokal (*a, aa*) hell und klar gesprochen[1]: *Vatter, Gass, Gaarte, Gaas.*

**6** e hat drei Klangfarben: geschlossen, offen, sehr offen. Das geschlossene e kommt nur als langer Laut vor, es tönt wie in hochdeutsch «See» und wird als *ee* geschrieben: *Reed, weenig.*

Das offene e kommt kurz und lang vor, es tönt wie in hochdeutsch «schlecht» oder französisch «père» und wird als *è, èè* geschrieben: *Bètt, Mègge* Max, *mèèrgge* merken, *fèèrchte* fürchten.

---

1 Bei manierierter Sprechweise tendiert *a* sogar leicht gegen *ä.* Anderseits ist in neuerer Zeit bei vielen Sprechern eine zunehmende Verdumpfung gegen *ò* hin festzustellen. Diese unter dem Einfluss anderer Mundarten stehende Verdumpfung wurde gelegentlich in sprachbewussten Familien mit der Bemerkung gerügt: *Kùnnsch us Òllschwyyl?* Kommst du aus Allschwil (Vorort Basels)?

Das sehr offene e kommt kurz und lang vor, es ist wesentlich offener als *è* und hochdeutsch ä: es wird als *ä, ää* geschrieben: *Bälli* Husten, *Mäss* Messe, *säälig* selig, *Kääs*.

Das unbetonte e ist ähnlich wie im Hochdeutschen stets offen und sehr schwachtonig; wir schreiben es als *e* (weil geschlossenes kurzes e ohnehin nie vorkommt und daher kaum eine Verwechslung erfolgen kann): *Drùggede* Gedränge, *dittele* mit Puppen spielen.

**7** *i* kommt geschlossen kurz und lang sowie offen kurz und lang vor. Das geschlossene i bezeichnen wir mit *y,* das offene mit *i. y* wird wie in hochdeutsch «nie», *i* wie in hochdeutsch «nichts» ausgesprochen.

Geschlossen: *nyt* nichts, *bschysse* mogeln, *Yys* Eis, *fyyn* fein.

Offen: *nit* nicht, *Witlig* Witwer, *Kimmi* Kümmel, *liige* liegen, *Wiirt, Kiini* Kinn.

**8** *o* kommt geschlossen lang sowie offen kurz und lang vor. Offen tönt es wie in hochdeutsch «Locke», geschlossen wie in hochdeutsch «Ton».

Geschlossen: *loose* zuhören, lauschen, *Broot.*[1]

Offen: *Mògge* Mocken, Brocken, *Schlòss, wòòrge* (herunter-) würgen, *Mòòrchle* Morchel.

**9** *u* kommt geschlossen kurz und lang sowie offen kurz und lang vor. Geschlossen tönt es wie in hochdeutsch «Pfuhl», aber mit leisem ü-Klang, offen wie in hochdeutsch «Frucht».

Geschlossen: *lut* laut, *suffe* saufen, *uuse* hinaus, *Muul* Mund, Maul.

Offen: *blùtt* nackt, *ùffe* hinauf, herauf, *Gùggùmmere* Gurke, *Gùure* unverschämtes Frauenzimmer, *Lùùg* Lüge, *stùùrb* stürbe.

**10** *ö, ò* und *ü, ù* kommen im «klassischen» Baseldeutschen nicht vor; sie fielen der Entrundung zum Opfer (vgl. 3.5).[2] *ö* wurde zu *è* oder *ee, ü* zu *i* oder *y,* also *könne* zu *kènne, Höörli* zu *Hèèrli* Härchen, *Höösli* zu *Heesli* Höschen, *Nüssli* zu *Nissli, fùùre* zu *fiire* nach vorn, *Schüüre* zu *Schyyre* Scheune, *nüt* zu *nyt* nichts.

---

1 Kurzes geschlossenes o kommt nur im Zusammenhang der Rede und in gewissen Zusammensetzungen vor, z.B. *obedryy,* und zwar nur in unbetonter Silbe. In solchen Fällen tendiert es gerne gegen *ò.*
2 Gerundete Laute kommen nur in französischen und englischen Fremdwörtern vor: *Nöwöö* neuveu, Neffe, *Büffee* buffet, *Blöff* Bluff usw.

| | |
|---|---|
| Zwievokale (Diphthonge) | **11** *ai* wird wie *a* + *i* gesprochen, also nicht wie im Hochdeutschen a + e oder im Zürichdeutschen ä + i: *faiss* fett, *Bai* Bein, *zwai*. Vor Vokal wird *ai* oft gegen *aij* hin gesprochen: *Wai(j)e*, Wähe, Obstkuchen, *Mai(j)e* Strauss.[1] In solchen Fällen wird das *a* überdies gedehnt, der Diphthong tönt wie *aai* bzw. *aaij: naai* nein, *saaije*[1] säen. Es besteht ein hörbarer Unterschied zwischen *er sait* er sagt und *er saait* er sät.[2] |

*au* wird wie *ä* + *ù* mit Starkton auf dem *ä* und mit leichter Neigung zu *öü* gesprochen, also nicht wie im Hochdeutschen a + o: *Sau, Fraue*.

*ei* wird wie *e* + *i* gesprochen, also nicht wie im Hochdeutschen a + i: *frei, drei*. Vor nachfolgendem Vokal tendiert *ei* gegen *eij*.[1]: *Vei(j)edli* Veilchen, *Grei(j)el* Greuel.

*ie* und *ue* werden mit stärker betontem, offenem Anfangsvokal und schwächer betontem offenem *è* gesprochen: *lieb, Mueter*.

Die in andern Schweizer Mundarten gebräuchlichen Zwievokale öi (hochdeutsch eu und äu) und üe sind infolge der Entrundung (siehe 3.5.) zu *ai* oder *ei* und zu *ie* geworden: *Fraid* Freude, *Lai* Leu, Löwe, *Baim* Bäume, *Haiptlig* Häuptling, *nei* neu, *Sei* Säue, *Mie* Mühe.

*ui* kommt lediglich in den Ausrufen *ui!* und *pfui!* vor sowie in dem eher als fremd empfundenen *hui!*.

*Die Konsonanten*

| | |
|---|---|
| Verschlusslaute | **12** *b, d, g* sind im Gegensatz zum Hochdeutschen stimmlos. *p, t, gg* sind im Gegensatz zum Hochdeutschen unbehaucht, also zu sprechen wie die Anfangsbuchstaben in französisch père, tante, cousin. |

Im Anlaut betonter Silben werden – dies ist eine besondere baseldeutsche Eigenheit – *b, d, g*, nicht aber *p, t, gg* verwendet: *basse* passen, *blooge* plagen, *Bòscht* Post, *Daag* Tag, *Daig* Teig, *draage* tragen, *glaar* klar, *Gnei* Knie, *Grieg* Krieg; es besteht also kein Unterschied der anlautenden Verschlusslaute in *Bòscht* und *Bùggel* Buckel, *Daag* und *Dèggel* Deckel, *glaar* und *grooss* gross.

*p, t, gg* kommen nur im Inlaut und im Auslaut vor: *Woope* m. Wappen, *gnap* knapp, *gùmpe* springen, *Mueter* Mutter, *waarte, Zyt* Zeit, *schlägge, Balgge* Balken, *Duubagg* Tabak.

*ph, th, k* ( = *ggh*) wiederum kommen nur im Anlaut betonter Silben vor, *ph* und *th* insbesondere in Fremd- und Lehnwörtern aus dem Hochdeut-

---

1 Wir verzichten im folgenden auf die Schreibung des *j*.
2 Wir verwenden im folgenden für den langen Diphthong die Doppelschreibung des *a: aai*.

schen und aus andern Sprachen sowie in Eigennamen: *Phagg, phassyyv* passiv, *Phaugge, Phaul, Thee, Theaater, Theeòdòòr.*[1]

Die Reihen *b, d, g* und *p, t, gg* unterscheiden sich also lediglich durch ihren Stärkegrad. Man halte deutlich auseinander:

*b* und *p* in: *doobe* droben und *Doope* m. Pfote, *Albärt* und *Alpe, Graab* und *Grap* Rabe;

*d* und *t* in: *Brueder* und *Mueter, Gnoode* Knöchel und *Noote, Wälder* und *kèlter;*

*g* und *gg* in: *aige* eigen und *schnaigge* neugierig nachforschen, *blooge* plagen und *Hoogge* Haken.

*k* verwenden wir für die Bezeichnung von behauchtem *gg*, also statt *ggh*. Es handelt sich um das alte anlautende k, das in den meisten oberalemannischen Mundarten zu ch oder kch (Verschluss-Reibelaut) geworden ist. «Kind» wird baseldeutsch also ähnlich ausgesprochen wie im Hochdeutschen, nur mit schwächerer Intensität, also fast wie *gh: Kùchi, Kaschte* Schrank, *Kasse.*

Das Baseldeutsche kennt, zusammengefasst gesagt, im Anlaut betonter Silben keine unbehauchten starken Verschlusslaute.

| Reibelaute | **13** Die Reibelaute *f*[2], *s, sch, ch, r* sind, im Gegensatz zum Hochdeutschen ohne Ausnahme, stimmlos; hingegen unterscheiden wir bei allen eine schwache und eine starke Stufe. Man halte demnach auseinander: |

*f* und *ff* in: *Heefi* und *Kaffi, èlf* und *hälffe, Gùùfe* Stecknadel und *Huffe* Haufe;

*s* und *ss* in: *Graas* und *nass, uus* und *Nùss, Biis* Gebiss und *bysst* beisst;

*sch* und *schsch* in: *Griisch* Kleie und *Gryschsch* Geräusch, *kaasch* kannst und *Kaschschte* Schrank;[3]

*ch*[4] und *chch* in: *Huuch* Hauch und *Kùchchi* Küche, *nooch* nahe und *Lòchch, Bruuch* Brauch und *Brùchch* Bruch.[3]

---

1 In zahlreichen Wörtern bleiben aber trotz fremder Herkunft die anlautenden p und t unbehaucht und sind gleichzeitig zu b und d geschwächt: *Bòlizei* Polizei, *Baryys* Paris (Stadt), *Dante* Tante, *Daarte* Torte, *Dablètte* Tablette usw. Am häufigsten bleiben die anlautenden p und t in den aus romanischen Sprachen stammenden Wörtern unbehaucht, da sie von Natur aus unbehaucht sind: *Baareblyy* parapluie, *Dèèryyne* terrine usw.
2 Für *f* kann wie im Hochdeutschen v gesetzt werden, wenn f-Laut gesprochen wird: *Voogel, verbiete.* Aber *Waase* Vase.
3 Wir unterlassen im folgenden die Doppelschreibung von *sch* und *ch*, da diese Laute im Zusammenhang der Rede von selbst richtig ausgesprochen werden, das heisst in der Regel nach kurzer betonter Silbe stark und nach langer betonter Silbe schwach.
4 *ch* wird im Gegensatz zum Hochdeutschen ausnahmslos wie in hochdeutsch Nacht (als «ach-Laut») ausgesprochen.

*r* gehört im Baseldeutschen zu den Reibelauten, da es nicht mit der Zungenspitze, sondern hinten im Gaumen gebildet wird und in seiner starken Stufe stark dem schwachen *ch* ähnelt, wenn nicht gar mit ihm zusammenfällt. Die beiden Stufen werden aber in der Schreibung nicht berücksichtigt, da sie lautlich so nahe beieinander liegen. Man unterscheide aber dennoch beim Sprechen deutlich. Schwache Stufe in: *faare, suur, bringe, root;* starke Stufe in: *war(r)te, sùùr(r)t* surrt, *gfyyr(r)t* gefeiert, *wiir(r)gglig* wirklich.[1] *r* und schwaches *ch* lauten praktisch gleich, wenn sie von einem *t* gefolgt sind; dennoch unterscheiden wir sie in der Schreibweise zwecks Übersichtlichkeit des Schriftbildes. Die Aussprache aber ist wie gesagt gleich in: *fyyrt* feiert und *fyycht* feucht, *lyyrt* leiert und *lyycht* leicht, *huurt* kauert und *huucht* haucht.

<table>
<tr><td>

Verschluss-
Reibelaute
(Zwie-
konsonanten)

</td><td>

**14**

</td><td>

*pf, z(tz)*[2]*, tsch* werden gleich wie im Hochdeutschen gesprochen. Je nach ihrer Stellung ist ihre Intensität etwas verschieden, ohne dass wir dies allerdings in der Schreibweise berücksichtigen. Generell sind sie im Anlaut betonter Silben schwächer als im Auslaut kurzer betonter Silben und tönen beinahe wie *bf, ds, dsch*. Geschwächt werden sie ferner durch nachfolgende Konsonanten. Vorausgehender Konsonant führt hinwiederum zur Verstärkung.

</td></tr>
</table>

Schwächere Intensität in: *Pfùnd, Pfruend* Altersheim des Spitals, *Pfool* Pfahl; *Zaine* grösserer Korb mit zwei Griffen, *zaable* zappeln, *zlaid* zuleide, *kùùrz, bùzt* putzt[2]; *tschuudere* schaudern, *Tschooli* gutmütiger Trottel, *bùtscht* stösst.

Stärkere Intensität in: *Schùpf* starker Stoss, *Kòpf, lipf, «lüpfe»!* hebe! *Mùmpfel* Mundvoll, *Witz*[2]*, Blatz, Nètz, Wäärze* Warze; *Watsch* Ohrfeige, *Kitsch, Dòtsch* ungeschickter Mensch, *bùtsche* stossen, *grientschelig* grünlich.

<table>
<tr><td>

Stimmlaute

</td><td>

**15**

</td><td>

*l, m, n, ng* werden gleich wie im Hochdeutschen ausgesprochen. *l, m, n* haben eine schwache und eine starke Stufe.

</td></tr>
</table>

Schwache Stufe in: *Lääbe, Stiil* Stiel, Stil, *weele* welcher, wählen; *Määrt* Markt, *Raame, kuum* kaum; *neetig, Gwooned, Baan* Bahn;

Starke Stufe in: *will* will, weil, *dòll* stattlich, *häll; Stimm, imm* ihm, im, *Gramm, dùmm; Sinn, Wannd* Wand, *wènn*.[3]

---

1 Wir unterlassen im folgenden die Doppelschreibung von *r*.
2 Bei der Unterscheidung zwischen *z* und *tz* halten wir uns in der Regel an das hochdeutsche Schriftbild des Grundwortes; *bùtze* wird demnach in allen Formen mit *tz* geschrieben. Sonst verwenden wir *z* für die schwächere, *tz* für die stärkere Stufe.
3 Im folgenden halten wir uns nicht konsequent an die Doppelschreibung, sondern an das aus dem Hochdeutschen vertraute Schriftbild. *l, m, n* werden zwangsläufig im Auslaut betonter kurzer Silben stark gesprochen.

*ng* hat nur eine starke Stufe, weil es weder im Anlaut noch nach langem Vokal in betonter Silbe vorkommt: *Zwang, änglisch, Ring.* Die Konsonantenverbindung *ng* + *gg* wird *ngg* geschrieben: *dangge, wingge;* die Konsonantenverbindung *ng* + *g* wird *nng* geschrieben: *männge* mancher, *Lanngùschte.*

| | | |
|---|---|---|
| Halbvokale | **16** | *j* wird im Gegensatz zum Hochdeutschen ohne Reibegeräusch gesprochen, nähert sich also dem Vokal *i: joomere* jammern, *Jeeger* Jäger, *Medallje/ Medallie* Medaille, *Ralljaar/Ralliaar* Raillard (Familienname). |

*w* ist ein Zahn-Lippenlaut und wird im Gegensatz zum Hochdeutschen ohne Reibegeräusch gesprochen: *wische, Waase* Vase[1].

| | | |
|---|---|---|
| Hauchlaut | **17** | *h* wird wie im Hochdeutschen ausgesprochen: *Huus, Aahòòrn.* Es wird nur geschrieben, wenn es wirklich gesprochen wird, darf also nicht zur Bezeichung der Silbenlänge dienen. |

| | | |
|---|---|---|
| Doppel-konsonanten | **18** | Die Schriftsprache kennt geschriebene Doppelkonsonanten nur als Bezeichnung einer vorausgehenden Vokalkürze. In der Mundart hingegen werden die Doppelkonsonanten als tatsächlich längere Laute ausgesprochen. |

Die Doppelkonsonanten *pp, tt, gggg*[2]*, pfpf*[2]*, tztz*[2]*, tschtsch*[2] bekommen beim Sprechen ihre Länge dadurch, dass nach vorausgehendem kurzem betontem Vokal der Atem angehalten, das heisst gewissermassen gestaut wird, ehe nach dieser Pause der Konsonant gesprochen wird. *Vatter* wird also artikuliert als *Va...ter.* In gleicher Weise: *èpper* jemand, *Ditti* Puppe, *bògggge*[2]*, rùpfpfe*[2]*, schwätztze*[2]*, rùtschtsche*[2].

*ff, ss, schsch*[2]*, chch*[2] bekommen ihre Länge durch längeres Ausströmen des Atems, *ll, mm, nn, ngng*[2] durch Verlängerung des Stimmtons.

Starke Doppelkonsonanten können auch beim Aufeinanderstossen von zwei gleichen Konsonanten entstehen: *ab-bùtze* abwischen, barsch abfertigen, gesprochen *appùtze, mit Dääfeli* mit Bonbons, gesprochen *mittääfeli, ùm-mache* fällen, gesprochen *ùmmache.* So kann auch *r* verdoppelt werden: *der Roobi,* gesprochen *derroobi* usw.

---

1 Wenn hochdeutsches v in der Mundart wie w gesprochen wird, schreiben wir *w,* also *Wagant* Vagant, aber *Vagabùnd* (gesprochen *Fagabùnd*), *Vatter* (gesprochen *Fatter*).
2 Wir unterlassen in der Folge die sehr schwerfällige und unübersichtliche Doppelschreibung, die ja gleichermassen zur Bezeichnung der Länge und der Stärke verwendet werden müsste.

# Die Laute im Zusammenhang der Rede

*Bindung*

**19** Die Schweizer Mundarten, so auch das Baseldeutsche, kennen im allgemeinen nur den schwachen Vokaleinsatz. Die Stimme setzt weich und allmählich ein, also nicht hart und konsonantisch wie im Hochdeutschen, wo beim Vokaleinsatz ein eigentliches Knackgeräusch im Kehlkopf zu hören ist. Wenn der Deutsche «'aber» artikuliert, so artikuliert der Basler (etwas übertrieben dargestellt) *aaaber*.[1]

Infolge des schwachen Vokaleinsatzes wird der letzte Konsonant einer Silbe meist an den Anfangsvokal der nachfolgenden Silbe gebunden: *kùnnschau?* statt *kùnnsch au?* Kommst du auch? *Zùgge-rim Kaffi* statt *Zùgger im Kaffi*, *yy ùn-duus* statt *yy ùnd uus*, *mi-denander* statt *mit enander*, *Ve-rain* statt *Ver-ain* usw.[2]

Beim Zusammenstoss zweier Vokale ist der Übergang stets fliessend und unterbruchslos: *aaeede* anöden, *yyootme* einatmen, *vòinne, Lueg dä Maaaa!* Schau den Mann an! usw.

Zum Binde-*n* siehe **31**.

*Verstärkung*

**20** 1. Silbenschliessender Konsonant wird nach betontem kurzem Vokal stets verstärkt; man unterscheide also *apnää* abnehmen und *aabenää* herunternehmen, *ych nit* und *nid yych*, *ewägg* weg und *e Wääg* ein Weg, *mach ùff!* und *ùf aimool* plötzlich, *Ùssland* und *us em Land, ischsch er s?* und *isch äär s? dòchch!* und *Syg dòch still! Kùmm!* Komm! und *Kùm yyne!* allewyyl und *alibòtt* usw.[3]

2. *b, d, g* neben andern Verschluss- oder neben Reibelauten im Auslaut betonter Silben werden verstärkt und bewirken Kürzung bzw. bewahren alte Kürze des Silbenvokals; man unterscheide also *aabeschloo* herunterschlagen und *apschloo* abschlagen, *graabe* und *grapsch* gräbst, *reede* und *rètt* redet, *Sygg sò guet!* und *Syg e Liebe! Gip der Mie! Gib dir Mühe!* und *Gib en Antwòòrt! nit vyyl* und *nid aine, Händ* und *Häntsche, Lääbe* und *Läptig* Lebtag usw.[3]

3. Durchweg verstärken sich *b, d, g* im Auslaut betonter Silbe nach *r* deutlich. Beispielsweise sind die Verschlusslaute *p* und *b* in den Wörtern *Kèèrper* Körper und *èèrbe* erben akustisch fast nicht mehr zu unterscheiden. Wir könnten in solchen Fällen geradesogut den starken Laut schreiben[3],

---

1 Eine Ausnahme machen nur sehr energisch gesprochene Ausrufworte, Befehle, Schimpfwörter usw.: *'aber! 'è'è'è!* (Ausruf des Erstaunens oder der Missbilligung), *'yynekoo! 'Eesel!* usw.
2 In der Schreibung geben wir allerdings immer die logische Worttrennung wieder.
3 Diese Verstärkungen geben wir beim Schreiben in der Regel nicht wieder, es handle sich denn um feste Zusammensetzungen, sondern verwenden die Schreibung des Grundwortes, und zwar aus Gründen der Verständlichkeit.

also *Kòòrp* Korb, *wiirt* wird, *Mòòrt* Mord, *Eèrgger* Ärger (also gleich wie Erker), *aargg* arg usw.[1]

4. *b* und *d* werden vor dem Suffix -*lig* -lich zu *p* und *t* verstärkt; man unterscheide also *bidriebe* betrüben und *bidrieplig* betrüblich, *iebe* üben und *ieplig* üblich, *loobe* und *leeplig* löblich, *Wyybli* Weiblein und *wyyplig* weiblich, *lieb* und *lieplig*[2] lieblich, *Änd* Ende und *äntlig* endlich, *Ständer* und *ständer* und *stäntlige* «ständlings», im Stehen, *Hand* und *hantlig*[3] usw.

5. Verstärkung von zwei gleichen aufeinanderstossenden Konsonanten siehe **18**.

6. Obschon *p* und *t* im Anlaut betonter Silben geschwächt werden, (vgl. **3.6.**), stellt sich die alte Stärke wieder ein, wenn die Betonung auf eine andere Silbe verlagert wird: *Käppeli* Kapellchen (aber *Kabälle*), *Dèppig* Teppich (aber *Dabeete*), *Spittel* Spital (aber *Spidaal*), *Määntig* (aber *Midaag*).[4]

7. Konsonanten im Anlaut betonter Silben können bei besonders nachdrücklicher Sprechweise, z.B. in Flüchen, Befehlen, Schimpfwörtern, jederzeit verstärkt werden: *tùmme Tùùbel tuu!* dummer Trottel du! *Tònnerschiess! Ssauhund! Llòss das syy! Ssò! Phiet is!* Behüt uns! *Ggauner!* usw.

| | | |
|---|---|---|
| *Angleichung*<br>*(Assimilation)* | **21** | Beim Zusammenstossen verschiedener Konsonanten ergibt sich häufig aus sprechökonomischen Gründen eine partielle oder vollständige Angleichung des einen an den andern. Der dadurch enstehende «Schmelzkonsonant» besitzt in der Regel eine stärkere Intensität als jeder Einzelkonsonant. Die Angleichung ist freilich im Baseldeutschen nicht so stark verbreitet wie in andern Mundarten; ja, sie wird von gewissen Leuten als salopp und vulgär empfunden. Bei rascher Sprechweise ist sie natürlich häufiger als bei langsamer, bedächtiger Diktion. In den nachfolgenden |

1 Solche Verstärkungen erfolgen nicht nach unbetonten Silben: *der Daag,* aber *Wäärtig* Werktag, *är goot* er geht, aber *wäär ggoot?* wer geht?
2 Wir halten uns aber in der Regel an die Schreibung des Grundworts, zumal auch Ausnahmen vorliegen, wie *haablig* hablich, *graablig* unbehaglich.
3 In *Handlig* Handlung jedoch wird das *d* nicht verstärkt, da das Suffix im Mittelhochdeutschen nicht direkt an den Verschlusslaut anschloss: handelunge. Das Adjektiv hingegen lautete hantlich. Ebensowenig wird Verstärkung bewirkt durch die Suffixe «-ling» und *–li: Findlig, Gwändli* usw.
4 Alte Stärke blieb in einigen Fremdwörtern im Anlaut betonter Silbe erhalten: *Gùggùmmere* (zu erwarten *Gùgùmmere*), *Bapyyr* (zu erwarten *Babyyr*), *Kùntòòr* (frz. comptoir) (zu erwarten *Kùndòòr*); hier verhindert der relativ starke Ton der vorausgehenden Silbe, obschon nicht den Hauptton tragend, die Schwächung. – Die Schwächung unterbleibt auch in jüngeren Fremdwörtern nach Stimmlaut: *sèntimentaal, Wèntyyl, èmpyyrisch, Grampool* Radau; die Stärke wird hier durch den vorausgehenden Stimmlaut gestützt.

Beispielen sind demnach je nach Sprechtemperament beide Lautungen möglich; die nicht angeglichene ist jeweilen in Klammern gesetzt.[1]

**22** Zahnlaute an Lippenlaute:

*d, t – b, p: nypeeses (nyt Beeses), hèpròcht (hèt bròcht)* hat gebracht, *Bòpmige (Bòttmige)* Bottmingen (Vorort Basels).

*nd, nt – b, p: Wampild (Wandbild), S simpuebe (S sinn d Buebe).*

*d, t – m: pmäss (d Mäss)* die Messe, *der Wilpmaa (der Wild Maa).*

*nd, nt – m: gschwimparaad (gschwind baraad)* rasch bereit, *kèmpmi (kènnt mi)* kennt mich.[2]

*d, t – f, pf: Pfraue (d Fraue), nypfodäm (nyt vo däm), hèpfuust (hèt pfuust)* hat geschlafen.[2]

*n – m, b, f: wèmmer (wènn mer), geemer? (geen mer?), ùmbache (ùnbache)* ungebacken, unreif, *ùmbidingt (ùnbidingt), ùmverschämt (ùnverschämt).*

**23** Zahnlaute an Gaumenlaute:

*d, t – g: niggäärn (nit gäärn), gglaider (d Glaider), e gueggschäft (e guet Gschäft).*

*nd, nt – g: Sanggalle (Sant Galle), ùngglai (ùnd glai).*

*d, t – k: Baakaschte (Baadkaschte)* Badewanne, *nikènne (nit kènne).*

*nd, nt – k: Isch der Brèsidäng-koo? (Isch der Brèsidänt koo?) S hèt Wingkaa (S hèt Wind ghaa).*

*n – g, k*[3]*: ùng-gattig (ùn-gattig)* unartig, lieblos, *wènggèschtert (wènn gèschtert), ùngkùmmlig (ùnkummlig)* unpraktisch, *Wèng-kùnnsch? (Wènn kùnnsch?)* Wann kommst du?

**24** *z, tz – sch:*

*Blitschlaag (Blitzschlaag), tschaffe (z schaffe).* Diese Angleichung wird häufig unterlassen. *s* wird nie an *sch* angeglichen. Man spricht also nicht *Isch daascheen!*, sondern *Isch daas scheen!*

**25** Von den übrigen Konsonanten wird einzig *g,* als Anlaut der zu *g* gekürzten partizipbildenden Vorsilbe ge-, angeglichen: *bùnde* gebunden,

---

1 Bei festgewordenen Angleichungen verwenden wir nur die lautgetreue Schreibung (siehe **26**).
2 Diese Angleichungen sind zwar möglich und gebräuchlich, aber in gepflegter Mundart doch eher zu vermeiden.
3 Diese Angleichung ist im Baseldeutschen sehr häufig.

*phaggt* gepackt, *dänggt* gedacht, *kòcht* gekocht, *zaalt* gezahlt usw. Siehe auch **164**. Im Gegensatz etwa zum Zürichdeutschen erfolgt in diesen Fällen keine Verstärkung (baseldeutsch *gää*, zürichdeutsch *ggèè* gegeben).

| | | |
|---|---|---|
| Festgewordene Angleichung | **26** | Einige Angleichungen sind fest geworden und demzufolge auch stets in der Schreibung wiederzugeben, weil sie zum Teil gar nicht mehr als Angleichungen empfunden werden: *Mùmpfel* Mundvoll, Bissen, *Hampfle* Handvoll, *Imbiss* und *Immis*†[1] «Inbiss», Imbiss, Mittagessen, *Sämf, Gämf* Genf, *fimf* fünf, *Zùm(p)ft* Zunft, *Bammert* Bannwart, *Jùmpfere* Jungfer, Jungfrau, Fräulein†, *kòschber* kostbar, *èpper* «etwer», jemand, *èppis* etwas, *Imbergässli* «Ingwer»-Gässlein u.a.m. |
| Entgleichung (Dissimilation) | **27** | Bei der Entgleichung werden zwei gleiche oder ähnliche Konsonanten, die in verschiedenen Silben desselben Wortes stehen, ungleich gemacht. Das Baseldeutsche weist verhältnismässig wenige Beispiele für diese Erscheinung auf, und diese sind überdies unter dem Einfluss der Schriftsprache stark im Schwinden begriffen, werden also zum Teil schon als veraltet empfunden. Hieher gehören u.a.: *Gnùngele* «Klüngel», Garn-, Wollknäuel, *Galèèri* (wohl zu *Leeli*) Laffe, unernster Mensch, *Raigel* Reiher†, ungebärdiges Kind, *Eèrgel*† Erker, *Mèèrsel* Mörser (siehe auch **64**), *gnyyble* (neben *gluube* und verkleinerndem *glyyble*) klauben, kratzen. Entgleichung liegt auch vor in *Fazeneetli*† (it. fazzoletto). |
| *Einschiebung* | | Zwischen gewisse Konsonanten oder nach gewissen Konsonanten schiebt sich in bestimmten Fällen, meist aus sprechtechnischen Gründen, ein Übergangslaut ein. |
| | **28** | *d* zwischen *n* oder *l* und *(e)r: fäärndrig* letztjährig), *mòòrndrig*† morgig, *kòldere* (von Koller) Schleim aushusten, schimpfen, *eender* (meist zu *eenter* verstärkt) eher, am *eentschte* am ehesten; mit Übergang von *d* zu *g: Bilgere* Pl. Zahnfleisch; ferner *rinde* (von rinnen) undicht sein, Flüssigkeit durchlassen. |
| | **29** | *t* zwischen *n* und *s: Bruuntsli* (aus *Bruunsli*) braunes Weihnachtsgebäck, *fyyntselig,* fein, dünn, knifflig, *Fyyntseli* s. zarter, empfindlicher Mensch.[2] |
| | | *t* zwischen *l* und *sch: faltsch*[3] hinterhältig, wütend, *wältsch* welsch, *mèltsch* |

---

1 Höchstens noch gebraucht in der Verbindung *z Immis ässe* zu Mittag essen.
2 In solchen Fällen kann statt *ts* ohne weiteres auch *z* geschrieben werden.
3 Die Einschiebung von *t* unterbleibt hingegen in den Verbalformen *fallsch* fällst, *fillsch* füllst usw. sowie, wenn auf das *sch* ein *t* folgt: *fyylscht* faulst, *am weelschte* am wohlsten usw.

44

bräunlich angeschlagen (vom Obst), *Kèltsch* «Kölsch» (aus kölnisch) bestimmter Baumwoll- oder Leinenstoff.

*t* zwischen *p* und *n*: *Erläptnis* (neben *Erlääbnis*), *Bigrèptnis* (neben älterem *Grèpnùs* † und *Grèpt*).

*t* zwischen *n* und *sch*: *wintsche* wünschen, *Mèntsch* Mensch, *phantsche* panschen.[1]

*t* zwischen *sch* und *r*: *Schtruube* † Schraube, davon abgeleitet *Schtryybli* ursprünglich schraubenförmiges Gebäck, *Schtrùpfer* Schrubber.

*t* zwischen *r* und *s*: *hindertsi(g)*, «hinter sich», rücklings, rückwärts.

**30** *b, p* nach *m* und zwischen *m* und *t*[2]: *dimber* dämmerig, *dimbere* dämmern, *Imbi* «Imme», Biene (neben häufigerem *Immli*), *Ùmbaise* †Ameise, *bamp(e)le*[3] baumeln, herabhängen.

*p* zwischen *m* und *f(t)*: *Zuekùmpft, Zùmpft, Rampft*, weniger deutlich in *Sämpf* Senf, *nimpt* nimmt[4] usw.

*g* zwischen *ng* und *sch(t)* oder *t* tritt zwar nicht sehr stark, aber doch hörbar in Erscheinung[4]: *der lèng-g-scht* der längste, *Gspäng-g-scht, sing-g-t* (kaum zu unterscheiden von *singgt* sinkt) usw.

**31** *n* («Binde-*n*»). Auslautendes *n* ist im Gegensatz zum Hochdeutschen meist geschwunden. Es tritt jedoch häufig wieder ein, um das Aufeinanderstossen zweier Vokale zu verhindern:

1. Vor vokalischen Beugungs- oder Ableitungssilben: *Manne (Maa), Dèggene (Dèggi), glainer (glai), wyynele (Wyy)* nach Wein riechen; analog: *friener* früher, *glyyner* bälder, obschon es hier andere alte Konsonanten ersetzt;

2. Zwischen unbetontem auslautendem *e* und vokalisch anlautendem Wort: *Lachen ùnd singe, en Eesel, men isch*, man ist, *jeeden Oobe;*

3. Zwischen auslautendem Vokal und nachfolgendem unbestimmtem Artikel: *I biin e Baasler;* auch dann, wenn es sprachgeschichtlich nicht gerechtfertigt ist: *soon e Gschicht, woon e Baum stoot, wien e Fèlse* usw. So auch *noonemool;* mit Konsonantentausch: *byymene Hòòr* (statt *byyn eme Hòòr*);

---

1 Die Einschiebung des *t* unterbleibt, wenn auf das *sch* ein *t* folgt. Also *fyynscht, Dienscht, Minschter*. Sie unterbleibt auch in den Verbalformen: *mainsch, gryynsch* usw.
2 Zum Teil handelt es sich dabei um die Bewahrung von altem *b*.
3 Keine Einschiebung liegt vor im sinnverwandten *lampe*, das in dieser Form auf das Mittelhochdeutsche zurückgeht.
4 In der Schreibung berücksichtigen wir diese Einschiebung nicht.

4. Zwischen auslautendem Vokal und unbetontem Personalpronomen, auch hier in einzelnen Fällen, wo es sprachgeschichtlich nicht gerechtfertigt ist: *vòn ene* von ihnen, *Kaan er s?* Kann er's? *I schloon ich vòòr* Ich schlage euch vor. *wènn den aafoosch* wenn du anfängst, *I duen ich hälffe. wien er s macht, woon ene d Augen ùffgange sind, zuen em* usw.

Im allgemeinen fehlt das Binde-*n*, wenn keiner der beiden aufeinanderstossenden Vokale ein unbetontes *e* ist: *Er kaa ùffstoo* Er kann aufstehen, *Wyy òder Wasser, I bii èlter, I gsii alli* Ich sehe alle, *Maa ùnd Frau, Stai us em Gaarte, elai im Wald, yy ùnd uus* (aber *hiin ùnd häär*) usw. – Stets fehlt es nach auslautendem -*i* sowie nach *nie, jä* ja, *sè!* da, nimm! *elai* allein: *Nämme Si[1] èppis?* Nehmen Sie etwas? *ooni in* ohne ihn, *wil i en gsee haa* weil ich ihn gesehen gabe, *nie e Gidangge, jä e Maa, sè e Wèggli!* nimm da das Brötchen! *elai e Ziigli* allein ein Züglein.

Hingegen hat sich das -*n* der Präposition *vò(n)* erhalten in Geschlechtsnamen wie *Vòndermiil, Vònspyyr, Vònarx* u.a.m.

**32** *e* zur Trennung eines *r* von einem andern Konsonanten kommt nur selten vor, hauptsächlich in älteren Lehn- und Fremdwörtern: *Sàffere* Safran, *Gùùferekischtli* (frz. gaufre) Gebäckdose, *Vyppere* Viper, *Hangeri†* Henri, *Niirebäärg†* Nürnberg.

*Vor- und Antritt von Konsonanten*

**33** An- und auslautende Reibelaute, besonders *sch,* setzen in gewissen Fällen mit einem Verschlusslaut (*t* oder *g*) ein oder hören damit auf.

*t* tritt vor: *tschuudere* schaudern, *Tschuppel* (Haar-) «Schopf», *tschuppe, vertschuppe* Haare zerzausen, *Tschämpis* (neben *Schämpis*) Champagner, *Tschäpper* (frz. chapeau) Hut (verächtlich), *verwitsche* erwischen, *Dròtschge* Droschke, *tschättere* scheppern, blechern klirren.

*t* tritt an: *anderscht* anders, *gèschtert.*[2]

**34** *g* tritt vor: *Gschpass* Spass, *gschpässig* seltsam, *Gschtèllaasch* s.[3] dichte Unordnung, *Gwäggi* «Wacken» grosser Stein oder Kiesel. Zur Vorsilbe ge- bei Verben wie *gsee, gspyyre* usw. siehe **381**.

*g* tritt an: *Läffzge* «Lefze» Lippe, *wyssg(l)e* weisseln, *bäffzge* (mhd. beffen) schelten, bellen, husten, *schmatzge* schmatzen, *juchzge* jauchzen, *syffzge* seufzen, *rèwòlutzge* (neben *rèwòlutze*) revoltieren.

---

1 Das betonte Personalpronomen *sii* kann allerdings vor unbestimmtem Artikel das Binde-*n* zu sich nehmen: *Sinn Siin e Liebe!*
2 Teils in Analogie hiezu, teils unter dem Einfluss anderer Mundarten sind unbaseldeutsche Bildungen dieser Art aufgekommen, wie: *aifacht, ùssert* ausser, *noochhärt* usw.
3 Es handelt sich hier allerdings um die den Sammelbegriff anzeigende Vorsilbe Ge-.

Mit zum Teil altem *h* setzen ein: *Nachtheiel* (Nacht-)Eule, *Häärdèpfel* «Erdapfel», Kartoffel, *Suurhampfle* w. Sauerampfer.

*Ausstossung* **35** Ausstossung eines Konsonanten aus einer Konsonantengruppe infolge schwieriger Sprechbarkeit liegt vor in: *bäschele* «basteln», spielerisch eine Arbeit verrichten, *Òòrnig* Ordnung, *mòòrn* morgen. Zum Aus- und Abfall von Konsonanten siehe **66–73**.

## Betonung

*Wortbetonung* **36** Vom Hochdeutschen abweichende Betonungen liegen vor:

Bei Zusammensetzungen (zum Teil schriftsprachlicher Herkunft): *ùnmeeglig, ùnglaublig, ùnbigryfflig, sòf(f)ort, wòòrschyynlig, Midaag* Mittag, *Bùrgemaischter*† Bürgermeister, *Kanefäld* Kannenfeld (ehemaliger Basler Gottesacker), *Beetersblatz* Petersplatz, *Spaale-, Santihans-, Dalbedòòr* (noch vorhandene alte Basler Stadttore);

In jüngeren Fremdwörtern: *Kaffi* Kaffee, *Muusig, Moodel* «Modell» Gebäckform, *Syygaare, Syygarètte, Gòòrsè* Korsett, *Buuggee* Bukett, *Byffee* Buffet. *Lyggör* Likör, *Gyttaare, Ammelètte* Omelett(e), *Kùmmoode* Kommode, *Sèèrwiete* Serviette, *Baaragge, Dùùrbyyne* Turbine, *Kaanebee* Kanapee, *Guusyyne* Kusine, *Deelefoon, Sèggerdäär* Sekretär, Schreibkommode, *Spittel* (neben *Spidaal*), *Kòmpòscht* Kompost, *Wytryyne* Vitrine, *rèttuur* retour (aber *Rètuurgutsche* schlagfertige Reaktion), *baardu* partout, unbedingt, *aadie* adieu, *Gòmfidyyre* Konfitüre, *Kantyyne, Rènnòmee, Bèèrigge* Perücke, *Thèèrasse* Terrasse, *Mòtòòr* Motor, *Maaryy* Marie, *Luuyyse* Luise, *Rèègglaame* Reklame, *Schòggelaade* Schokolade u.a.m.

Gelegentlich führte die starke Anfangsbetonung in Lehnwörtern und Eigennamen zu erheblichen lautlichen Veränderungen: *Kèmmi* s. Kamin, *Dalbe* Sankt Alban, *Saaresyy* Sarasin (Familienname), *Braafezyy* Paravicini (Familienname), *Bùùrgget* Burckhardt (Familienname), *Augschte* (Monat) August, *Ammel* Anwil (Baselbieter Dorf), *Hoobel* Hochwald (Solothurner Dorf), *Yfferte* Yverdon.

*Satzbetonung und Satzmelodie* **37** Die Betonung der verschiedenen Wortarten und Satzglieder ist im Prinzip gleich wie im Hochdeutschen. Einesteils folgt das Baseldeutsche wie die meisten andern alemannischen Mundarten dem Gesetz, dass die stärker betonten Redeteile mit höherem Ton, die schwächer betonten in tieferer Stimmlage gesprochen werden; andernteils ist es eine charakteristische Basler Eigenheit, dass in manchen Fällen die Betonung einer Silbe auch durch ein merkliches Senken der Stimme erzielt werden kann. So oder so, bei normaler, also nicht emotionaler Sprechweise ist die Stärkeabstufung im allgemeinen nicht sehr energisch; allein schon die Dehnung zahlreicher betonter Silben verhindert ein kräftiges Tongefälle, die Übergänge sind eher fliessend. - Nachstehend versuchen wir behelfsmässig, das heisst mit konventioneller Notenschrift, ein paar typische Beispiele von Sprachmelodien einigermassen festzuhalten. Die feineren Übergänge und die Unterschiede der Tonstärke können allerdings nicht oder höchstens in Andeutungen wiedergegeben werden. Überdies sind je nach Temperament oder Stimmung der Sprechenden verschiedene Tongebungen möglich.

## Gewöhnliche Aussagesätze

Ùnd e soo isch d Zyt ver - gan - ge, ùnd si sinn èl - ter wòòr - de, ùnd zlètscht sinn si gstòòr - be.

## Befehls- und Wunschsätze

Gang, mach d Ùff - goo - be! Kùmm jètz änt - lig!

Wènn s nùm - men e - mool käämt gò rääg - ne!

## Fragesätze

Wär lyt - tet? Hèsch d Schue ab - bùtzt? Kùnnsch mòòrn?

Wie goot s au em Maa - ryy - li? Jä, isch s als no im Bètt?

## Ausrufesätze

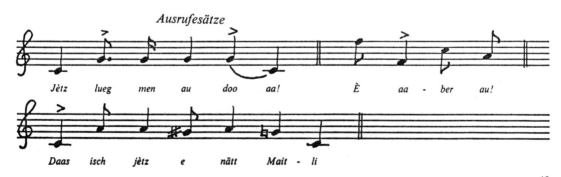

Jètz lueg men au doo aa! È aa - ber au!

Daas isch jètz e nätt Mait - li

# Die lautlichen Grundzüge des Baseldeutschen, verglichen mit dem Hochdeutschen

**38** Aus den in **3** summarisch dargestellten Lautgesetzen sind die wichtigsten Unterschiede zwischen Schriftsprache und Mundart, wie sie sich seit der mittelhochdeutschen Zeit entwickelt haben, zur Hauptsache schon ersichtlich. Nachstehend werden die Unterschiede im einzelnen aufgeführt.

### Die alten langen i, u, ü

**39** Die Mundart hat die Diphtongierung, das heisst die Wandlung zu Zwielauten, die im Hochdeutschen die Diphtonge ei, au, äu (eu) ergeben hat, nicht mitgemacht.[1]

Altes langes i (hochdeutsch ei) bleibt also erhalten als *yy: schryybe* schreiben, *ryych* reich, *Dyych* «Deich», eingedämmtes Gewässer, Kanal, Deich, *lyyslig* leise, *yyne* hinein, *gryyne* «greinen», weinen usw. Als kurzes *y* erscheint es vor starkem f, sch, s, t, z: *ryff* reif, *wyss* weiss, *Zyschtig*[2] Dienstag, *Zyt* Zeit, *dryzää* dreizehn usw. - Hieher ist auch das Verkleinerungssuffix mhd. -lîn zu rechnen, das in der neuhochdeutschen Schriftsprache zu -lein diphthongiert wird, in der Mundart aber den Monophthong behält, und zwar in der geschwächten Form *-li*.

Altes langes u (hochdeutsch au) bleibt erhalten als ganz leicht gegen *üü* neigendes *uu: Huus* Haus, *Muul* Mund, *Buuch* Bauch, *Gruuse* «Krause», Wasserkrug, *huure* kauern usw.[3] Als kurzes *u* bzw. *ù* erscheint es vor starkem *f, sch, s, t, z: Huffe* Haufe(n), *Rusch* Rausch, *ùsse* aussen, *Hut* Haut, *Kuz* Kauz usw.

Altes langes ü (mittelhochdeutsch iu, hochdeutsch äu, eu) ist nicht diphthongiert, sondern entrundet zu *yy: Zyyg* Zeug, *Byyle* Beule, *Myyler* Mäuler, *schyych* scheu usw.[4] Als gekürztes *y* bzw. *i* erscheint es vor starken Konsonanten (vgl. auch **52**): *syffzge* seufzen, *Rysch* Räusche, *Frind* Freunde,

---

1 Anderseits hat die Mundart neue Zwielaute hervorgebracht, siehe **41**.
2 Mittelhochdeutsch zîstac (Tag des Gottes Ziu).
3 Als Ausnahme hat *dausig* tausend infolge häufigen affektgeladenen Gebrauchs den Diphthong angenommen.
4 Als Ausnahme hat *Deifel* Teufel infolge häufigen affektgeladenen Gebrauchs den Diphthong angenommen.

*schnytze* schneuzen, *lytte* läuten, *Bryggem* Bräutigam, *Bryt* Bräute, *Gryz* Kreuz usw.

### Die alten Zwievokale ie, ue, üe

**40**  Die im Hochdeutschen durchgeführte Monophthongierung, das heisst die Umwandlung eines Zwievokals in einfachen Vokal, ist in der Mundart unterblieben.

Altes ie (hochdeutsch langes i[1], geschrieben ie) bleibt *ie: lieb, Lied, schiesse, Grieg* Krieg, *Siech* Kerl usw.[2]

Altes ue[3] (hochdeutsch langes u[4]) bleibt *ue: guet, sueche, flueche, rueig* usw.

Altes üe (hochdeutsch langes ü[5]) ist zu *ie* entrundet: *Gmies* Gemüse, *gietig* gütig, *kiel* kühl, *griesse* grüssen usw.

### Neue Zwievokale

**41**  Die alten langen i, u, ü sind entgegen der in 39 aufgeführten Regel nicht erhalten, wenn sie im Silbenauslaut vor Vokal stehen; solche Hiatusstellung bewirkte Diphthongierung, das heisst Umwandlung des einfachen Vokals in einen Zwievokal:

*yy* zu *ei* (verschieden von altem Zwielaut ai): *schneie, verheie* kaputt machen/gehen, *speie* spucken, *Weier* Weiher, *beiele* fein schneien, *zweie* «zweien», pfropfen, *Veiedli* Veilchen. - Von der Hiatusstellung (also vor Vokal) hat sich die Diphthongierung auch in den Auslaut ausgedehnt: *Blei, Ryssblei* Bleistift, *drei*[6], *frei*[7]. Ebenfalls diphthongiert ist das auslautende Suffix *-ei*[8] in *Schryyberei, Armuetei* ärmlicher Zustand, *Sauerei* usw. Als Lehnwörter aus der Schriftsprache sind zu betrachten *gideie* gedeihen,

---

1 In einigen Fällen erfolgt im Hochdeutschen Kürzung: Licht. Auch hier behält das Baseldeutsche den Diphthong bei: *Liecht.*
2 Anlautendes altes ie ist im Gegensatz zu einigen andern Mundarten im Baseldeutschen zu je geworden: *jee, jètz, jeede* usw.
3 Geschwächt aus mittelhochdeutsch uo.
4 In einigen Fällen erfolgt im Hochdeutschen Kürzung: Mutter, Mulde. Auch hier behält das Baseldeutsche den Diphthong bei: *Mueter, Muelte.*
5 In einigen Fällen erfolgt im Hochdeutschen Kürzung: müssen, nüchtern u.a. Auch hier behält das Baseldeutsche den Diphthong bei: *miese, niechter.*
6 Das ältere *dryy†* hat sich z.T. noch bis ins 20. Jahrhundert erhalten, vor allem in Zeitangaben, wie *am halber dryy*. Festgeblieben ist es in den Zusammensetzungen und Ableitungen *dryzää, dryssig, Dryyangel* (neben *Dreiangel*) Dreieckloch im Gewebe.
7 Festgeblieben ist altes *fryy* in *Fryttig* Freitag, *fryyli(g)* freilich.
8 Mittelhochdeutsch -ie, es liegt also auch Hiatus vor.

*yyweie* einweihen, die mittelhochdeutsch keinen Hiatus, sondern ein als ch gesprochenes h hatten, wie es sich noch in baseldeutsch *verzyyche* verzeihen erhalten hat.[1] Ferner *gscheit* gescheit, das auf mhd. geschîde zurückgeht.

*uu* zu *au: draue, baue, versaue.*[2]

*üü* (über *öü*) zu *ei* (und daher übereinstimmend mit *ei* aus *yy*): *nei* neu, *eier* euer, *Heiel* m. unordentliches Haar, *Nachtheiel* Eule, *gneie* knien, *reie* reuen, *Spreier* «Spreuer» Spreu, *Sei* Säue.[2]

**42** Zwielaute infolge anderer Entwicklung: Der in andern Mundarten erfolgte Ausfall eines n oder eines m unter gleichzeitiger Zwielautbildung (vgl. oberbaselbieterisch *Faischter* Fenster) kennt das Baseldeutsche im Prinzip nicht, höchstens in Einzelfällen wie *Waislige* Wenslingen (Dorf im oberen Baselbiet), *rausle* (aus «rammseln», Nebenform zu rammeln), herumtollen, *Schaiche* (stammverwandt mit Schinken, Schenkel) Bein (derb). – Zwielautbildung infolge Zusammenziehung von -*yyhe*- liegt vor in *Wienacht* Weihnacht. – Vor ch mit nachfolgendem Konsonant entstand Zwielaut einzig in *Dieggsle*† Deichsel (heute *Daiggsle*) und *fiecht* feucht (heute meist *fyycht*).

Bei Verben, die im Mittelhochdeutschen nach dem Stammvokal æ ein j hatten (z.B. mæjen mähen, wird im Baseldeutschen das j mit dem Stammvokal zu langem *aai* verbunden: *maaie* mähen, *naaie* nähen, *saaie* säen, *waaie* wehen, *draaie* drehen (neben heute häufigerem *drille*), *graaie* krähen, (auch *Graaie* Krähe), *blaaie* blähen, *baaie* bähen.[3]

**Besondere e-Laute**

**43** Das Baseldeutsche besitzt im Gegensatz zum Hochdeutschen in betonter Silbe nicht nur drei, sondern fünf verschiedene e-Laute, nämlich *ee, è, èè, ä, ää: Glee* Klee, *Bètt, Mèèr, Brätt, Kääs.*

Das im Hochdeutschen nicht vorkommende überoffene e, also *ä* und *ää*, ist für das Baseldeutsche und andere Mundarten besonders charakteristisch. Häufig handelt es sich um Umlaut von *a*, vor allem in der Mehr-

---

1 Aus der Schriftsprache entlehnte Diphthongierung liegt ebenfalls vor in *Gaier* Geier, das auf mhd. gîr zurückgeht (baseldeutsch noch erhalten in Hausbezeichnungen wie *Gyyregaarte*).

2 Im Mittelhochdeutschen war kein Hiatus vorhanden, die Entsprechungen lauteten triuwen (trauen), siuwe (Säue) usw.

3 Das *aai* wird länger gesprochen als der Diphthong z.B. in *Maie* Blumenstrauss, *sait* sagt, *lait*† legt usw. (Siehe auch **11**.)

zahlbildung: *Kaschte-Käschte, Aarm-Äärm,* dann auch in Verkleinerungsformen: *Katz-Kätzli, Batze-Bätzli, Waar-Wäärli;* ferner erscheint es oft vor *m* oder *n* + Konsonant (Nasalverbindung): *Änd, dämpfe* dämpfen, rauchen, *schängge, glänze* usw.

Die sprachgeschichtliche Herkunft der mundartlichen e-Laute ist recht vielgestaltig, und die gesetzmässige Entwicklung ist häufig durch Analogiebildungen gestört; da dies, in beschränktem Masse allerdings, auch für das Hochdeutsche gilt, lassen sich für die Unterschiede zwischen Hochdeutsch und Mundart keine durchweg gültigen Regeln aufstellen, das heisst gewisse Normen sind zwar vorhanden, jedoch von unzähligen Ausnahmen durchbrochen. Beispielsweise entspricht dem mittelhochdeutschen sêre ein hochdeutsches «sehr» (seer gesprochen) und ein baseldeutsches *sèèr,* dem mittelhochdeutschen swære ein hochdeutsches «schwer» (schweer gesprochen) und ein baseldeutsches *schwäär.*

Hochdeutsches ä kann in der Mundart drei verschiedene Qualitäten haben, wobei sich eine Gesetzmässigkeit ohne die Kenntnis der sprachgeschichtlichen Entwicklung nicht ableiten lässt: Hochdeutsch «älter», «Kätzlein», «Räder», «Käse» (alle vier mit èè bzw. è gesprochen) erscheinen im Baseldeutschen als *èlter, Kätzli, Reeder, Kääs.*

Ausserdem wurden im Baseldeutschen alle ö-Laute infolge der Entrundung zu e-Lauten, nämlich zu ee, è oder èè: *scheen* schön, *Lècher* Löcher, *Wèèrter* Wörter.

Unter dem Einfluss anderer Mundarten und der Schriftsprache entstehen bei dieser verworrenen Lage naturgemäss Verwechslungen und Unsicherheit. So hört man häufig statt der korrekten Formen *Jeeger*[1] Jäger, *Nääger* Neger, *weele* wählen, *schwäär* schwer, *stägge*[2] intr. stecken, *säälig* selig auch *Jääger*[1], *Neeger, wääle, schwèèr, stègge*[2], *seelig* (wohl in Anlehnung an *Seel)* usw.

**44** Bei den aus dem Lateinischen und dem Griechischen entlehnten Wörtern schwankt die Qualität des e-Lautes häufig. Gesamthaft gesehen, herrscht die Tendenz vor, in fest eingebürgerten Wörtern den betonten e-Laut als *ä* zu sprechen, in den noch eindeutig als mundartfremd empfundenen eher als *è* (analog dem Hochdeutschen). Eine allgemein gültige Norm lässt sich indessen nicht aufstellen. Einzig die Endung -ent wird ausnahmslos als *-änt* ausgesprochen. Generell war in der älteren Sprache die Neigung zum *ä* stärker als in der neueren. Heute ergibt sich etwa folgendes Bild[3]:

1 Die korrekte Form ist bewahrt in *Landjeeger* Landjäger, Polizist, Trockenwurst.
2 Das transitive stecken lautet *stègge,* z.B. *Gäld in èppis stègge.*
3 Dieses schwankt allerdings je nach Bildungsgrad des Sprechers.

*ä* in: *Archidäggt, phèrfäggt* (aber *Phäärfäggt* Perfekt), *Bròjäggt, vehemänt, Studänt, Räggter, Dyräggter, dyräggt, Bròfässer, räggta†* «recta» geradezu, *Agända* u.a.m.

Zwischen *ä* und *è* schwankend in: *äxtra/èxtra, äxgyysi/èxgyysi* (frz. excusez), *äxbräss/èxbräss* absichtlich, *äschtymiere/èschtymiere* hochschätzen, *Thächnig/Thèchnig* u.a.m.

*è* in: *Mèchaanig, èlèggtrisch, èlegant, phèrsee* «per se», selbstverständlich u.a.m.

### Besondere Umlaute

**45** Das Baseldeutsche besitzt mehr Umlaute als das Hochdeutsche, nämlich (bei verschiedener Vokallänge) drei von a: *e, è, ä,* zwei von o: *e, è,* zwei von u: *y, i,* zwei von au: *ai, ei,* einen von ue: *ie.*

*aa – ee: Graab-Greeber, Glaas-Gleeser, schmaal-schmeeler.*
*a – è: kalt-kèlter, glatt-glètter, nass-nèsser.*
*aa – èè: aarm-èèrmer, waarm-wèèrmer, haart-hèèrter.*
*aa – ää: Haas-Hääsli, Daal-Dääler, Raame-Rääme.*
*a – ä: Nacht-Nächt, Vatter-Vätter, Ranze-Ränze.*

*oo – ee: spoot-speeter, Moose-Meese, Moonet-Meenet.*
*òò – èè: Hòòr-Hèèrli, Wòòrt-Wèèrter, Mòòrd-Mèèrder.*
*ò – è: Gòtte-Gètti Patin-Pate, Bòscht-Bèschtler, Bògg-Bèggli.*

*uu – yy: Schuufle-Schyyfeli, suuber-syyberer, Huus-Hyyser.*
*u – y: Huffe-Hyffe, Brut-Brytli, Grut-Grytter Kraut-Kräuter.*
*ùù – ii: Zùùg-Ziigli, Wùùrzle-wiirzele, Fùùdi-Fiidle Hintern.*
*ù – i: Schlùgg-Schligg, Zùgger-Ziggerli, Rùmpf-Rimpf.*

*au – ai: Baum-Baim, Staub-Staibli, Strau-straie.*
*au – ei: Sau-Sei, versaue-seile/seiele, draue-drei treu.*
*ue – ie: Huet-Hiet, Brueder-Brieder, Kue-Kie Kuh-Kühe.*

**46** Die Mundart besitzt, wie bereits einige der in **45** angeführten Beispiele zeigen, nicht nur mehr Umlaute als das Hochdeutsche, sie verwendet sie auch viel häufiger, vor allem als ein Mittel der Form-Kennzeichnung, so in der Mehrzahlbildung, bei der Steigerung und bei der Verkleinerung. Anderseits fehlt in einzelnen Fällen der Umlaut, wo er im Hochdeutschen vorhanden ist.

Umlaut, wo er im Hochdeutschen fehlt:

Umlaut von *a*: *Fläsche, Däsche, Lälli* (von «lallen»), *Schiffländi* Schiffslandestelle, *Wäntele* Wanze, flache Reiseflasche, *zämme* zusammen, *Kèmmi*

Kamin, *Wäärze* Warze, *bätsche* «patschen», *Määs* Mass, *männge* mancher, *Bääsi* Base, *Gläppere* Klapper, *Dääg* Tage, *gleesig* glasig, gläsern, *Kääre* Karren Pl.

Umlaut von *o: Heebel* Hobel Pl., *Deechte* Dochte, *Keebi* «Jakob», *Rèsser* Rosse (neben *Ròss* Pl.), *hèlzig* «holzig», hölzern, *Meenet* Monate, *Weepe†* Wappen Pl., *Meese* Flecken Pl., *Keel* Kohl, *Kèschte* Pl. Kosten u.a.m.

Umlaut von *u: Zigger* Zuckerstücke, *Brinne* Brunnen Pl., *gnyyble* (Diminutiv zu mittelhochdeutsch klûben) herumklauben, *lytter* lauter, *Hyffe* Haufen Pl., *biirzle* purzeln (aber *Buùrzelbaum), Hind* Hunde u.a.m.

Kein Umlaut, wo er im Hochdeutschen vorhanden ist:

*a: Saabel* Säbel, *Aschphoof* «Espenhof» (Bezeichnung verschiedener Bauernhöfe).

*ò: Gròt* Kröte, *Fòòre* Föhre, *ùngfòòr* ungefähr (neben jüngerem *ùngfäär*), *Iibelhòòr* «übelhöriger» Mensch.

*u[1]: bùgge* bücken, *drùgge* drücken, *Grùgge* Krücke, *dùngge* dünken, *Brùgg* Brücke, *Rùgge* Rücken, *Haimdùgg* hinterhältiger Mensch, *Mùgg* Mücke, *Lùgge* Lücke, *zrùgg* zurück, *Glùscht* Gelüste, *nùtze* nützen, *Huùbel* Hügel, *Kùchi* Küche, *Nùss* Nüsse, *Hùft* Hüfte, *Guùrt* Gürtel, *Huùrd* Apfelhürde, *stuùrb* stürbe, *Muùrbs* «Mürbes» Gebäck zu Milchkaffee oder Kakao, *Luùg* Lüge, *Buùrdi* Bürde, *Buùrger* Bürger (neben *Biirger)* u.a.m.

*au: draume* träumen, *saume* Stoffe mit einem Saum versehen. Nichtumgelautete Vokale statt umgelauteter Zwielaute im Hochdeutschen: *Utter* Euter, *schuume* schäumen, *ruume* räumen, *versuume* versäumen.

Nichtumgelautete Zwievokale statt umgelauteter einfacher Vokale im Hochdeutschen: *Pfruend* Pfründe, Altersheim des Spitals.

Rückumlaut liegt vor in den schülersprachlich umgeformten und dann nur weiblich gebrauchten, aber auf männliche Personen bezogenen Geschlechtsnamen *Mùlle* Müller, *Schaidògge* Scheidegger, *Fùschle* Vischer, ferner in: *Wuube* (aus *Wyyb*) biederes Frauenzimmer, *wùnzig* winzig, *kùtzele* kitzeln (neben *kitzele*), *Schùngge* Schinken, *Fùngge* «Finken», Pantoffeln. Hieher kann man auch *Wuùseli* kleines Wesen zählen, davon abgeleitet *wuùsele* krabbeln, wimmeln, *Nùnni* m.[2], Bettuchzipfel.

Aus dem Plural in den Singular übertragener Umlaut liegt vor in: *Frèsch* Frosch, *Èpfel* Apfel, *Häntsche* Handschuh. (Siehe auch **104**.)

---

1 Der u-Laut ist dem Umlaut gegenüber am widerstandsfähigsten, zumal vor *gg* sowie vor *r* + Konsonant.
2 Zu kindersprachlichem *nyyna mache* und *ninnele schlafen.

**47** In der Entwicklung vom Mittelhochdeutschen zum Neuhochdeutschen hat sich u in bestimmten Fällen zu o, der entsprechende Umlaut ü zu ö gesenkt, während die Mundart den mittelhochdeutschen Lautstand weitgehend bewahrt, wobei das Baseldeutsche ü zu i entrundet.[1] Der alte, vom Hochdeutschen abweichende Stand zeigt sich besonders stark:

vor *mm, nn, nd: Sùmmer, Sùnne, kùmm* komme, *Brùmbèèri, kùmmlig* praktisch, *gschwùmme* geschwommen, *bsùnders, grùnne* geronnen, *sùnscht* sonst, *Nùnn(e)*† Nonne, *Drùmmle* Trommel; mit Umlaut: *Simmerli* Sömmerchen, *Drimmeli* kleine Trommel usw.;

in Lehn- und Fremdwörtern: *Kùmmoode* Kommode, *kùmood* bequem, handlich, *Kùmeedi* Schererei, Aufhebens, *Gùggùmmere* (it. cocomero), *Bùmmi*[2] (frz. bombe) grosse Marmel, *Ùnggle* (frz. oncle), *Bùmpjee* (frz. pompier) Feuerwehrmann;

vor *ll* und *l* + Konsonant: *Wùlgge* Wolke (diminutiv *Wilggli*), *Wùlle* Wolle, *gschwùlle* geschwollen, *ghùlffe* geholfen, *gmùlche* gemolken;

vor *r* + Konsonant: *fùùrt* fort, *wùùrge* herunterwürgen; hieher gehört auch *Fùùrgget* Forcart (Familienname);

Vereinzelte Fälle: *Wùche* Woche, *Duubagg* Tabak (älter Tobak), *Zùpfe* Zopf, zopfförmiges Gebäck, *Gùùferekischte* (von frz. gaufre Waffel) Biskuitdose, *lùgg* locker, lose. Umgekehrt steht *è* (ö) statt *i* (ü) in Fällen wie *dèèrfe* dürfen, *fèèrchte* fürchten (älter auch förchten).

Heute eher veraltet sind: *Hùùnig* Honig, *Sùùn/Siin* Sohn/Söhne, *wilkùmme, Kùnzäärt, Kùntòòr* Kontor, *kùndeliere* kondolieren, *Kùmplimänt, Kiinig* König, *Gùld* Gold, *hiirni(g)* «hörnern» (z.B. *hiirni Seifriid* «hörnerner Siegfried», grober Kerl), *miiglig* möglich u.a.m.

## Übergang von a zu o

**48** Langes mittelhochdeutsches â in betonter Silbe wird in weiten Teilen des alemannischen Sprachgebietes im Ausgang des Mittelalters zu langem o verdumpft. Das Baseldeutsche, im Unterschied zum Neuhochdeutschen, aber auch etwa zum Stadtzürichdeutschen oder zu den beharrenden

---

1 Freilich sind schon im Mittelhochdeutschen Doppelformen anzutreffen, z.B. wulke/ wolke.
2 Davon abgeleitet *Bùmmerli* kleine, rundliche Person, gröber *Bùmmere* massige weibliche Person.

alpinen Mundarten, hat diese Entwicklung in grösstem Ausmass mitgemacht. Gegenüber mittelhochdeutsch *âbent*, neuhochdeutsch *Abend* und stadtzürichdeutsch *Aabig* heisst es also baseldeutsch *Oobe*.

Ebenso: *Bloog* Plage, *Blootere* Blase, *doo* da, *doo* getan, *Doope* Tatze, *aadoope* täppisch anrühren, *goo* (mhd. *gân*) gehen, *Goob* Gabe, *groome* «kramen», als Geschenk mitbringen, *Groom* m. Mitbringsel, *Groot* Grat, *Hoogge* Haken, *joomere* jammern, *loo* (mhd. *lân*) lassen, *Mool* Mal, *nooch* nahe, *Noodle* Nadel, *Noot* Naht, *Oodere* Ader, *Root* Rat, *schlooffe* schlafen, *Schnoogg* m. Schnake, *Schooff* Schaf, *Spoon* Span, *Grienspoon* Grünspan, *spoot* spät, *stoo* (mhd. *stân*) stehen, *Woog* Waage usw.

Vor *r* ist das lange *aa* zu *òò* geöffnet (vgl. **3.**2): *Wòòred* Wahrheit, *Hòòr* Haar, *Jòòr* Jahr, *Gfòòr* Gefahr usw.

Vor starken Konsonanten kann *oo* zu *ò* verkürzt sein: *fròggsch* fragst (aber *frooge*), *blòggsch* plagst (aber *blooge*), *lòsch* lässt 2. Pers. (aber *lòò*), *Hòchzyt* (aber *hooch*), *bròcht* gebracht, *wòrùm* warum, *Jòkeb* Jakob usw.

Der Umlaut des aus dem langen a verdumpften langen o ist (mit Entrundung) *ee*: *Deepe* Tatzen, *Neetlig* Nähtling, *jeemerle* leise jammern, *Meeli* kleines Mahl, *Heegge* Haken Pl., *Needeli* kleine Nadel, *weele* wählen usw.

Vor *r* ist das lange *ee* zu langem *èè* geöffnet (vgl. **3.**2): *Jèèrli* Jährchen, *Hèèrli* Härchen usw.[1]

Das mittelhochdeutsche kurze a wandelt sich nie zu o, auch wenn es Längung erfahren hat, daher heisst es baseldeutsch: *faare* (mhd. *farn*) fahren, *Naase, Gaarte, Graage* Kragen usw.


### Einzelne vokalische Abweichungen

**49** Infolge unterschiedlicher Ursachen entstanden vokalische Abweichungen vom Hochdeutschen wie die folgenden: *Bänsel* (älter *Bämsel*) Pinsel, *Kaigel* Kegel, Exkrement, *Lai* Löwe, *Drächter* Trichter, *Laim* Lehm, *rau* roh (von Obst, Gemüse, Fleisch), *Strau* Stroh, *Vee* Vieh (aber Pl. *Viicher*), *Dòtzed* Dutzend, *Schwùmm* Schwamm, Pilz, *Ruum†* Rahm, *Miesch†* Moos *gaine* gähnen.

---

1 Die Verdumpfung ist in neuerer Zeit unter dem Einfluss anderer Dialekte und der Schriftsprache z.T. rückgängig gemacht worden. Kaum mehr gebräuchlich sind z.B.: *Moos* w. Mass w., (altes Flüssigkeitsmass von 1,4 Liter), *Boopscht* Papst, *beepschtlig* päpstlich, *Woope* m. Wappen, Pl. *Weepe*, *Verdoocht*, *Groof* Graf, noch eher lebendig in *Maarggroofeland, Maarggreefler* Markgräfler Wein, *Schòòryyse* Scharreisen, *Glòòregraabe* Claragraben, *Glòòryys* «Klareis» Glatteis, *schmoochte* schmachten.

# Lange statt kurze und kurze statt lange Vokale

**Lange Vokale**    **50**   Im Baseldeutschen ist wie im Hochdeutschen jeder ursprünglich kurze Vokal in betonter Silbe vor schwachem Konsonant gedehnt, und zwar sowohl in einsilbigen Wörtern wie *Bloog, Daal, Droog, Glaas, Hoof, Siib* Sieb als auch in zwei- und mehrsilbigen wie *Laade, Gleeser, Hoobel, Stùùbe,* sodann auch in *zaable* zappeln, *verzaable* vor Ungeduld vergehen, *schnäädere* «schnattern», schwatzen, tratschen, *Zeedel* Zettel, wo im Hochdeutschen harter Konsonant folgt. Weiter als im Hochdeutschen greift die Dehnung in zunächst einsilbigen Wörtern, deren starker Auslautkonsonant geschwächt wurde, so z.B. vor *l(l): iiberal* überall, *Baal†* Ball (Tanzveranstaltung), *Faal†* Fall, *Staal* Stall, *Stääli†* Ställchen, Laufgitter, *hääl†[1]* hell, *Meewyyl* Miville (Familienname); auch gelegentlich vor *n(n): Maa* Mann, *Kiini* Kinn; vor *s(s): Biis* Gebiss, *gwiis* gewiss; vor *f(f): Rääf* «Reff», hölzernes Traggestell, böses Frauenzimmer; vor *ch(ch): Blääch* Blech; ähnlich vor ursprünglichem *lw: gääl* gelb.

Ausnahmslos gedehnt ist jeder Vokal in betonter Silbe vor *r* oder *r +* Konsonant: *iir* irr, *Kaare* Karren, *Pfaarer* Pfarrer, *Fùùre* Furche, *dùùre* hindurch. Überdies öffnen sich e und o in solchen Silben stets zu *èè* und *òò: Hèèr* Herr, *fèèrig/fèèrtig, Kòòrb, Hòòrnig* «Hornung», Februar usw.[2]

**Kurze Vokale**    **51**   Alte Kürze ist hingegen erhalten, wenn der silbenauslautende Konsonant verstärkt wurde: *dämm* dem, *wämm* wem, *Namme* Name, *nämmlig* nämlich, *mer nämme* wir nehmen, *schämme* schämen, *gwènne* gewöhnen, oder wenn ein weiterer Konsonant folgt: *Òbs/Òbscht* Obst, *Vòggt* Vogt, *Maggd* Magd, *glaggt* geklagt (aber *glaage* klagen), *wòggt* wagt usw.[3] Sodann sind auch die Vokale kurz geblieben, die im Hochdeutschen vor starkem einfachem Konsonant gedehnt wurden: *Vatter, bätte* beten, *drätte* treten, *happere* hapern, *Luppe* Lupe, *Vyppere* Viper, *Èggel* Ekel, *Brätzel* Brezel, *Bòtt* Bote, *Ùffgibòtt* Aufgebot, *Verbòtt* usw.[3]

**52**   Gekürzt erscheinen die ursprünglich langen i, u, ü (die im Neuhochdeutschen diphthongiert sind) vor starken Konsonanten[4], so vor *ss: bysse, dryssig* dreissig, *dùsse* draussen; vor *ff: Huffe* Haufen, *Ryffe* Reif (Frost),

---

1 Nur noch lebendig in den Wendungen *hääl nyt* rein gar nichts, *ùff der hääle Wält* auf der ganzen weiten Welt.
2 Verliert die betonte Silbe ihre Betonung im Sprechzusammenhang, so unterbleibt die Dehnung; man unterscheide also *Dùùrenander* Durcheinander und *dùrenander, e nätte Hèèr* und *der Hèr Maier.*
3 Nicht in jedem Fall berücksichtigen wir in der Schreibung die Verstärkung des Konsonanten, schreiben also *Magd, glagt* usw.
4 Vor einfachen Konsonanten unterblieb die Kürzung: *Lyyb* Leib, *Huus* Haus, *Syyde* Seide, *fyycht* feucht usw. (vgl. auch **39**)

*schnuffe* schnaufen (neben neuerem *schnuufe*), *üffe* hinauf; vor *sch(sch)*: *rusche, Grysch* Geräusch; vor *t(t)*: *syt(t)* seit, *lut(t)* laut, *Utter Euter*, auch *Sutter* Suter (Familienname, hochdeutsch mit langem u gesprochen), vor*(t)z: Gry(t)z* Kreuz, *Gy(t)z* Geiz; vor *n(n)d: Fin(n)d* Feind, *Fri(n)d* Freund usw.[1] Kürze erscheint ferner in *Spannie* Spanien, *spannisch* spanisch.

**53** Im Gegensatz zum Hochdeutschen ist der Vokal lang geblieben in wenigen Einzelfällen wie: *Raach* Rache, *Verdoocht, Aadaacht* Andacht, *Woope* Wappen, *Doope* «Tappe», Pfote, *Blootere* Blattern, Blase.

### Schwache Konsonanten statt starke

*Im Anlaut*
*betonter Silben*

**54** Die Schwächung von Konsonanten und Konsonantengruppen im Anlaut betonter Silben ist, wie bereits (siehe **3.6.**) kurz dargelegt, eines der Hauptmerkmale, welche das Baseldeutsche von vielen andern Mundarten und vom Hochdeutschen unterscheiden.

*b* statt *p: Bänsel* Pinsel, *bùtze* putzen, *basse* passen. Eine Ausnahme bilden zahlreiche Fremd- und Lehnwörter sowie Namen mit anlautendem *ph: Phèrsoon, Philger, Phaater, Phaul:* Ausnahmslos aber ist, auch in Wörtern fremder Herkunft, p in Verbindung mit *l* und *r* zu *b* geschwächt: *Blatz* Platz, *blaudere* plaudern, *Bracht, Braamie* Prämie, *Bryymùs* Primus.[2]

*d* statt *t: daub* taub, *Doon* Ton, *Duech* Tuch. Eine Ausnahme bilden ebenfalls gewisse Lehnwörter und Eigennamen mit anlautendem *th: Thee, Theeòlògyy, Thoomas, Thèrmòmeeter.* – Ausnahmslos ist *t* in Verbindung mit *r* geschwächt: *druurig* traurig, *Dram* Tram, *draagisch* tragisch. Unbehauchtes *t* kommt im Anlaut betonter Silbe nicht vor, ausser bei emphatischer Sprechweise: *Tònnerwätter!! Pfytausig!!* sowie in manchen Fremdwörtern, z.B. *Mòtòòr, Matèèrie* Materie.

*g* statt *k: k* im Anlaut betonter Silbe wird behaucht ausgesprochen, jedoch schwächer als im Hochdeutschen, nämlich beinahe wie *g + h*.[3] Das *g* der schwächsten Stufe erscheint vor *l, n, r, w: Glaid* Kleid, *Gnei* Knie, *Grieg* Krieg, *Gwèlle* Quelle. Das unaspirierte *k* in Wörtern französischer oder italienischer Herkunft wird oft als etwas stärkeres *g* gesprochen: *Guusyyne* Kusine, *Gòmmy* Commis, *Gùggùmmere* Gurke, *Gaschee* cachet. Zahlreiche ältere Fremdwörter und solche lateinischen Ursprungs haben

---

1 Siehe S. 58, Anmerkung 3
2 Unbehauchtes *p* kommt im Anlaut betonter Silbe nicht vor, ausser in Lehn- bzw. Fremdwörtern, wenn die voraufgehende Silbe einen starken Nebenton trägt, z.B. *Bapyyr* Papier, *Kòmpändiùm* Kompendium, *alpyyn* alpin usw.
3 Dennoch behalten wir die Schreibung *k* bei, weil *g* für die noch schwächere Stufe reserviert ist.

hingegen behauchtes anlautendes *k: Kòmunischt, Kasäärne, Kantùs, Kabi-zyyner* Kapuziner usw.

**55** Viel seltener erscheint mundartlich schwacher Konsonant gegenüber schriftsprachlich starkem Konsonant im Inlaut oder im Auslaut betonter Silben, sei es durch Erhaltung alter Formen, Schwächung im Auslaut (siehe **50**), Ausgleich oder aus anderen Gründen. Alte (Neben-)Form liegt vor in: *dood* tot, *deede* töten, *Gnoode* «Knoten», Knöchel, *graablig* «krabbelig», sehr unbehaglich, *zaable* zappeln; Schwächung im Auslaut liegt vor in: *mues* muss (darnach auch *miese* müssen), *Ùn(ne)mues* «Un-musse», Unannehmlichkeit, *baraad* «parat», bereit; Lehnwörter sind *Syydyaan* (frz. citoyen) gemeiner Kerl; ferner *hinde* hinten, *ùnde* unten, *Uufert* (neben *Ùffaart*) Himmelfahrt.

## Starke Konsonanten statt schwache

**56** Gelegentlich steht im In- oder Auslaut baseldeutsch starker Konsonant schriftsprachlich zum Teil jüngerem schwachem gegenüber: *Grap* Rabe, *Schmitti* Schmiede, *Muelte* «Mulde», Backtrog, *Binteli* Bündel, *Spùnte* «Spund», Wirtschaft; hieher gehört auch *Grampool* (frz. carambole) Radau. – *f* wird in Abweichung vom Hochdeutschen nach *r* scharf gesprochen: *dèèrffe* dürfen, *Haarffe* Harfe, *Kùùrffe* Kurve usw.[1] (Verstärkung nach *r* vgl. auch **20.3.**); ebenso nach *l* in *hälffe* helfen, *ghùlffe* geholfen.[2]

## *schp, scht, schk/schg* gegenüber hochdeutsch sp, st, sk

**57** Im Gegensatz zum Hochdeutschen werden nicht nur die anlautenden, sondern auch die in- und auslautenden *sp* und *st* als *schp* und *scht* gesprochen: *Schpatz* Spatz, *Kaschper* Kaspar, *Tharaschp* Tarasp (Ort in Graubünden), *Schtòòrg* Storch, *Bèschtler* Pöstler, *greescht* grösste; ebenso im Anlaut von Fremdwörtern wie: *Schpèggtrùm* Spektrum, *schtagniere* stagnieren, *Schtrùggduur* Struktur usw. ferner oft auch in Zusammensetzungen, wo nicht *sp* und *st* vorliegen, sondern *s + p, s + b, s + t, s + d: Hèèrschbäärg* Hersberg (Weiler im Baselbiet), *Balschtel* Balsthal (Ort im Solothurnischen), *Donnschtig* Donnerstag, *Aarischdòòrf* Arisdorf (Dorf im Baselbiet).[3]

Ursprünglich fremdsprachiges sc, sk erscheint zum Teil als scht: *Schtabälle* (lat. scabellum), altertümlicher Stuhl, *Schtòòrzenääri* (frz. scorsonère)

---

1 In der Regel unterlassen wir die Doppelschreibung von *f* nach *r*.
2 Aber *Alfaa* Alpha, *bälfere* bellen, *Èlfe* u.a.
3 In der Schreibung verwenden wir statt *sp, st* nur dann *schp, scht*, wenn die mundartliche Aussprache von der hochdeutschen abweicht, also *Stai* Stein, *fascht* fast.

Schwarzwurzeln; zum Teil als *schk* oder *schg: Schkandaal* Skandal, *Mùschgetnùss* Muskatnuss, *dyschgeriere* «diskurieren», weitschweifige Gespräche führen.

## Weitere konsonantische Abweichungen

**58**  *b, p* statt *f, m, w* und umgekehrt: *Haaber* Hafer, *Kilbi* «Kirchweih», Durcheinander, *Hueb* «Hufe» Stück Land (nur noch als Flurname oberhalb Binningen lebendig), *Barèlleli* «Amarelle», Aprikose, *Fimflyyber* (frz. livre) Fünffrankenstück, *schlùùrpe* schlurfen, *suufer*† sauber, *syyferlig* säuberlich, sachte.

**59**  *pf* statt *p* oder *f* und umgekehrt: *Schòpf* Schuppen, *schnùùrpfe* «schnürfen» grob zusammennähen, *siirpfle* schlürfen, *schlieffe* schlüpfen, *Stùmpe* «Stumpf», typische Schweizer Zigarre, Knirps, *Gamfer* Kampfer, *Schnùppe* Schnupfen, *schliiferig* schlüpfrig, schmierig, schleimig.

**60**  *z* statt *ss, sch, t* und umgekehrt: *Schùtz*† Schuss, davon abgeleitet *Schùtzli* fahrig und unüberlegt handelnder Mensch, in der gleichen Bedeutung *Schùtzgatter* (eigentlich Fallgitter in alten Stadttoren), *schùtzlig* unbesonnen, ungeschickt, *e bitz(e)li* ein bisschen, *Schwaizi* (von schweissen = durchsickern lassen) Buttersauce, belanglose Rede, *Hiirz*† Hirsch, noch lebendig in den Haus- und Strassennamen *Hirzbrùnne, Hirzboode, zem Hiirze; gyttig* «geizig», gierig, *Wäntele* Wanze, *Handzwäächele*† (von mhd. twehele) Handtuch, *hinderzi(g)* «hinter sich», rückwärts.

**61**  *sch* statt *ss: Mèsch*† Messing (noch erhalten in der Redensart *s Mèsch bùtze* jemandem gründlich die Meinung sagen), *Hilschede* «Hülse», Hülle, Schale.

**62**  *ch* statt *h: zääch* zäh, *gääch* «jäh», steil, *nooch* nahe, *neecher* näher, *Neechi* Nähe, *Heechi* Höhe, *Lächemaa* «Lehensmann», Pächter, *Zeeche* m. Zehe, ferner die Konjunktivformen *gsääch* sähe und *gschääch* geschehe. Hieher gehören auch *Zieche* w.† (von ziehen) Überzug von Bettzeug, sowie *schyych* (von mhd. schiuh) scheu, sodann, mit *t*-Erweiterung: *Wächte* «Verwehung», überhängende Schnee- oder Eismasse am Berggrat, *Seechter* m. «Seiher», Sieb, Diminutiv *Seechterli* sowie *seechte* seihen, absieben.

**63**  *g* statt *ch, ch* statt *k: männge* mancher (mhd. maniger), *Räätig/Rättig* Rettich, *Dèppig*[1] Teppich, *Pfèèrsig* Pfirsich, *Stòòrg* Storch, ferner das Suffix *-lig* -lich in *lyyslig, frintlig* usw.; *Kalch* Kalk, *mälche* melken.

---

1 Früher wurde für Teppich das Wort *Boodeduech*† verwendet.

**64** Abweichungen in unbetonter Silbe (meist im Auslaut): *-el* statt *-er* (siehe auch **27** Entgleichung): *Zùndel*† Zunder (noch lebendig in J.P. Hebels Schelmengestalten Zundelfrieder und Zundelheiner), *Mèèrsel*† Mörser, *Èèrgel*† Erker, *Raigel* Reiher, ungebärdiges Kind; umgekehrt *-er* statt *-el*: *Dääfer/Verdääfer* s. Getäfel, *Galèèri* (aus *Leeli*) Laffe.

**65** Vereinzelte, kaum mehr durchschaubare Abweichungen:

Im Anlaut: *miir* wir, *huure* kauern, *Häärdèpfel* «Erdapfel», Kartoffel, *Wueschte*† Husten, *niele* wühlen, *gnuuble/gnyyble* klauben, *jääse* gären, *jaschte*† hasten, *Jascht* m.† Hast, Wallung, *Jèèrg* «Jörg», Georg.

Im In- und im Auslaut: *Kinngel* Kaninchen, *Äägerschte*† Elster, *Schyyre* Scheune, *Duuge (Fassduuge)* Fassdaube, *wùmsle* wimmeln, *Gutschner* Kutscher, zu stark gefülltes Trinkglas, *Brääme* Bremse (Insekt), *Biire* Birne, *Spaarse* w. Spargel, *gèschtert* gestern, *èb* «ehe», bevor, *Hùùbel* Hügel.


### Unfeste Konsonanten

*Schwund des n*  **66** Inlautend: in den Suffixen -ing und -ung: *Hòffnig, Aanig* Ahnung, *ständlige* «ständlings», *Binnige*[1] (Vorort von Basel), *Òltige*[1] (Elsässer und Baselbieter Ortsname); oft in unbetonten Silben auf *-ns* und *-nz: e Lauffes* «ein Laufens», *Ässeszyt, Verstèggis* «Versteckens», Versteckspiel, *Wäädeswyyl* Wädenswil, *Baltisbäärger* Baltensberger (Familienname), *kais* keines, *myys* meines usw., *Mùttez* Muttenz (Vorort von Basel); in unbetonten Silben auf *-nt, -nd: Baarchet* Barchent, *Dòtzed* Dutzend, *Jùùged, zäät* zehnt, *sibt/siibet* siebent, *hòffetlig*.

Auslautend: in betonten Silben nach Vokal: *Bai* Bein, *Stai* Stein, *Wyy* Wein, *Maa* Mann, *Mèèriaa* Merian (Familienname), *Saaresyy*[2] Sarasin (Familienname), *mè* man, *yy* ein (hinein), *aa* an usw.[3] Ferner in unbetonten auslautenden Silben: *mache* machen, *bùnde* gebunden, *Sògge* Socken *Èltere* Eltern, *niechter* nüchtern, *Maarti* Martin; auch wo *n* älteres *m* ersetzt, fällt es in unbetonter Silbe aus: *Boode, Faade, Laade*.[4]

Zur Erhaltung des *n* als Bindelaut siehe **31** (Binde-*n*).

---

1 Der Schwund unterbleibt, wenn die Silbe -ing- eine Nebenbetonung aufweist: *Òòrmalinge, Wintersinge* (Dörfer im östlichen Baselbiet).
2 Bei Familiennamen wie Iselin, Zaeslin, Staehelin zeigt die Mundart die alte Form ohne -n: *Yseli, Zääsli, Stäächeli* usw. (vgl. **39**).
3 Häufig ist auslautendes *n* in betonter Silbe auch erhalten: *Zaan, Schyyn, Loon, Hòòrn, Zwiirn* usw.
4 Das *m* hat sich in den Verkleinerungsformen länger gehalten: *Läädemli*†, *Fäädemli*†.

**67** *ch* ist in verschiedenen Fällen in- und auslautend geschwunden: *glyy* «gleich», bald (aber *glyych* gleichgeartet), *fiirsi* «vor sich», vorwärts, *Ziiri* Zürich, *Hairi* Heinrich, *Ueli* Ulrich, *weele* welcher, *Fùure* Furche, *ùùrig* «urchig», unverfälscht; dann auch gelegentlich im Suffix -lich, das baseldeutsch zu -lig geworden ist: *wäärli* wahrlich, * òòrd(e)li* Adv. ziemlich, *gryysli* Adv. schrecklich, *zimli* Adv. ziemlich.[1]

**68** *r* ist im Wortauslaut abgefallen in: *mee* (neben *mèèr*[2]) mehr, *dää* der (betont), *jeede* jeder, *sälbe* «selbiger», jener; geschwunden vor Konsonant ist es in: *Bòlier* «Parlier», Bauführer, *lamaaschig* «lahm-arschig», langsam, faul, *Bùùrgget* Burckhardt (Familienname); auch in Zusammensetzungen: *Dònnschtig* Donnerstag; in *ch* aufgegangen: *Kiiche* Kirche, *fèèchte* fürchten, *uusmaache* ausmarchen, bereinigen, *schnaachle* schnarchen.[3]

**69** *l* ist vor Konsonant verschwunden in: *esoo* «also», auf diese Weise, *sòtt* sollte, *wòtt* wollte, *witt* willst.

**70** *h* ist inlautend geschwunden in Eigennamen und Suffixen: *Lieni/Liene(r)t* Leonhard. *Bùùrgget* (*gg* aus *k*) Burckhardt, *Grangged* Krankheit, *Gwooned* Gewohnheit, *Rixe* Rixheim (Dorf im Elsass) u.a.

**71** *w* fehlt in *ginne* «gewinnen», pflücken, *Kittene* Quitte, *uusringe* auswringen, *Hampersmaa†* Handwerksmann.

**72** *t* (vereinzelt auch *d*) ist auslautend abgefallen in *Gmäch* s. «Gemächte», Lendengegend, Genitalien, *gäll* «gelt», nicht wahr (bei Pluralanrede *gälle* und *gälte*, Höflichkeitsform *gälle Si/gälte Si*), *Baschter* Bastard, sodann in der Verbalendung -*sch* der 2. Person Singular (siehe **170**); von altersher fehlt es in *faiss* «feisst», fett (neben *Faissti* w. Fettigkeit, s. Fett am Fleisch), *jètz(e)* jetzt, *Òbs†* Obst, *Breedig* Predigt.

**73** *b, g* fehlen nur in vereinzelten Fällen; von altersher in *Keefi* s. «Käfig», Gefängnis (aber *Keefig* Käfig), sonst in *gääl* (mhd. gël, gëlw-), *sälle* (neben *sälbe*) jener, sodann in den Verbalformen *git* gibt, *lyt* liegt (siehe **173**.3.).

---

1 In adjektivischen Formen aber tritt *g* wieder ein: *òòrdligi Lyt, e zimlig Dùùrenander, gryysligi Gschichte.*
2 *mèèr* kann nur in quantitativer Bedeutung, *mee* in quantitativer und zeitlicher Bedeutung verwendet werden: *mèèr/mee Lyt* mehr Leute, *nyt mee* nichts mehr.
3 Der besseren Lesbarkeit halber schreiben wir aber *Kiirche, fèèrchte* usw.

## Geschwächte und geschwundene Vokale in unbetonten Silben

Alle Vokale in unbetonten Silben sind der Schwächung oder sogar dem völligen Schwund ausgesetzt. Allerdings sind in vielen Lehn- und Fremdwörtern Schwächung und Schwund unterblieben.

*Schwund*
*in Vorsilben*

**74** 1. Geschwunden ist der Vokal bei gut mundartlichen Wörtern in be- bzw. *bi-* vor *h, l, r, s, sch*[1]: *bhalte, bhääb* behäbig, dicht, *bhaupte* (neben *bihaupte*), *blange* «belangen», ungeduldig warten, *brichte, Brueff* (aber *birieffe*), *bschiesse* gut ausreichen, *bstèlle, bsueche, bsùnders, sich bsäägne* «sich besegnen», das Kreuz schlagen; dann auch *beelände* (aus *bi-eelände*) be-elenden, deprimieren. In ge- bzw. *gi-* ist der Vokal geschwunden vor Vokalen: *gèèrbt* geerbt, *gòòrgelet* georgelt, sowie vor allen Konsonanten ausser vor den Verschlusslauten *b, ph, d, g, k, z* und den Verschluss-Reibelauten *pf, z, tsch*[2]: *Gfòòr* Gefahr, *ghaim, Gjoomer* Gejammer, *Glùscht* m. Gelüste, *Gmies* Gemüse, *gnau* genau, *Grysch* Geräusch, *gsùnd* gesund, *Gwooned* Gewohnheit usw.

2. Vokalschwund in Lehn- und Fremdwörtern sowie Namen: *Grälleli* «Korällchen», Halskettenperlen, *Grampool* (frz. carambole) Krach, Radau *Gant* (lit. incanto) Auktion, *Graaniùm* Geranium, *Keebi* Jakob, *Geeni* Eugen, *Rooni* Hieronymus, *Nèffer†* Onophrion, *Vrooni* Veronika, *Dèlli* Adelheid, Adele, *Baschi* Sebastian u.a.m.

3. Geschwunden ist der Vokal auch in den ersten Silben von Adverbien, wie *doobe* «da oben», oben, droben, *dinne* «da innen», drinnen, *dùsse* «da aussen» draussen, *dryy* darein, hinein usw.

Erhalten hingegen ist neben den oben schon erwähnten Fällen der Vokal in geschwächter Form in Adverbien, wie: *dernoo* «darnach», dann, *dernääbe* daneben, *dehaim* daheim sowie als schwaches *e* in den Vorsilben *ent-*[3], *er-, ver-: entwiggle, erduure* erdauern, *verstègge* usw.

*Schwund*
*in Mittel- und*
*Endsilben*

**75** 1. *i* ist gelegentlich geschwunden im Suffix *-isch: Kèl(t)sch* «Kölnisch» (Stoffart), *windsch* «wind-isch», windschief, *näärsch* närrisch, *mèl(t)sch* angeschlagen (vom Kernobst gesagt); ferner wie im Hochdeutschen:

---

1 Schwächung von be- unterbleibt vor andern Konsonanten: *bidytte, bifääle* sowie in Entlehnungen: *bihandle, bireede* u.a.
2 Im Partizip Perfekt geht *g-* völlig in diesen Konsonanten auf: *bròcht* gebracht, *phòsuunt* posaunt, *dänggt* gedacht, *gaint* gegähnt, *kòschtet* gekostet, *pfiffe* gepfiffen, *zaichnet* gezeichnet, *tschienggt* knielahm geschlurft usw. Dasselbe gilt für *G(i)-* in einigen Substantiven, die mit *b-* anlauten: *Biis* s. Gebiss, *Biet* s., Gebiet (nur noch in Zusammensetzungen wie *Baselbiet, Bäärnbiet*), *Bräschte* m. Gebresten.
3 Die Vorsilbe *ent-* in dieser Form ist aus dem Hochdeutschen entlehnt. Mundartlich sollte sie nach **66** *et-* lauten; Reste dieser Bildung sind erhalten in *vertwitsche* «verentwischen», *vertlauffe* entlaufen, *vertleene* entlehnen.

*wältsch* welsch, *dytsch*. Sodann im Suffix *-ig: boosge* «bosigen», Böses verrichten, anstellen, *Hèlge* «Heiligen»-Bild, Bild, *fèèrge* «fertigen», schleppen, transportieren. Schliesslich im Suffix *-ich: Drilch* «Drillich» (Stoffart). Zur Erhaltung des *i* siehe **77**.

2. *e* verschwindet häufig im Auslaut, zumal in der Wortbeugung: *dä guet Maa, Stai* Steine, *i mach* ich mache; sodann im Wortausgang: *bees* Adv. böse, *Buess* Busse, *schaad* schade, *Bueb* Bub, Knabe.[1] Auslautendes *-ie* wird zu *-i* reduziert in den Fremdwörtern *Kùmeedi* «Komödie», Schererei (hingegen in der Bedeutung Lustspiel *Kùmeedie*), *Andyyfi* Endivie, sonst *-ie: Famyylie* usw.

3. Den hochdeutschen (meist weiblichen, selten sächlichen) Substantiven auf -el entsprechen in der Mundart gewöhnlich solche auf *-le;* das dem *l* vorausgehende *e* ist geschwunden: *Gaable* Gabel, *Kachle, Drùmmle, Bùschle* Büschel, *Biible* (neben häufigerem *Biibel*) usw. Ausnahmen: *Òòrgele* Orgel, *Kùùgele* Kugel, *Gùùrgele, Gnùngele* Knäuel. – Den hochdeutschen Verben auf -eln entsprechen in der Mundart solche auf *-le: haagle, kaigle* kegeln, *sich dùmmle* «sich tummeln», sich beeilen usw.

Dagegen stehen den hochdeutschen weiblichen Substantiven auf *-er* in der Mundart solche auf *-ere* gegenüber: *Lààbere* Leber, *Faasere* Faser, *Fäädere* Feder. Dem hochdeutschen Verbalsuffix -ern entspricht mundartlich *-ere: gaifere* geifern, *schwaudere* inhaltlos daherreden.

Zusammenziehung mit Vokalverlust erfolgt, wenn zwei Vokale aufeinanderstossen: *Fyyr* Feier, *Duur* Dauer u.a.

4. Auch andere Vokale sind in Mittelstellung verschwunden: *Broosme* Brosamen, *Hòlder* Holunder, *Augschte* August (Monat) u.a.

*Schwächung*  **76**  Geschwächt sind:

1. *i* zu *e* in Mittelstellung nach betonter Silbe in den Pluralformen *Miilene* Mühlen (Sing. *Miili*), *Dauffene* Taufen, ferner im Auslaut abgeleiteter weiblicher Berufs- und Gattungsbezeichnungen sowie weiblich gebrauchter Geschlechtsnamen: *Millere* Müllerin, *Glèttere* «Glätterin», *Maiere, Schaubene*[2] Frauen namens Meier und Schaub, sodann in Formen

---

1 Einsilbige Formen sind oft auch durch Zusammenziehung von betonten und unbetonten Silben entstanden: *Mie* Mühe, *Ee* Ehe. Hochdeutsch auf -e ausgehenden zweisilbigen Formen stehen also in der Mundart häufig einsilbige gegenüber; viel seltener hat die Mundart im Gegensatz zum Hochdeutschen die längere Form, z.B. *Spùnte* «Spund», Zapfen am Fass, billiges Wirtshaus, *Haane* Wasserhahn, *Ryffe* Reif (Frost) *Kiini* Kinn, *Hiirni* Hirn, *Mèèrze* März, *Augschte* August (Monat), *Maie* Mai, *Mittwùche* Mittwoch.
2 Diese Bezeichnungsweise gilt als derb, im Gegensatz zu *d Frau Maier, d Frau Schaub* usw.

des unbetonten Personalpronomens: *em* ihm, *ere* ihr, *mer* wir, *er* ihr (2. Person Plural), *ene* ihnen, schliesslich auch in Einzelfällen wie *allewyyl* immer (aus *alli Wyyl*).

2. Allgemein ursprüngliche *a, o, u, ai, ei, ue* in unbetonter Stellung zu *e: Haimet* Heimat, *Moonet, Baareblyy* (frz. parapluie) Regenschirm, *danggerscheen* «dank gar schön», *Kaanebee* Kanapee, *hiinecht*† heute nacht, *kòschber* kostbar, *Saalemee* Salome, *an(n)e* anno, *Dòggter*[1] Doktor, *Bròfässer*[1], *dyschbediere* disputieren, *Ùurtel* Urteil, *Vòòrtel* Vorteil (neben *Vòòrdail*) *Vèèrteli* Vorteilchen, *Wòòred, Grangged*[2] Krankheit, *Aarlese* Arlesheim (Dorf im Birseck); ferner im unbetonten Personalpronomen *de* du, sowie im unbestimmten Artikel *e* ein, eine, *eme* einem.

| | |
|---|---|
| *Erhaltung von i und e* | **77** Erhalten ist *i*, wie im Hochdeutschen, in der Regel (Ausnahmen siehe **75**) in den Suffixen -ling und -ing: *Zwilling, Hälsig* «Hälsing», kurzer Strick, *byychlige* bäuchlings, *Binnige* (Vorort von Basel); ferner in den Suffixen -ig und -*isch: flyssig, druurig, kadoolisch;* sodann in den Endungen -*lich, -ich, -nis, -yyn: syyrlig* säuerlich, *Ziiri* Zürich, *Zyygnis* Zeugnis, *Glyychnis*[3], *Frindyyn* (Ausnahmen siehe **76**). |

*i* ist ausserdem erhalten in *Duulybaa*† Tulpe, schliesslich als Erhöhung von *e* und andern Vokalen (siehe **79**ff.): *wischisch* wischest, *Zyttig* Zeitung, *Hòòrnig* Hornung, Februar, *Fangis* «Fangens», Fangspiel, *Määntig* Montag u.a.m.

**78** Erhalten ist *e*, wie im Hochdeutschen, im gedeckten Auslaut, das heisst vor Konsonant: *Fliigel, Hammer, Jùuged;* ausserdem, vom Hochdeutschen abweichend, in *Sammet* Samt, *Zimmet* Zimt. Eine Ausnahme bildet die Stellung vor *s*, in der das *e* schwindet: *Guets* Gutes, *kais* keines, *ais* eines.

Im blossen Auslaut ist *e* erhalten, sofern es erst nach dem Schwund von *n* oder *r* in den Auslaut zu stehen kam: *Namme, Sùnne, Faade, aine, kaine* usw.[4]

---

1 Im Plural jedoch neben *Bròfässer* meist *Brofässòòre*, hingegen *Dèggter* Doktoren, weil der Umlaut den Plural in genügender Weise kennzeichnet.
2 In stärker schriftsprachlich beeinflussten Wörtern bleiben die unbetonten Silben in solchen Fällen häufig ungeschwächt: *Gsùndhait, Aarmuet* (aber *Armetei* Armseligkeit), *Haiserkait, Frächhait* usw.
3 In älterer Sprache sogar *Glyychnùs*†, ebenso *Grèpnùs*† Begräbnis.
4 Die scheinbare Regellosigkeit der Ausgänge mit und ohne -e bei den männlichen und weiblichen Substantiven geht wie andere Unregelmässigkeiten auf gesetzmässige Entwicklungen zurück; so entsprechen einerseits Formen wie *Bueb, Schwoob, Waar* hochdeutschen Wörtern auf -e: Bube, Schwabe, Ware, anderseits Formen wie *Namme, Wille, Faade* hochdeutschen Wörtern, die auf -en ausgehen bzw. ausgingen: Namen, Willen, Frieden, Brunnen usw.

### *i* in unbetonter Silbe statt farblosem *e*

Im Unterschied zum Hochdeutschen und im Gegensatz zu den in **74–76** aufgeführten Schwächungserscheinungen kennt das Baseldeutsche, wie auch andere alemannische Mundarten, eine Füllung in unbetonten Silben, indem schwachtoniges, unbestimmtes *e,* das seinerseits auf altes a, o, u zurückgehen kann, sowie andere Vokale zu *i* werden.

**79** In den Vorsilben be- und ge- erscheint der Vokal, sofern er erhalten ist, als *i,* sie lauten also *bi-* und *gi-*.[1]

*bi-* erscheint regelmässig vor allen Konsonanten, ausser vor *h, l, r, s, sch* in ursprünglichen Mundartwörtern, also: *bibildere*[2]*, biduure, bikoo* bekommen, *bigryffe, Biziirgg* Bezirk; hingegen *bhalte, blange, brichte, bsueche, bschysse* «bescheissen», mogeln usw.[3] Ferner wird die volle Form des Präfixes auch vor Vokal beibehalten: *biabsichtige*[2]*, biäärdige, bièère* beehren, *bi-iire* beirren, *biyydrùgge*[2]. Ausnahme: *beelände* be-elenden. (Vgl. auch **74.**)

*gi-* erscheint, wenn es nicht (wie im Partizip Perfekt vor Verschlusslaut, z.B. *bùnde, dänggt*) geschwunden ist, regelmässig vor allen Verschlusslauten und Verschluss-Reibelauten: *gibòòre, Giphägg,* Gepäck, *Gidùld, Gikaafel* Gekritzel, *Gigagger* Gegacker, *Gipflätter* Geplansche, *Gizappel, Gitschätter* andauerndes Scheppern usw. Vor den übrigen Konsonanten ist der Vokal der Vorsilbe geschwunden. (Vgl. auch **74.**)

**80** Auch in Mittel- und Endsilben zeigt die Mundart oft *i,* wo im Hochdeutschen unbetontes e steht. Hochdeutsch -est erscheint nach *s, tsch* und *z* mit zu *i* erhöhtem Vokal in den Verbalformen *issisch, verwitschisch* erwisch(e)st, *bùtzisch* putzest usw. sowie in Superlativformen: *nèssischt* nässeste, *fèltschischt* fälscheste, *kiirzischt*[4] usw.

Hochdeutschem -ens entspricht oft baseldeutsches -*is,* z.B. in *Verstèggis* Verstecken(s), *Raiberlis* usw. (Siehe auch **369.**)

---

1 In jüngerer Zeit verdrängen die vom Hochdeutschen gestützten Formen *be-* und *ge-* in zunehmendem Masse die alten Formen *bi-* und *gi-*.
2 Bei vielen dieser Wörter handelt es sich um Entlehnungen aus dem Hochdeutschen. In guter Mundart können die meisten von ihnen, vor allem die Verben, mit präfixlosen Wörtern umschrieben werden, z.B. *bibildere* mit *Bilder derzue mache, bijoomere* mit *joomere wäge...*
3 Heute setzen sich auch vor *h, l, r, s, sch* immer mehr die vollen Formen *bi-* oder *be-* durch, vor allem in den Entlehnungen aus der Schriftsprache, so *bisinge, bischaide* Adj. (neben *bschaide* und stets festem *Bschaid* Bescheid), *bischtoo* (neben festem *bstande)* *birueige* beruhigen, *bilaidige, bihaupte* (neben *bhaupte*) usw.
4 Das *i* tendiert in den Superlativformen in jüngerer Zeit stark nach *e,* so dass man auch *kiirzescht* schreiben könnte.

Hochdeutschem -end entspricht gelegentlich baseldeutsches -ig: dausig tausend, glänzig glänzend[1], stinggig stinkend, wuerelig nach Wuhr riechend, muffig, dryybig treibend; hingegen Jùùged usw. (Vgl. **66**.)

Hochdeutschem -ung entspricht in der Regel -ig: Zyttig, Rächnig, Biweegig usw. Nach vorausgehendem -ig- hingegen erscheint -ùng: Bilaidigùng, Entschùldigùng usw. Solche Bildungen mit -ùng wirken aber eher unmundartlich.

Hochdeutschem e als Substantivendung entspricht in gewissen Fällen mundartliches i[2]: Heechi Höhe, Rytti Schaukel, Fääri Fähre, Bandi Bande, Bääsi Base, Miili, Kùchi, Fatzgi Fatzke, Geck, Bèèri[3] Beere, Kiirsi[3] Kirsche, u.a.m.

Altes i liegt vor in der weiblichen Adjektivendung -i: gueti Frau, blaui Blueme usw. oder in der Konjunktivendung -ti: saiti sagte, würde sagen, kòchti würde kochen usw.

Auffallend ist die Erhöhung in ooni ohne und nimmi (neben jüngerem nimme) nicht mehr.

**81**  Auch in Fremdwörtern findet sich gelegentlich die Erhöhung von e (oder anderem Vokal) zu i in Mittel- und Endsilbe: Deelifoon (neben Deelefoon), Kòndigdèèr Kondukteur, schiniere genieren, èxgyysi excusez, Abideegg Apotheke, Abidyt†, Kaffi Kaffee, Inträssi Interesse, Bagaaschi Bagage, noota beeni† nota bene, Èlifant u.a.m.


### Geschwächte Wörter

**82**  Unbetonte Formen von einsilbigen Wörtern erfahren oft Schwächung, indem wie in unbetonten Silben entweder die Vokale (durch Kürzung und Öffnung) oder die Konsonanten (durch Schwächung oder Verlust) verändert werden: schò schon, wil weil, ke/ka kein, ass (neben häufigerem dass) dass, as(s) (neben ungeschwächtem als) als (komparativ), esò (neben betontem esoo, aus also) auf diese Weise, henù je nun, jä und jò (neben betontem joo) ja, nenai nein nein. Schwächung von ùnd liegt vor in Fällen wie ainezwanzig einundzwanzig, dùùr e dùùr durch und durch, Stai e Bai Stein und Bein, Gnall e Fall Knall auf Fall; ebenso nootynoo (über noo ed noo aus noo ùnd noo).

---

1 In der Bedeutung von brillant, hervorragend jedoch glänzend: Er hèt glänzend grèdt.
2 Zum Teil handelt es sich bei den weiblichen Substantiven um die Erhaltung von althochdeutschem, ursprünglich langem i.
3 Bèèri und Kiirsi sind erstarrte Diminutivformen; sie können zusätzliches Verkleinerungssuffix zu sich nehmen: Bèèreli, Kiirseli (vgl. **348**).

**83** Doppelte oder sogar mehrfache Formen weisen manche einsilbige Wörter auf, bei denen betonter und unbetonter Gebrauch häufig wechselt; es sind vor allem Pronomen, Adverbien und Präpositionen, z.B. *waas/was, duu/du/de* du, *miir/mir/mer* wir, *doo/do/dò* da, danach, *soo/sò/se* so, *ùff/uf* auf, *uus/us* aus usw. Näheres siehe Formenlehre.

**84** Zweite Glieder von Zusammensetzungen sind infolge Unbetontheit merklich, manchmal bis zur Unkenntlichkeit verändert, z.B. *Ammel* Anwil (Dorf im östlichen Baselbiet), *ämmel* «einmal», wenigstens, jedenfalls, *Bammert* Bannwart, *Fiidle* «Fudloch» (Grundwort *Füùdi* s.) Hintern, *Hampfle* Handvoll, *Mùmpfel*[1] «Mundvoll», Bissen, *Jùmpfere* Jungfer, Jungfrau, Fräulein†, *aabe* «abhin», hinunter, ebenso *ùffe,* «aufhin», hinauf, herauf, *naime* (mhd. neizwâ) irgendwo, *Häntsche* Handschuh, *Hèèrbrigsgässli†* Herbergsgasse, *Hoobel* Hochwald (Dorf auf dem Gempenplateau), *Lèèrch†* Lörrach, *Lyymed†* Leumund, *Ramse* (Bad) Ramsach (oberes Baselbiet), *Kilbi* Kirchweih, *Noochber* (mhd. nâchbûr) Nachbar u.a.m.

---

1 Davon sogar abgeleitet das Verb *mùffle* mit vollem Mund essen sowie das Verkleinerungssubstantiv *Miffi* (Schmoll-)Mäulchen.

**Zweiter Teil:** # Die Formen

# Deklination

## Allgemeines

**85** Artikel, Substantiv, Adjektiv und Pronomen können nach Geschlecht, Fall und Zahl dekliniert, das heisst verändert werden. Gegenüber den vier Fällen des Hochdeutschen[1] sind in der Mundart beim Pronomen noch drei Fälle formal und syntaktisch verfügbar, während beim Substantiv der Formenzusammenfall noch weiter gegangen ist: der Genitiv ist bloss noch in Resten erhalten (siehe **98**), den Dativ erkennt man nur noch am zugehörigen Artikel, und der Akkusativ unterscheidet sich vom Nominativ, mit dem er auch im Artikel übereinstimmt, nur noch durch die Stellung innerhalb der Satzfügung.

## Der Artikel

*Der bestimmte Artikel*

**86** Ursprünglich hatten die indogermanischen Sprachen (man denke etwa an das Lateinische) keinen Artikel. Er entwickelte sich erst später aus dem Demonstrativpronomen in denjenigen Sprachen, die die Fall-Endungen ganz oder teilweise verloren hatten. Im Germanischen erfolgte dieser Endungsverlust infolge der starken Stammsilben-Betonung, welche die unbetonten Endungen verkümmern liess.

Der aus dem Demonstrativpronomen entstandene bestimmte Artikel war schon im Mittelhochdeutschen voll ausgebildet. Der weiterhin starke Stammsilbenakzent setzte nun aber den Artikel, sofern er nicht demonstrativ betont war, in den «Lautschatten», so dass er in der Mundart bis heute viel an Lautwert eingebüsst hat. Die Art der Abschwächung ist nicht einheitlich; sie betrifft teils den wortanlautenden Konsonanten, teils den Wortausgang.

---

1 Das Indogermanische hatte sogar noch acht Fälle.

Der bestimmte Artikel weist folgenden Stand auf:

|  | männlich | | weiblich | | sächlich | |
|---|---|---|---|---|---|---|
| Sing. Nom. Akk. | *der* | der | *d, die* | die | *s, das* | das |
| Dat. | *em* | dem | *der* | der | *em* | dem |
| Plur. Nom. Akk. | *d, die* | die | *d, die* | die | *d, die* | die |
| Dat. | *de(n)* | den | *de(n)* | den | *de(n)* | den |

Also:

| Sing. Nom. Akk. | *der Sagg* | *d Wand* | *s Lòch* |
|---|---|---|---|
| Dat. | *em Sagg* | *der Wand* | *em Lòch* |
| Plur. Nom. Akk. | *d Sègg* | *d Wänd* | *d Lècher* |
| Dat. | *de Sègg* | *de Wänd* | *de Lècher* |

Der Genitiv Singular des Artikels lautet *s* des, erhalten z.B. in erstarrten Wendungen wie *s Millers*, eigentlich *s Millers Famylie, mit s Millers irem Auto* usw. Weiteres siehe **98** und **204**.

Besonderheiten **87** Das *e* in den vokalischen Formen, zumal vor *r*, ist sehr schwachtonig, der Artikel *der* wird also fast wie *dr* gesprochen: *dr Gètti* der Pate, *dr Gòtte* der Patin. Folgt auf den Artikel ein Vokal, so gewinnt das *e* wieder an Stärke: *der Èpfel, der Ünggle* der Onkel.[1]

**88** Statt des Artikels Dativ Singular männlich und sächlich, *em,* sind auch *im* und *am* zu hören: *em/im/am Vatter* dem Vater. Ursache hiervon ist der tönende und damit vokalbildende Charakter des *m*.[2]

**89** Gelegentlich wird der Artikel, vor allem bei impulsiver, rascher oder vulgärer Sprechweise, den folgenden Konsonanten angeglichen (siehe **22** und **23**): *ggrangged* statt *d Grangged* die Krankheit, *pfraue* statt *d Fraue* usw. In gepflegtem Baseldeutsch jedoch unterbleiben solche Angleichungen, ausser wenn *d* auf *d* oder *t* stösst: *tante* die Tante, *taarte* die Torte, *theekanne* die Teekanne.[3]

**90** Der Artikel Dativ Plural gewinnt vor Vokal seine volle Form mit auslautendem *n* zurück: *den Eesel, den Amsle, den Iigel* (siehe auch Binde-*n*, **31**).

---

1 Wir variieren deswegen aber die Schreibweise nicht, sondern schreiben stets die volle Form.
2 Gefühlsmässig mögen hier die Präpositionen *in* und *an* mitempfunden werden; nur so lässt sich die oft gehörte (jedoch vulgär wirkende) Übertragung auf den Artikel Dativ Singular weiblich erklären: *I sag s in der Mamme* Ich sag's der Mama.
3 Dennoch schreiben wir den Artikel getrennt vom Hauptwort: *d Dante, d Daarte, d Theekanne.*

**91** Vor einem mit einem weiblichen Substantiv verbundenen Adjektiv erscheint der bestimmte Artikel im Nominativ/Akkusativ Singular und Plural in seiner ursprünglichen, vollen Form, ist also formal identisch mit dem schwachen Demonstrativpronomen: *die scheeni Sùnne, die liebe Fraue.* Dasselbe geschieht vor einem mit einem Adjektiv verbundenen männlichen oder sächlichen Substantiv im Plural: *die lùschtige Männer, die dùmme Gänsli.*[1]

Die volle Form bleibt im Nominativ/Akkusativ Plural auch vor substantivisch verwendetem Adjektiv und Numerale erhalten: *die Guete, die zwai, die èèrschte,* ebenso *die Glyyche, die andere* usw.[2]

**92** Vokalisch oder mit *-n* auslautende einsilbige Präpositionen verschmelzen mit dem männlichen/sächlichen Artikel Dativ Singular: *am Uufer, im Huus, bim Schryyner, vòm Fass, zuem Brùnne.* Ausserdem verschmilzt *zue* mit dem weiblichen Artikel Dativ Singular: *zuer rächte Zyt.*

*in* und *an* verschmelzen mit dem männlichen Artikel Akkusativ Singular: *I gang in Gaarte* in den Garten, *an Bach* an den Bach.

Die Verschmelzung im Dativ Plural, wie sie noch etwa das Zürichdeutsche kennt (z.B. *zùn Lùùte* zu den Leuten), ist im Baseldeutschen nicht mehr lebendig, sondern lediglich in erstarrten Formen erhalten, z.B. *ze Gaartnere, ze Schuemachere* in der Zunft zu Gartnern, zu Schuhmachern usw.

Sonst aber verschmilzt der bestimmte Artikel nie mit der Präposition: *an der Strooss, in de Stroosse, bi de Lyt* usw.

Schwächung des männlichen Artikels Akkusativ Singular *der* zu *e* kann nach den Präpositionen *dùr, fir, iber, hinder, ùff, ùm, ùnder, vòr* erfolgen; so stehen nebeneinander: *fir der Vatter* und *fir e Vatter* für den Vater, *ùff der Wääg* und *ùff e Wääg* auf den Weg, *ùnder der Disch* und *ùnder e Disch* unter den Tisch.[3]

**93** Bei rascher oder nachlässiger Sprechweise wird der Zwielaut *ie* im Artikel *die* zu farblosem, gegen *e* hin tendierendem *i* geschwächt: *di ganzi Nacht, di greeschte Naare.*[4] Auch bei verschmolzenen Formen (siehe **92**) tritt unter

---

1 Diese Erscheinung rührt daher, dass sich der Hauptakzent fast gleichmässig auf die Stammsilben des Adjektivs und des Substantivs verteilt, wodurch der sonst unbetonte Artikel grösseres Gewicht bekommt, als wenn er im Lautschatten einer einzigen starken Betonung stünde.

2 Hier handelt es sich um Analogiebildungen, weil das Substantiv gedanklich vorhanden ist.

3 Diese Schwächung wird heute eher als salopp empfunden, weil sie auch zur Verwechslung von bestimmtem und unbestimmtem Artikel führen kann; *ùff e Bäärg* bedeutet sowohl «auf einen Berg» als auch «auf den Berg».

4 Wir schreiben aber dennoch stets die volle Form.

dieser Voraussetzung in einzelnen Fällen Schwächung ein: *zer Zyt* statt *zùr/zuer Zyt, zem Ùnggle* statt *zùm/zuem Ùnggle;* stets *bim Dòggter,* also nie *by(y)m Dòggter.*

<table>
<tr><td>*Der unbestimmte Artikel*</td><td>**94**</td><td>Der unbestimmte Artikel ist aus dem betonten Zahlwort «ein» entstanden. Im Nominativ/Akkusativ hat er für alle drei Geschlechter im Gegensatz zum Hochdeutschen nur eine Form. Er weist folgenden Bestand auf:</td></tr>
</table>

|  | männlich | weiblich | sächlich |
|---|---|---|---|
| Nom. Akk. | *e(n)* ein | *e(n)* eine | *e(n)* ein |
| Dat. | *eme, emene, eneme* | *ere, enere* | *eme, emene, eneme* |
|  | einem | einer | einem |

*Besonderheiten* **95** Im Nominativ und Akkusativ erscheint vor Vokal stets das Binde-*n: en Eesel, en Aarbet, en Aug.*

Im Dativ stehen Kurz- und Langformen nebeneinander: *eme Frind, eneme Frind, emene Frind* einem Freund, *ere Frindyn, enere Frindyn* einer Freundin. Am häufigsten werden im blossen Dativ (das heisst ohne Präposition) *emene* und *enere* verwendet. Tritt eine Präposition voran, so erscheinen in der Regel die Kurzformen *eme* und *ere: ùff eme Dach, in ere Stùùbe.*[1] Geht die Präposition auf *n* aus, so erfolgt meist Konsonantentausch: *imene Laade* (statt *in eme Laade*), *amene Sùnntig;* analog auch *soomene* und *sooneme* so einem, einem solchen: mit *soomene Zyygnis.*[2]

## Das Substantiv (Hauptwort)

*Einzahl* **96** In der Einzahl gibt es heute, da der Genitiv als eigentlicher Fall verschwunden und der Dativ endungslos geworden ist, bei den allermeisten Substantiven, gleichgültig welchen Geschlechts, für alle vier Fälle nur eine Form[3]:

| Nom. Akk. | *der Maa* | *d Frau* | *s Kind* |
|---|---|---|---|
| Dat. | *em Maa* | *der Frau* | *em Kind* |

---

1 Schon im Mittelhochdeutschen finden sich kürzere und längere Formen nebeneinander.
2 Bei nachlässiger Sprechweise erfolgt gelegentlich weitere Zusammenziehung: *im e Laade, am e Sùnntig, mit soom e Zyygnis.*
3 Vom grossen indogermanischen Kasusbestand behielt das Deutsche nur Nominativ, Genitiv, Dativ und Akkusativ. In der Mundart ist die Reduktion noch weiter fortgeschritten.

**97** Auch in der Mehrzahl kennt das Baseldeutsche für alle Geschlechter und Fälle des Substantivs nur eine Form, abgesehen von einigen wenigen Resten des älteren Formenbestandes.[1]

| Nom. Akk. | *d Männer* | *d Fraue* | *d Kinder* |
| Dat. | *de Männer* | *de Fraue* | *de Kinder* |

Zum Umlaut als Pluralkennzeichen siehe **100 – 105**.

**98** Der Genitiv hat sich bei Personennamen als Bezeichnung der ganzen Familie erhalten: *s Millers, s Fritze, s Ùnggle Phauls, s Hanse*, und zwar als syntaktischer Plural: *s Millers händ Bsuech, S Ùnggle Phauls kèmme;* sodann in einzelnen Wendungen und Adverbien: *ùm s Himmels Wille, ùnderdaags, hittigsdaags;* schliesslich vor allem in der Wortbildung bei Zusammensetzungen wie *Beetersblatz, Nammesvètter, Gibùùrtsdaag* usw. Näheres siehe auch **204, 205, 330.1**.)

Formen mit erkennbaren Dativendungen hat die Mundart nur selten bewahrt. Im Singular: *vò Häärze*, in Gasthofnamen wie *zùm Bääre, zùm Stäärne*[2] usw. Um erstarrten und danach oft auch als Nominativ verwendeten Dativ Singular handelt es sich bei den Monatsnamen *Mèèrze, Abrille, Maie, Augschte.* Im Plural: in den Zunftbezeichnungen *zue Wyylyte, zue Schmiide, zue Gaartnere* usw. sowie in den Strassenbezeichnungen *Dòòrstaine*† Steinentorstrasse, *Staine* (eigentlich «zu/in den Steinen») Steinenvorstadt. – Noch um 1900 und zum Teil auch noch später sagte man *de Fische, in de Bäärge, ùff de Baine.*[3] Bei den Verkleinerungsformen auf *-li* lautete noch bis ins 20. Jahrhundert hinein der Dativ Plural häufig auf *-lene: by de Kindlene†* bei den Kinderlein, *mit de Maitlene†* mit den Mädchen usw; desgleichen gelegentlich bei den Substantiven auf *-le: mit Daiggslene* mit Deichseln, *mit Sichlene* mit Sicheln. Diese Dativendung konnte dann auch in den Nominativ/Akkusativ eindringen: *d Kindlene, d Waaglene* die Wiegen usw. (Zum Plural auf *-ene* generell siehe **101.1**.)

Die Deklinationsarten des Baseldeutschen kann man in vier Typen unterteilen, die sich durch ihre Pluralbildung voneinander unterscheiden.[4]

---

1 Vgl. S. 75, Anmerkung 3.

2 Diese Dativformen werden dann auch in den Nominativ/Akkusativ übernommen: *der Bääre, der Schwaarz Bääre* Wirtshaus zum Schwarzen Bären; sinngemäss auch bei Verwendung von Präpositionen: *im Stäärne, in Laie* usw.

3 Heute kehrt das Endungs-*e* im Dativ Plural unter dem Einfluss der Schriftsprache und dem anderer Mundarten wieder langsam zurück und dringt sogar in den Nominativ/Akkusativ; so kann man also neben *ùff de Bäärge* auch hören: *d Bäärge, d Brieffe, D Stäärne* statt *d Bäärg, d Brieff, d Stäärn.*

4 Die alten Deklinationsklassen sind in der Mundart noch stärker verwischt als in der Schriftsprache.

| | |
|---|---|
| Erster Typus:<br>Plural<br>gleichsilbig wie<br>Singular und<br>ohne Umlaut | **99** 1. Ohne -e: Hieher gehören zahlreiche männliche Substantive mit nicht umlautbarem Stammvokal und viele sächliche Substantive. Männlich: *Fisch-Fisch, Gnächt-Gnächt* Knecht-Knechte, *Bäärg, Bryys* Preis, *Kaigel* Kegel, *Rättig, Brootis* Braten. Sächlich: *Jòòr, Gryz* Kreuz, *Byyroo, Glais.* |

2. Mit -e: Hieher gehören sachbezeichnende männliche Substantive wie *Räche-Räche, Stägge* Stecken, Stock, *Maie* Strauss, *Flääre* Flecken; zudem ein grosser Teil der weiblichen sach-, tier- und personenbezeichnenden Substantive: *Naase-Naase, Waaie* Wähe, *Kùùgele* Kugel, *Fäädere, Amsle, Spaarse* Spargel, *Spinnere* Spinnerin.

3. Mit -i: Sächliche Bezeichnungen wie *Gutzi* s. kleines Backwerk, *Bèggi* Becken, *Iirbsi* Kernobstgehäuse, *Wuuri* das Weiche vom Brot, auch sächliche Bezeichnungen von Lebewesen: *Buusi* Katze, *Dùnti* schwachbegabter Mensch, *Dipfi* zimperliches junges Ding (auch: kleine Pfanne). Hieher gehören ferner die meist schwer zu übersetzenden mehr oder weniger herabsetzenden männlichen Bezeichnungen von männlichen Personen wie: *Glùnggi,* nachlässig-saumseliger Mann, *Speezi* Busenfreund, Kamerad *Laaferi* «Laffe», *Lappi* läppischer, dummer Kerl, *Gniempi* Mann, der schlecht zu Fuss ist, enger Kümmerer, *Gnòòrzi* kleiner Kerl, Geizhals, *Drimpi* Schwachbegabter, *Lùùgi* Lügner, *Sòtzi* Sozialist, *Sùùri* Kreisel, unruhiger Mensch, *Glùschti* Möchtegern.

Schliesslich können wir zu dieser Gruppe auch die stets sächlichen Verkleinerungssubstantive auf *-li* zählen, deren Stammsilbe meist schon im Singular umgelautet ist: *Myysli* Mäuschen, *Näägeli* Nelke, *Schyyfeli* Schäufelchen, geräucherte Schweinsschulter usw.

| | |
|---|---|
| Zweiter Typus:<br>Plural<br>gleichsilbig wie<br>Singular und<br>mit Umlaut | **100** Der Umlaut als Merkmal der Pluralbildung ist in der Mundart viel weiter verbreitet als im Hochdeutschen. |

1. Ohne -e: Gascht-Gèscht, Naagel-Neegel, Saabel-Seebel, Wand-Wänd, Saal-Sääl, Daag-Dääg, Moonet-Meenet, Hoobel-Heebel, Schwooger-Schweeger, Wùùrm-Wiirm, Zùgger-Zigger, Hùnd-Hind, Kùùrs-Kiirs, Baum-Baim, Sau-Sei, Huet-Hiet, Brueder-Brieder.

2. Mit -e: Namme-Nämme, Faane m.- Fääne, Ranze-Ränze Bauch (derb), Waage-Wääge, Laade-Lääde, Hoogge-Heegge Haken, Oobe-Eebe Abend, Stòtze-Stètze Schenkel des Rindes, Mògge-Mègge, Kèschte (nur Plural) Kosten, Lùmpe-Limpe, Huffe-Hyffe, Brùnne-Brinne usw.[1]

Die meisten Substantive dieser Gruppe sind männlich.

---

1 Die zweisilbigen Substantive dieser Gruppe haben heute unter schriftsprachlichem Einfluss die Tendenz, den Umlaut im Plural zu verlieren; so hört man oft: *in e baar Moonet* (statt *Meenet*), *hoochi Kòschte* (statt *Kèschte*), *scheeni Brùnne* (statt *Brinne*) usw.

| Dritter Typus: | **101** | Dieser Typus entstand zur Hauptsache dadurch, dass einesteils im Singular |

Dritter Typus:
Plural
ungleichsilbig
mit -e

**101** Dieser Typus entstand zur Hauptsache dadurch, dass einesteils im Singular auslautendes mittelhochdeutsches -e abfiel, da es nicht durch nachfolgenden Konsonanten geschützt war, dass andernteils in der Pluralendung ein -e- durch nachfolgendes, heute abgefallenes -n geschützt war. (Dieses tritt jeweilen als Binde-*n* wieder ein.)

1. Ohne Umlaut: Häufig männliche Substantive, die lebende Wesen bezeichnen: *Bègg-Bègge* Bäcker; ebenso: *Spatz* Sperling, *Jùùd, Grischt* Christ, *Haid* Heide, *Schwoob* «Schwabe», Deutscher, *Kaib* Kerl (derb), *Lai* Löwe, *Bäär, Haas, Vètter* usw.[1] Zahlreiche weibliche Substantive: *Alp-Alpe;* ebenso: *Bùùrg, Katz, Fuer* Fuhre, *Glass* Klasse, *Schwèschter* usw.

Einen Sonderfall stellen die weiblichen Substantive auf *-i* dar, welche die Mehrzahl auf *-ene* bilden[2]: *Dèggi-Dèggene;* ebenso: *Kùchi* Küche, *Heechi* Höhe, *Schwètti* Schwall Wasser, *Bùùrdi* Bürde, *Salbi* usw. Die Analogie erstreckt sich auf einige weibliche Substantive, die im Singular entweder keine Endung haben oder auf *-e* ausgehen: *Mäss-Mässene;* ebenso *Moode, Gòtte* Patin, *Mùgg* Mücke u.a.m.[3]

An sächlichen Substantiven weist diese Gruppe nur *Aug-Auge, Òòr-Òòre* auf.

2. Mit Umlaut: *Vatter-Vättere, Mueter-Mietere, Dòchter-Dèchtere* Töchter.[4]

Vierter Typus
Plural
ungleichsilbig
mit -er[4]

**102** 1. Mit Umlaut: *Raad-Reeder, Land-Länder, Baad-Beeder, Kalb-Kälber, Lòch-Lècher, Dòòrf-Dèèrfer, Huen-Hiener, Hòlz-Hèlzer, Hòòrn-Hèèrner, Muul-Myyler, Huus-Hyyser, Spidaal-Spidääler*[5] usw. Analog auch neuere Fremdwörter auf *ùs: Kaggtisser* Kaktusse, *Autobisser* Autobusse usw.[6]

---

1 Nicht um einen Plural, sondern um einen schwachen Genitiv Singular handelt es sich bei der Form *s Kuenze* Kunzens (vgl. **98**).
2 Es handelt sich zum Teil um Lehnwörter aus dem Lateinischen (z.B. molina = Mühle, *Mììli-Mìilene*), zum Teil um Wörter, die im Althochdeutschen im Plural auf -inâ ausgingen (z.B. hôhinâ = *Heechene*), zum Teil um Analogiebildungen.
3 *Bittene* Bottich und *Kèttene* Kette hingegen sind alte Singularformen und nicht Pluralformen wie *Kùchene*. Dennoch erfolgt gelegentlich in Analogie die Rückbildung für den Singular, z.B. *Kètti*.
4 Heute oft schon Plural ohne *-e, d Vätter, d Mieter*.
5 Im Althochdeutschen ist dieser Typus nur durch wenige sächliche Substantive, meist Vieh-Bezeichnungen, vertreten, z.B. kalb-kelbir, lamb-lembir. Im Mittelhochdeutschen übernehmen zahlreiche weitere Substantive diese Pluralbildung; im Neuhochdeutschen schliesslich erstreckt sie sich auch auf männliche Substantive, z.B. Wald-Wälder, Wurm-Würmer. In der Mundart bleibt sie indessen auf sächliche Substantive beschränkt; die scheinbaren Ausnahmen, wie *Wald-Wälder, Spidaal* m.-*Spidääler*, sind Entlehnungen aus der Schriftsprache.
6 In solchen Fällen ist eine leicht humoristische Färbung unverkennbar. Daher sind auch die Pluralformen *Kaktùs* und *Kaktis, Autobùs* und *Autobis* gebräuchlich.

2. Ohne Umlaut: *Brätt-Brätter, Wyyb-Wyyber, Kind-Kinder;* abweichend vom Hochdeutschen: *Hèft-Hèfter* Hefte, *Hèmd-Hèmder* Hemden, *Schytt-Schytter* Scheite, *Fèscht-Fèschter* Feste, *Bètt-Bètter* Betten, *Gibätter* Gebete, *Ùngligger* Unglücke u.a.m.

Vielen dieser Pluralbildungen auf *-er* haftet etwas Handfest-Konkretes bis Verächtliches an; es besteht also durchaus ein Unterschied zwischen *Er hèt vyl Gschängg bikoo* und *Er hèt vyl Gschängger bikoo*, zwischen *Spiil* und *Spiiler, Stigg und Stigger, Gidicht* und *Gidichter* usw.[1]

<table>
<tr><td>*Besonderheiten*</td><td>**103**</td><td>Keinen Umlaut haben trotz umlautbarem Stammvokal die Mehrzahlformen von Berufsbezeichnungen auf *-er: Muurer, Waagner, Schlòsser;* ferner die Mehrzahlformen von Substantiven, die zur Hauptsache in der Mehrzahl verwendet werden: *Bagge* Wangen, *Spòòre* Sporen, *Nùss* Nüsse, *Druube* Trauben, *Buechstaabe* (aber *Stääb*), *Frangge, Rappe;* schliesslich auch noch andere Substantive: *Buudel, Balle* (Spiel-)Bälle u.a.m.</td></tr>
</table>

**104**  Einige Substantive haben den Umlaut schon in der Einzahl: *Häntsche* Handschuh, *Äänis* Anis, *Schlämpe* herabhängender («schlampender») Fetzen von dicken Flüssigkeiten, *Fläsche* Flasche, *Däsche* Tasche, *Bääsi* Base, *Määrt* Markt, *Wäntele* Wanze, *Dryybel* Traube, *Frèsch* Frosch, *Èpfel* Apfel, *Fètzel* (von «fotzeln») niederträchtiger Kerl, *Keel* Kohl, *Näägte†* Nacken, *Äsche* Asche, *Wäärze* Warze.

**105**  Wie im Hochdeutschen haben einige Substantive im Plural keinen Umlaut, wenn sie als Masseinheiten verwendet werden: *zwai Glaas Wyy, vier Fass Bier, zää Maa, fimf Fuess;* so auch *drei Daag Rääge* (aber *scheeni Dääg*), *siibe Moonet Schuel* (aber *die lètschte Meenet vom Jòòr*).[2]

**106**  Überwiegend oder ausschliesslich in der Mehrzahl werden gebraucht: *Dienschte* Dienstboten, *Keefe* Zuckererbsen, *Raane* Randen, *Schiepe* Kopfschuppen, *Gleepe* grosse Hände (etwas derbes Lehnwort), *Bilgere* Zahnfleisch, *Aaständ haa* Schwierigkeiten haben, *Kèschte* Kosten, *Maasere* Masern, *Mòläschte* Beschwerden, *Stämpeneie, Fysymatänte* Schwierigkeiten, Umstände, *Bräschte* Krankheitsbeschwerden, *Sprich* «Sprüche» dumme Bemerkung(en), *Hoose* Pl. Hose u.a.m.

Im Gegensatz zum Hochdeutschen erscheinen die folgenden Bezeichnungen von Kirchenfesten als weibliche Einzahl: *Wienacht, Ooschtere, Pfingschte.* Also: *Glyy isch Pfingschte.*

---

1 Es handelt sich um eine ähnliche Nuance wie hochdeutsch Gewänder und Gewande, Länder und Lande, Bänder und Bande.
2 In ähnlicher Weise (allerdings ohne Umlaut) unterscheiden sich (wenn auch nicht konsequent): *die scheenschte Stùnde* und *zää Stùnd Aarbet.*

| Das Geschlecht | Zahlreiche Substantive haben in der Mundart, so auch im Baseldeutschen, ein anderes Geschlecht (und zum Teil auch eine andere Form) als im Hochdeutschen.[1] In der jüngeren Mundart sind diese Unterschiede unter dem Einfluss der Schriftsprache teilweise im Schwinden begriffen. |
|---|---|

**Männlich statt weiblich**

**107** *Bangg*[2] (Ruhe-)Bank, *Bagge* Backe, *Broosme* Brosame, *Dryybel* Traube, *Ègge* Ecke, *Falt* Falte, *Faane* Fahne, *Fäärse* Ferse, *Fratz* «Fratze» freches, eitles Mädchen, *Grèssig* Kresse, *Gyyraff* Giraffe, *Groot* Fischgräte, *Lùft†* Lufthauch, Wind[3], *Nachtheiel* Nachteule, *Pflùntsch* dicke, träge weibliche Person, *Schäärbe* Scherbe, *Schnägg* Schnecke, *Schnauz* «Schnauze» Schnurrbart, *Schnoogg* Schnake, *Schùùrz* Schürze, *Sògge* Socke w., *Spalt* Spalte, *Spitz* Spitze, *Stòòre* Store w., *Wampe, Wämpe* Wampe, grosses Stück (Brot, Fleisch usw.), *Zagge* Zacke, *Zägg* Zecke, *Zeeche* Zehe, *Zingge* (Gabel-)Zinke, Nase (derb). Männliches Geschlecht, wenn auch keine wörtliche Entsprechung im Hochdeutschen haben *Angge* Butter, *Haigùmper* Heuschrecke.

**Männlich statt sächlich**

**108** *Èggel* ekelhafter Mensch[4], *Glùscht* Lust, Gelüste, *Grimpel* Gerümpel, *Gwùnder* «Gewunder», Neugierde, *Bùlver* Geld[5], *Moodel* «Modell» kleine Gebäckform, Gepräge, *Spidaal, Spittel* Spital, *Simse* Gesims, *Woope*[6]. Stets männlich sind die im Hochdeutschen männlich und sächlich verwendeten *Meeter* Meter, *Baròmeeter* usw., *Lytter* Liter.

**Weiblich statt männlich**

**109** *Balle* (Spiel-)Ball, *Bùschle* Büschel, *Gnùngele* Knäuel, *Altaane* Altan, *Schnatte* «Schnatten» Schnittwunde, *Schooss* (z.B. *s Kind ùff der Schooss*), *Schrùnde* «Schrund», Riss, Spalt, *Strange* «Strang», Garn- oder Wollsträhne. – Hieher müssen auch die familiär-scherzhaft oder schülersprachlich veränderten Geschlechtsnamen gerechnet werden, die nicht nur für weibliche, sondern auch vor allem für männliche Träger des Namens verwendet werden, und zwar mit weiblichem Geschlecht: *Maiere, Millere, Schnytzge* Schneider, *Schmùttle* Schmid, *Wùùrzle* Wirz usw.

**Sächlich statt männlich**

**110** *Ryssblei/Bleistift, Dram* (hd. männlich und weiblich), *Eefei/Ääphai†* Efeu, *Keefi* «Käfig», Gefängnis, *Kèmmi* Kamin, *Kiis* Kies, *Rischt* Rist, *Sand†* Fegsand, *Siigelagg* Siegellack.[7]

---

1 Manches dieser Wörter hatte schon im Mittelhochdeutschen dieses Geschlecht oder aber zwei Geschlechter, wie z.B. mhd. snecke m. und w.
2 In der Bedeutung Geldinstitut aber auch baseldeutsch weiblich.
3 In der Bedeutung «unbewegte Luft» oder «Luftraum» aber weiblich.
4 Im Sinn von Abscheu auch hochdeutsch männlich.
5 Im Sinn von Schiesspulver usw. aber sächlich.
6 Heute meist schon sächlich gebraucht.
7 Noch im 19. Jahrhundert war diese sächliche Gruppe viel grösser, vor allem im Bereich der Nahrungs- und Genussmittel: *Kaffi, Thee, Ryys, Gries* usw.

**111** Das sächliche Geschlecht ist in diesen Fällen meist auf ursprüngliches oder scheinbares Verkleinerungssuffix *-i* zurückzuführen. *Aäri* Aehre, *Bèèri* Beere, *Dipfi* «Topf», kleiner Kochtopf, zimperliche Person, *Immi/ Imbi* «Imme», Biene, *Kiirsi* Kirsche, *Milzi*† Milz, *Minz* Münze, «Gemünz», Kleingeld, *Ripp* «Rippe», böses Frauenzimmer.

Sächlich sind ferner stets die substantivierten Grundzahlen, die hochdeutsch weiblich sind: *s Nùll* die Null, *s Ais, s Èlf* usw. (neben *der Nùller, e Vierer, der dòpplet Fimfer, e Hùnderter,* die zur Bezeichnung einer bestimmten Punktzahl, Schulnote, Banknote oder Numerierung gebraucht werden).

Schliesslich werden, vor allem im Familien- und Freundeskreis, weibliche Vornamen sächlich verwendet, auch wenn sie keine Verkleinerungsform aufweisen und ihre Trägerinnen bejahrt sind; also neben *s Maaryyli* auch *s Maaryy,* ebenso *s Saalemee, s Friidaa* usw. Sobald jedoch die benannte Person nicht in den Intimkreis einbezogen ist, wird der Name weiblich verwendet: *S Maaryy isch grangg, d Maaryy* (die Magd) *sòll em Thee bringe.*

## Das Adjektiv (Eigenschaftswort)

Das attributivisch verwendete (dem Substantiv vorangestellte) Adjektiv hat wie im Hochdeutschen eine schwache und eine starke Beugung, das heisst eine mit schwächeren und eine mit stärkeren Veränderungen der Endung.[1]

**112**

| Sing. | männlich | sächlich | weiblich |
|---|---|---|---|
| Nom. Akk. | *der äng[2] Wääg* | *s äng[2] Daal* | *die ängi Gass* |
| Dat. | *am änge Wääg* | *im änge Daal* | *in der änge Gass* |
| Plur. | | | |
| Nom. Akk. | *die änge Wääg* | *die änge Dääler* | *die änge Gasse* |
| Dat. | *ùff den änge Wääg* | *in den änge Dääler* | *in den änge Gasse* |

---

1 Die endungslosen Formen, z.B. gut, blind, waren ursprünglich die starken (analog den Substantiven Tag, Wort usw.); dazu traten später Formen mit geschlechtsunterscheidenden Endungen, die dem Pronomen nachgebildet waren, z.B. mittelhochdeutsch blinder, blindez, blindiu. Dadurch fallen heute starke und schwache Formen zum Teil lautlich zusammen: *s guet Broot* das gute Brot, *guet Broot* gutes Brot.
2 Immer häufiger kommt die Endung *-i* auch bei männlichen und sächlichen Wörtern vor: *der ängi Wääg, s ängi Daal* (wenn nicht sogar schon *s änge Daal*).

**113**

| Sing. | männlich | sächlich | weiblich |
|---|---|---|---|
| Nom. Akk. | *guete*[1] *Wyy* | *guet*[2] *Broot* | *gueti*[3] *Sùppe* |
| Dat. | *mit guetem Wyy*[4] | *mit guetem Broot* | *mit gueter Sùppe* |
| Plur. | | | |
| Nom. Akk. | *langi Stämm* | *langi Blètter* | *langi Wùùrzle* |
| Dat. | *an lange Stämm* | *mit lange Blètter* | *mit lange Wùùrzle* |

Der Genitiv des substantivierten Adjektivs wird nicht mehr als solcher empfunden: *èppis Guets, vyyl Beeses, nyt Rächts*, sondern als Nominativ oder Akkusativ, fällt also lautlich und sinnmässig mit der Nominativ/Akkusativ-Form des isolierten Adjektivs zusammen. – Nebeneinander kommen vor: *épper Rächter* (starke Nominativendung) und *èpper Rächts* (ursprünglicher Genitiv).

**Das substantivisch verwendete Adjektiv**

**114** Das substantivisch verwendete Adjektiv lautet nach bestimmtem Artikel und nach Demonstrativpronomen wie das schwache: *der Èltscht* der Älteste, *die Jingschti* die Jüngste, *der Glainscht* Kleinste, *im Baadische, dää Grooss, sälli Diggi* jene Dicke, *das Bruun doo* dieses Braune hier: sonst, zum Beispiel nach unbestimmtem Artikel, wie das starke: *en Alte, e Dùmmi, vò noochem;* abweichend von der Form des mit Substantiv verbundenen Adjektivs geht das mit unbestimmtem Artikel verwendete substantivierte starke Adjektiv Nominativ Singular sächlich auf *-s* aus: *en Òòrdligs, e Nätts.* Weiteres zu starkem und schwachem Adjektiv siehe **216** und **217**.

**Besonderheiten**

**115** Vor vokalischem Anlaut gilt *-en* statt *-e: en alten Eesel, mit schwäären Aarbete, amene scheenen Oobe* usw. – Nach *s* und *z* schiebt sich vor *-s* ein *-e-* ein: *Wysses, Schwaarzes* usw.

**116** Dadurch, dass im Auslaut geschwundenes *n* vor vokalischen Endungen wieder erscheint, ergeben sich Wechsel in den Stammausgängen: *e glai Biebli - e glaine Maa, drògge Flaisch - dròggeni Fiess;* so auch bei den Perfektpartizipien: *e gschliffe Muul - gschliffeni Mässer.* Ebenso gehen *òffe, eebe, aige, b(i)schaide, zfriide, glùnge* usw.

*-e-* in Mittelstellung fällt aus: *e dùnggli Nacht* (aber *e dùnggel Kabittel*), *noobli Hèère* (aber *der noobel Hèèr*). Ebenso bei *haiggel, hòryybel, rèschpèggtaabel* usw.

1 Hier hat sich wohl die ursprüngliche Akkusativform (Endung -en mit später abgefallenem n) durchgesetzt.
2 Die starke Form *guets* kommt nur bei Ausfall des zugehörigen Substantivs vor: *Gimmer Broot, aber guets!* Vgl. **114**; ausserdem in der spasshaften Grussformel *Guetsneebeli!* «gutes Abendchen!»
3 Die endungslose Form erscheint nur im Wunsche *guet Nacht!*
4 An und für sich ist der artikellose Gebrauch des attributiven Adjektivs der Mundart eher fremd; sie verwendet lieber den Artikel: *mit eme guete Wyy, in ere guete Sùppe.* Siehe auch **203**.

| *Das prädikative* *Adjektiv* | **117** | Nach «sein», «werden», «sich vorkommen» usw. bleibt das prädikativ verwendete Adjektiv wie im Hochdeutschen unverändert: *Das Broot isch haart, die Sùppen isch dinn, das Flaisch isch zääch, die Lyt wäärden alt.* – Diese ungebeugte Adjektivform dient gleichzeitig, ebenfalls wie im Hochdeutschen, als Adverb: *Er singt lut, si schwätzt lyyslig* usw. |
|---|---|---|

*Die Steigerung* **118** Die Steigerungsgrade haben zum Teil Umlaut, zum Teil keinen[1]:

|  | ohne Umlaut |  | mit Umlaut |  |
|---|---|---|---|---|
| 1. Grad | *digg* | *lieb* | *haart* | *vòll* |
| 2. Grad | *digg-er* | *lieb-er* | *hèèrt-er* | *vèll-er* |
| 3. Grad | *digg-scht* | *lieb-scht* | *hèèrt-scht* | *vèll-scht* |

Besonderheiten **119** Aus sprechtechnischen Gründen erscheint im dritten Steigerungsgrad nach *sch, s* und *z* statt *-scht -ischt: frischischt, nèssischt, schwèèrzischt.* – Im Auslaut geschwundenes *n* ist im zweiten und im dritten Steigerungsgrad erhalten in *glainer, glainscht;* nur im zweiten Steigerungsgrad in *òffener, dròggener, abgschlaagener* durchtriebener usw. (Der dritte Steigerungsgrad lautet hier *òffescht, dròggescht, abgschlaagescht* usw.) Das *n* tritt auch in einzelnen Fällen auf, wo es sprachgeschichtlich keine Berechtigung hat: *glyyner* (von *glyy* gleich) bälder, *am glyynschte* «am baldigsten», am schnellsten, *friener* früher (neben *frie-er*), aber stets *am frieschte.* Hieher gehört auch *eenter* eher und *am een(t)schte* am ehesten. (Siehe auch **198**.)

**120** Der Umlaut als Merkmal des zweiten und des dritten Steigerungsgrades ist in der Mundart weiter verbreitet als im Hochdeutschen, im Baseldeutschen jedoch lange nicht so häufig wie in andern Mundarten. Am häufigsten erscheint der Umlaut von a zu e: *glatt-glètter-glèttscht, aarm-èèrmer,* ebenso *staargg, faltsch, alt, kalt, nass, grangg, waarm, aarg; schmaal-schmeeler-schmeelscht,* ebenso *maager, graad* usw. Für Umlaute anderer Vokale seien angeführt: *spoot-speeter-speetscht,* ebenso *root, groob, wool, grooss; dòll-dèller-dèllscht* währschaft, stattlich, *vòll* usw. *suuber-syyberer-syyberscht,* ebenso *lut* laut-*lytter-lytscht, fuul-fyyler, gsund-gsinder* usw.[3]

---

1 Der Unterschied geht auf die beiden althochdeutschen Steigerungsmöglichkeiten zurück, die eine mit den Endungen -iro, -isto, die andere mit den Endungen -ôro, -ôsto.
2 Das unbetonte -*i*- tendiert je nach Sprecher auch mehr gegen unbetontes -*e*-, in welchem Fall man auch *nèssescht* schreiben könnte.
3 Heute ist eine gewisse Tendenz zu Umlautlosigkeit festzustellen. Am ehesten wird der Umlaut dort bewahrt, wo er durch entsprechende hochdeutsche Formen gestützt wird, was vor allem beim Umlaut von a zu e der Fall ist. Stets ohne Umlaut erscheint der Stammvokal *au*, z.B. in *blau, gnau, daub*, obschon Umlaut möglich wäre (vgl. *Daibi* «Täube», Wut) und in gewissen andern Mundarten auch tatsächlich vorhanden ist.

## Das Numerale (Zahlwort)

*Grundzahlen und Ordnungszahlen*

**121** Grundzahlen

| | | | | | |
|---|---|---|---|---|---|
| 1 | *ais* | 11 | *èlf* | 21 | *ainezwanzig* |
| 2 | *zwai* | 12 | *zwèlf* | 22 | *zwaiezwanzig* usw. |
| 3 | *drei* | 13 | *dryzää* | 30 | *dryssig* |
| 4 | *vier* | 14 | *vierzää* | 40 | *vierzig* |
| 5 | *fimf* | 15 | *fùffzää* | 50 | *fùffzig* |
| 6 | *säggs* | 16 | *sächzää* | 60 | *sächzig* |
| 7 | *siibe* | 17 | *sibzää/sibezää* | 70 | *sibzig/sibezig* |
| 8 | *acht* | 18 | *achzää* | 80 | *achzig* |
| 9 | *nyyn* | 19 | *nyynzää* | 81 | *ainenachzig* usw. |
| 10 | *zää* | 20 | *zwanzig* | 90 | *nyynzig* |

100 *hùndert*   1000 *dausig*   1 000 000 *e Mylioone*

Ordnungszahlen

| | | | | | |
|---|---|---|---|---|---|
| 1. | *èèrscht (der èèrscht)* | 8. | *acht* | 20. | *zwanzigscht* |
| 2. | *zwait*[1] *(der zwait)* | 9. | *nyynt* | 30. | *dryssigscht* |
| 3. | *dritt* | 10. | *zäät* | 40. | *vierzigscht* usw. |
| 4. | *viert* | 11. | *èlft* | | |
| 5. | *fimft* | 12. | *zwèlft* | 100. | *hùndertscht* usw. |
| 6. | *säggst* | 13. | *dryzäät* | 1000. | *dausigscht* |
| 7. | *sibt/sibet* | 14. | *vierzäät* | 1 000 000. | *mylioonscht* |

Zehner und Einer sind durch «und» verbunden, das zu e geschwächt ist (vor Vokal zu en): *ainedryssig, ainenachzig.* Nach Hundertern und Tausendern bleibt «und», sofern es überhaupt gebraucht wird, ungeschwächt: *hùndert(ùnd)zwanzig, dausigdreihùndert(ùnd)achzää.* Geschwundenes n tritt vor Vokal wieder ein: *siibenevierzig.*

Bei Jahreszahlen zwischen 1100 und 1999 werden die Hunderter gezählt: *dryzäähùndert(ùnd)säggsefùffzig* 1356, *nyynzäähùndertdreiesibzig* 1973. Dagegen: *dausig(ùnd)achzig* 1080 usw. In gleicher Weise werden auch Wert- und Massangaben zwischen 1100 und 1999 in Hundertern ausgedrückt: *fùffzäähùndert Frangge, zwèlfhùndert Kyylomeeter* usw.

Die Ordnungszahlen werden ausser bei «eins» durch Anfügen von *t* an die Grundzahlen gebildet[2], von zwanzig an mit *scht: der nyynt, der ainezwanzigscht.*

---

1 Das alte Wort für *zwait* ist *ander,* noch erhalten in *allander Daag* jeden zweiten Tag, *anderthalb* «das zweite halb», eineinhalb.
2 Die Ordnungszahl von 1 heisst *èèrscht; der aint* hat die Bedeutung von «der eine» in Korrelation zu «der andere».

*Die Zahlwörter*
*1 bis 3*

Der Formenbestand der Zahlwörter ist im Baseldeutschen stark zusammengeschrumpft. Nur noch die Zahl 1 kennt Unterscheidungen des Falles und des Geschlechts. Die übrigen werden höchstens bei substantivischem Gebrauch in sehr beschränktem Masse gebeugt.

«eins»

**122** Die Formen von «eins» lauten:

|  | männlich | | sächlich | | weiblich | |
|---|---|---|---|---|---|---|
|  | adj. | subst. | adj. | subst. | adj. | subst. |
| Nom. Akk. | *ai* | *ain(e)*[1] | *ai* | *ais*[2] | *ai* | *aini* |
| Dat. | *aim* | *aim* | *aim* | *aim* | *ainer* | *ainere* |
| z.B. | *ai Oofe* | | *ai Huus* | | *ai Hand* | |
|  | *in aim Oofe* | | *in aim Huus* | | *in ainer Hand* | |

Substantivische Verwendung: *Das isch mer ain(e), ais, aini! Die händ ais zämmegschwätzt! S goot in aim.* Es geht in einem Aufwaschen. *Er hèt s mit ainere.* Er hat ein Liebesverhältnis mit einer. Siehe auch **152**.

Der Genitiv hat sich lediglich in einigen erstarrten, meist adverbialen Zusammensetzungen erhalten: *aiswägs* plötzlich, unvermittelt, *aismools*†[3] auf einmal, *ainerlai*.

Wohl eine alte Akkusativform liegt vor in *ainewääg* «einen Weg», dennoch.

*Aim* dient auch als Ersatz für den Dativ und den Akkusativ von unflektiertem *mè* man (siehe **153**).

Die adjektivischen Formen sind stets betont. Die unbetonten Formen dienen als unbestimmter Artikel. (Siehe auch **94** und **95**.)

Zahlwort: Nom. Akk. *ai Maa, ai Kind, ai Frau;*
Dat.        *aim Maa, aim Kind, ainer Frau.*

Unbestimmter Artikel: Nom. Akk. *e Maa, e Kind, e Frau;*
Dat.        *eme Maa, eme Kind, ere Frau.*

Mit dem bestimmten Artikel verbunden, nimmt *ai* die Form *aint*[4] an; es wird in substantivischer und adjektivischer Verwendung schwach gebeugt:

---

1 *aine* ist häufiger als *ain.*
2 Heute oft durch *ains* ersetzt (Einfluss der Schriftsprache).
3 Heute *ùf aimool.*
4 *aint* ist in der Regel mit *ander* gekoppelt: *Die ainte schaffe, die andere fuulänze.*

| Sing. | männlich | sächlich | weiblich |
|---|---|---|---|
| Nom. Akk. | *der aint (Maa)* | *s aint (Kind)* | *die ainti (Frau)* |
| Dat. | *em ainte (Maa)* | *em ainte (Kind)* | *der ainte (Frau)* |
| Plur. | | | |
| Nom. Akk. | *die ainte (Männer)* | *die ainte (Kinder)* | *die ainte (Fraue)* |
| Dat. | *den ainte (Männer)* | *den ainte (Kinder)* | *den ainte (Fraue)* |

«zwei» **123** «zwei» hat im Unterschied zum älteren Baseldeutschen und zu andern Mundarten, wie zum Beispiel Zürichdeutsch, nur noch eine Form für alle Geschlechter und Fälle: *zwai Kèèrb, mit zwai Gyyge, Dä schafft fir zwai* usw.

Auch «beide» kennt keinen Geschlechtsunterschied mehr, hingegen noch starke und schwache Beugung: *baidi Brieder, die baide Brieder, die Baide, mit däne Baide*. Nach den Personalpronomen *mir* wir und *ir* ihr kann bei substantivischer Verwendung die starke oder die schwache Form stehen: *mir/ir baidi* und *mir/ir baide;* hingegen stets *sii baidi*. Bei der (seltener vorkommenden) adjektivischen Verwendung ist in diesen Fällen nur die schwache Form möglich: *mir baide Frind, ir baide Sindebègg*. – Erstarrter Genitiv ist erhalten in *baiderlai, baidersyts* (neben *baidsyts*) beiderseits.

«drei» **124** «drei» hat für alle Geschlechter und Fälle nur noch eine Form: *drei*. Altes *dryy*[1] hat sich erhalten in *dryzää, dryssig* und *Dryyangel* dreieckig gerissenes Loch in Gewebe.

*Die Zahlen von 4 an* **125** Die Zahlen von 4 bis 19 haben, wenn sie als Substantive verwendet werden, einen sächlichen Nominativ/Akkusativ auf *-i: s Fimfi, e Zwèlfi, s Achzääni*.[2] Höhere Zahlen verlieren das *-i: s Zwanzig, s Vierzig*. Gebeugte Formen erscheinen wieder bei den ungefähren Mengenangaben *Hùnderti* und *Dausigi: Hùnderti vò Lyt, mit Dausige vò Blueme;* ferner in der Wendung *ùff alle Viere goo* auf allen vier Extremitäten gehen.

Substantivisch und mit Beugung werden die Grundzahlen von 1 bis 12 bei Zeitangaben[3] verwendet: *S isch vieri*. Es ist vier Uhr, *viertel ab èlfi, halber zwèlfi, dreiviertel ùff zwèlfi* viertel vor zwölf, *vom nyni bis am èlfi* von neun bis elf Uhr. Der Plural mit bestimmtem Artikel tritt ein, wenn es sich um ungefähre Zeitangaben handelt: *noo de säggse* nach sechs Uhr,

1 Noch bis Anfang des 20. Jahrhunderts konnte man gelegentlich hören: *am dryy, am halber dryy* um drei Uhr, um halb drei Uhr.
2 Immer mehr beginnen sich die unflektierten Formen durchzusetzen: *S Säggs* gewinnt, *s Dryzää isch fadaal* usw.
3 Die Zeitangaben erstrecken sich in der Mundart bloss über die Zahlen 1 bis 12. «13 Uhr» wird ausgedrückt durch *am ais zmidaag*, «17 Uhr» durch *am fimfi zmidaag* oder *zoobe*, «23 Uhr» durch *am èlfi znacht* oder *zoobe* usw.

*vòòr den achte, vò de nyynen aa/ewägg.* Der hier verwendete Dativ erscheint auch nach Präpositionen, die sonst nur den Akkusativ regieren: *ùm de viere* etwa um vier Uhr, *ùm de halber fimfe, gege de zääne;* die Pluralbildung erstreckt sich auch auf die Zahlen 1 bis 3: *ùm den ainse[1], gege de zwaie, vòòr de dreie.*

Bei Altersangaben bis zu 19 Jahren erscheint ebenfalls die substantivische Form der Grundzahl: *Er isch achti, si wird jètz dryzääni, er goot gege nyynzääni.* Aber: *Er isch zwanzig. Si isch in de sibzig. Er goot gege (de) nyynzig* usw.

Die Substantivierung kann auch, wie im Hochdeutschen, durch die Endung *-er* gekennzeichnet werden: *e Dreier* 3 dl Wein, *e Zwaier* 2 dl Wein, *e Nyynzääner* ein Mann mit dem Jahrgang (19)19, *e Dausiger* eine Tausendernote, *e Fùffziger[2]* ein Fünfzigjähriger, *e Nùller schiesse* eine Null schiessen, *en Achziger drùff haa* mit 80 km Geschwindigkeit fahren usw. Diese Bildung wird ebenfalls für Bewertungsnoten gebraucht: *e Säggser[3]* Note sechs, ferner für die Bezeichnung von Tram- und Buslinien: *Der Zwèlfer faart ùff Mùttez.* Tram Nr. 12 fährt nach Muttenz.

*Die übrigen Zahlarten*  **126**  Die übrigen Zahlarten werden wie im Hochdeutschen gebildet.

Bruchzahlen: *e Drittel, e Viertel[4], e Zwanzigschtel* usw. *e Zwaitel* ist nicht üblich, stattdessen wird *d Hèlfti* verwendet. ½ wird durch *halb* wiedergegeben, das wie ein Adjektiv gebeugt wird: *e halbe Lytter* (und *e Halbe*), *e halbi Antwòòrt, e halb Wèggli* usw.; in gemischten Zahlen wird es mittels «und», das zu *e* geschwächt ist, angehängt: *zwaiehalb, dryzäänehalb.* Auch in andern Bruchzahlen ist das «und» zu *e* geschwächt: *dreieviertel, vieredrittel* usw. – Vervielfältigungszahlen: *aifach, zwaifach, dreifach* usw.; *aimool, zwaimool, dreimool* usw. «Je zwei» wird ausgedrückt durch *allewyyl zwai, zwai ùnd zwai* oder auch umschrieben: *Jeede vò iine hèt zwai Schwèschtere ghaa.* «Zwei mal mehr», «dreimal grösser»: *dòpplet* oder *zwaimool sovyyl, dreimool so grooss.* «Jeder zweite» wird durch in jedem Fall unverändertes *allander* wiedergegeben: *Allander Ai isch fuul, ùff allander Sytten isch e Drùggfääler.* Auf jeder zweiten Seite ist ein Druckfehler. Auf die Frage «zu wievielt?» antwortet: *z dritt(e), z zwanzigscht* oder *sälbdritt* «selber der dritte», *sälbzwanzigscht;* bei höheren Zahlen, die in dieser Weise ohnehin selten verwendet werden, wird die Ordnungszahl durch die Grundzahl ersetzt: *sälbhùndert, sälbdausig* usw.

---

1 Im Gegensatz zum substantivischen Nominativ *ais* ist hier das *n* wieder eingetreten.
2 Das *-i-* kann auch ausfallen: *e Fùffzger, e Vierzger* usw.
3 Stattdessen sind auch möglich: *e Säggsi* und (seltener) *e Säggs,* beide sächlich.
4 Die alte Bildung *Vierlig* hat sich in Gewichtsangaben noch erhalten: *I hätt gärn drei Vierlig Hùft* ¾ Pfund Fleisch vom Hüftteil.

Das «ungefähr» bei Zahlangaben kann auf verschiedene Art wiedergegeben werden (vgl. auch **125**): *èppe nyyn* ungefähr neun, *ùm die vierzig Phèrsoone* etwa vierzig Personen, *gege fùffzig, iber fùffzig Baim* usw.

Statt «eine Woche» und «zwei Wochen» verwendet die Mundart meist *acht Daag* und *vierzää Daag*[1].

### Das Pronomen (Fürwort)

Die Mundart hat im Prinzip dieselben Pronomen wie das Hochdeutsche, lediglich der Formenbestand ist etwas geringer. Ganz verschwunden ist das Relativpronomen, an dessen Stelle unveränderliches *wo* als Einheitsform getreten ist. (Syntaktische Verwendung siehe **310 – 312**.)

*Die persönlichen Fürwörter*  **127**  Bei den persönlichen Fürwörtern ist der Formenreichtum wesentlich grösser als bei den übrigen Pronomen, grösser auch als beim Substantiv und beim Adjektiv. Denn hier werden nicht nur Nominativ, Dativ und Akkusativ auch der Form nach unterschieden, jedes persönliche Fürwort hat überdies je nach Betonungsgrad besondere Formen. In betontem Personalpronomen ist der Vokal stets lang, in unbetontem hingegen kurz und geschwächt.

«ich»  **128**

|  | Nom. | Akk. | Dat. |
|---|---|---|---|
| betont | *yych, yy* | *mii* | *miir* |
| halb betont | *y* | *mi* | *mir* |
| unbetont | *i* | *mi* | *mer* |

Betont: *Yy(ch) waiss es nit. Mainsch mii? Miir isch s glyych.*
Halb betont: *Y waiss vo nyt. Mir gruust s.*
Unbetont: *I mues jètz goo. Sòll i koo? Er hilft mer.*

Zu einzelnen Formen

**129**  Neben Vorwörtern (Präpositionen) kommt das Personalpronomen in betonter und unbetonter Form vor. Ist es auf Grund des Sinnes betont, so ist dafür die Präposition unbetont und umgekehrt: *Er isch bi miir gsii. Er isch byy mer gsii. I haa s ùf mii gnoo. I haa s ùff mi gnoo.*

*i* «ich» fehlt gelegentlich bei rascher oder unsorgfältiger Sprechweise vor andern unbetonten Personalpronomen: *Haan ene s nit gsait?* (korrekt: *Haan i ene s nit gsait?* oder *Haan i s ene nit gsait?*), *Gèschtert haan en*

---

1 *Daag* wird hier nicht umgelautet, weil es sich um eine eigentliche Masseinheit handelt (vgl. **105**).

*nit gsee. Drùm ha mer gschwòòre. Wènn mi nit iir* (statt *wènn i mi nit iir*) wenn ich mich nicht irre. *Das kaa der nit abnää.* Das kann ich dir nicht abnehmen.

In unbetonter Spitzenstellung wird stets *mir* und nicht *mer* verwendet. Dieses kann nur nach betonter Silbe stehen. Also: *Mir isch yygfalle* oder *S isch mer yygfalle.*

Die Genitivform hat sich als erstarrter Rest zur Bezeichnung des Besitzverhältnisses erhalten: *Dä Mantel isch myy*[1] Dieser Mantel gehört mir. (So auch *dyy* und *syy.*)

| «du» | **130** | | Nom. | Akk. | Dat. |
|---|---|---|---|---|---|
| | | betont | *duu* | *dii* | *diir* |
| | | halb betont | *du* | *di* | *dir* |
| | | unbetont | *de, d, -* | *di* | *der* |

Betont: *Hèsch duu glitte?* Hast du geläutet? *Nai, dii main i. Diir basiert nyt* Dir passiert nichts.
Halb betont: *Du woonsch dòch im Gèllert? Dir basst daas nadyyrlig!*
Unbetont: *De bisch ùnd blybsch en Eesel! Wènn d*[2] *wòttsch* Wenn du willst. *Bsinn di emool!*
Zum vollständigen Schwund siehe **131**.

Zu einzelnen Formen

**131**  Halbbetontes *du* kommt ausser in Spitzenstellung auch als verstärkendes Pronomen nach Befehls- und Frageform des Verbums vor: *Mach du nùmme kaini Dùmmhaite! Bisch du grangg gsii?*

In unbetonter Spitzenstellung wird *dir* verwendet: *Dir wòtt i!* Dir will ich! Abgeschwächtes *der* kann nur nach betonter Silbe stehen: *Gfallt s der?*

Ganz fehlen kann das «du» in unbetonter Fragestellung[3]: *Kùnnsch?* Kommst du? *Was mainsch?* Was meinst du? (Daneben auch *Kùnnsch du? Was mainsch du?*)

| «er» «sie» «es» | **132** | | Nom. | Akk. | Dat. | Nom. | Akk. | Dat. | Nom. | Akk. | Dat. |
|---|---|---|---|---|---|---|---|---|---|---|---|
| | | betont | *äär* | *inn* | *imm* | *sii* | *sii* | *iire* | *ääs* | *ins* | *imm* |
| | | halb betont | *är* | *in* | *im* | *si* | *si* | *ire* | *äs* | *ins* | *im* |
| | | unbetont | *er* | *en* | *em* | *si* | *si* | *ere* | *es, s* | *s* | *em* |

---

1 Aus dem mittelhochdeutschen Genitiv mîn (meiner), vgl. neuhochdeutsch «Vergiss-mein-nicht» oder altertümliches «Gedenke mein».
2 Die zu *d* geschwächte Form gilt aber als salopp.
3 Die zu *d* geschwächte unbetonte Form ist in der Endung -st aufgegangen und danach mit dem -t abgefallen.

**133** «er»

Betont: *Äär, nit yych! Wùrùm frògsch uusgrächnet inn? Gib s dòch imm!*
Halb betont: *Är hilft mer männgmool. In mues men aifach gäärn haa.*
*Im hèt me s wiirgglig dräggig gmacht.*
Unbetont: *Kùnnt er? Hèsch en gsee? Schryyb em dòch!*

**134** «sie»

Betont: *Nùmme sii ka Franzeesisch. Fròg dòch emol sii! De Kinder macht*
*s nyt, aber iire.*
Halb betont: *Si verraist mòòrn. Ire gfallt daas.*
Unbetont: *Waiss si s schò? Giib ere¹s! S isch ere wool.*

An *iire/ire/ere* tritt vor Vokal, an betontes *sii* vor *e* «ein» das Binde-*n* an:
*Giib eren èppis! Händ Siin en Aanig!*

**135** «es»

Betont: *Ääs* (das Mädchen z.B.) *kämt gäärn, aber die andere nit. Ùf ins*
*isch kai Verlòss. Vò imm hätt i das nit erwaartet.*
Halb betont: *Äs studiert jètz.*
Unbetont: *Es schneielet, s schneielet. Kùnnt s mit? Duet s em* (dem
Büblein z.B.) *wee? Dänggsch vyyl an s* ( an das Kind z.B.)?

Die betonten Formen von «es» werden wie im Hochdeutschen nur in
Beziehung auf Personen gebraucht; in Beziehung auf Sachen und Sach-
verhalte wird das hinweisende Pronomen verwendet. *Ääs* (das Kind)
*hèt mer s gsait. Grad ins maag i bsùnders guet, im vermach i alles.* (Aber:
*Daas will i nimme hèère.)*

Die unbetonten Formen *es* und *s* wechseln in Spitzenstellung beliebig:
*Es räägnet* und *S räägnet.* Nachgestelltes unbetontes «es» erscheint hin-
gegen stets als *s: Räägnet s? Saag em s!* Nur nach *s* oder *z* erscheint
unbetontes «es» als *es: Biwyys es! Er waiss es. I spitz es, das Ryssblei.*
Folgt auf das zu *s* geschwächte «es» ein zweites zu *s* geschwächtes «es»
oder ein «sie», so schiebt sich aus sprechtechnischen Gründen ein unbe-
tontes *e* dazwischen: *Macht s-e-s guet?* Macht es es gut? *Strängt s-e-Si*
*aa?²* Strengt es Sie an?

---

1 Bei salopper Sprechweise wird *ere* in gewissen Verbindung zusammengezogen bzw.
verkürzt: *Hänn ere ghùlffe?* statt *Hänn er ere ghùlffe? Hèt mere s gsait?* statt *Hèt men*
*ere s gsait?*
2 Möglich ist auch: *Strängt Si s aa?*

|          | Nom.    | Akk. Dat. | Nom. | Akk. Dat. |
|----------|---------|-----------|------|-----------|
| betont   | *miir*[1] | *ùns*   | *iir* | *eich*   |
| halb betont | *mir* | *ùns*   | *ir*  | *eich*   |
| unbetont | *mer*   | *is*[2]   | *er*  | *ich, ech*[3] |

Betont und halb betont: *Miir händ gwùnne, nit iir. Mir basse schò ùff. Gueten Ooben, ir Hèère. Ùns ka nyt gschee, aber eich.*

Unbetont: *Mer wisse s jètz. Mer machen is nyt druus. Was saagen er? Händ er ich bsùnne?* Habt ihr euch besonnen?

Reste des Genitivs sind erhalten in *ùnsergattig(s)* von unserer Art, *mèr sin ùnser vier, ùnserais/ùnserain* (Dat. Akk. *ùnseraim*).[4]

|          | Nom.       | Akk.  | Dat.  |
|----------|------------|-------|-------|
| betont   | *sii (Sii*[5]*)* | *sii* | *iine* |
| halb betont | *si*    | *si*  | *ine*  |
| unbetont | *si*       | *si*  | *ene*  |

Betont: *A, Sii sind s! Sii dèèrt! Grad Sii main i. Iine sag i nyt mee.*
Halb betont: *Si sòtte sich schämme. Ine glaub i nyt.*
Unbetont: *Kèmme Si hitte zoobe? I biin ene nyt schùldig.*

An *iine/ene* tritt vor Vokal Binde-*n* an (vgl. **31**): *Giib enen Uuskùmft!* Gib ihnen Auskunft!

Die betonten Formen werden fast nur als Höflichkeitsanrede verwendet. Sonst werden sie meist durch das hinweisende Fürwort ersetzt. *I sag s nùmmen Iine.* Aber: *Dääne saag i s.*

Unbetontes *ene* kann beim Zusammentreffen mit *me* (man) zu *ne* verkürzt werden: *Das mues me ne loo* (statt *men ene*)[6]; ausserdem ganz allgemein nach unbetonter Endung -*e(n)*: *Mer luege ne zue* (statt *luegen ene*). *Mer singe nen èppis vòòr* (statt *singen enen èppis*).

Der Genitiv *irer* hat sich erhalten in: *irer zwai, irer Läbtig, iirersyts.*

1 Das anlautende *m* (statt *w*) entstand durch Verschmelzung von -*nd* bzw. -*nn* mit *w* in den Umkehrungsformen «sind wir» usw.: *simmer, hämmer.*
2 Die Entwicklung ging von «uns» zu umgelautetem «üns», das durch die Entrundung zu «ins» und durch Vokalisierung von *n* zu *is* wurde. (Vgl. auch betontes *üüs, öis* in andern Mundarten.)
3 Der Vokal schwankt zwischen schwachen *ei, e* und *i. i* dominiert im allgemeinen Sprachgebrauch.
4 Aus dem Genitiv des Personalpronomens ist auch das Possessivpronomen entstanden; diese Genitivform wurde dann weiter flektiert: *ùnser-e, ùnser-em* usw. (Vgl. auch S. 94, Anm. 3.)
5 *Sii* hat als Höflichkeitsform das alte *Ir* völlig verdrängt. Eine oder mehrere Personen (sofern man sie nicht duzt) mit *Ir* anzureden, wird heute als herablassend und daher als unhöflich empfunden.
6 Folgt aber auf *ene* ein Vokal, so muss die Kürzung unterbleiben: *Das sòtt men enen erglääre.*

**138** Folgen Akkusativ- und Dativformen des Personalpronomens unmittelbar aufeinander, so steht der Dativ, wenn er betont ist, wie in der Schriftsprache an zweiter Stelle. Ist der Dativ aber nicht betont, so steht er, im Unterschied zur Schriftsprache, an erster Stelle. Der deutsche Satz «Er gibt ihn/sie/es mir» lautet demnach im Baseldeutschen:

|  | Betonter Dativ | | | | Unbetonter Dativ | |
|---|---|---|---|---|---|---|
|  | *er git* | | | | *er git* | |
| *en müür* | *si müür* | *s müür* | | *mer en* | *mer si* | *mer s* |
| *en düür* | *si düür* | *s düür* | | *der en* | *der si* | *der s* |
| *en imm* | *si imm* | *s imm* | | *em en* | *em si* | *em s* |
| *en üre* | *si üre* | *s üre* | | *eren en* | *ere si* | *ere s* |
| *en ùns* | *si ùns* | *s ùns* | | *is en* | *is si* | *s is*[1] |
| *en eich* | *si eich* | *s eich* | | *ich en* | *ich si* | *ich s* |
| *en üne* | *si üne* | *s üne* | | *eren en* | *ene si* | *ene s* |

Befehlsform:

| *gib en müür!* | *giib mer en!* |
|---|---|
| *gib si müür!* | *giib mer si!* |
| *gib s müür!* | *giib mer s!* |

Beim unbetonten Dativ Plural ist auch die andere Stellung möglich: *er git en is, er git si is, er git s ich* usw.

**139** Gelegentlich kann der Akkusativ, ja sogar der Dativ des Personalpronomens vor dem betonten Subjektpronomen stehen: *Wil en üür verdaibt händ* (statt *Wil üür en verdaibt händ*). *Due si duu dòch nit au no fùggse!* Foppe du sie doch nicht auch noch! *Das sòllen em mìir gsait haa?* (statt einfacher zu sprechendem *Das sòlle mìir em gsait haa?*)

**140** Wie die Schriftsprache besitzt das Baseldeutsche für das Reflexivpronomen nur in der 3. Person Singular und Plural eine besondere Form: *sich*[2]. Für die übrigen Pronomen verwendet es den Akkusativ der Personalpronomen. Also:

| *i schämm mi* | ich schäme mich usw. |
|---|---|
| *de schämmsch di* | |
| *er, si, (e)s schämmt sich* | |
| *mer schämmen is* | |
| *er schämmen ich* | |
| *si schämme sich* | |

---

1 Die nach der Grundregel zu erwartende Reihenfolge *is (e)s* wäre schwierig auszusprechen.
2 Ursprünglich hiess es auch im Baseldeutschen analog zu *mi, di: si. Er hèt si bsùnne* (bis etwa Ende 19. Jahrhundert).

Zur Verstärkung dient *sälber: Er hèt sich sälber gschaadet. Si händ sich sälber nyt gùnnt* Sie haben sich selber nichts gegönnt.

Bei einigen Infinitiv-Fügungen weicht die Wortstellung von der hochdeutschen Norm ab, indem das Reflexivpronomen vom Infinitiv getrennt wird: *Si hätt sich halt sòlle zämmenää. Er hèt sich lang miese bsinne* (neben *Er hèt sich bsinne miese). Mer hätten is nit bruuche scheen aazleege.*

Zum Ausdruck des Gegenseitigkeitsverhältnisses wird im allgemeinen *enander*[1] verwendet: *Die baide händ enander ùff der Latte.* Freilich ist auch in solchen Fällen das Reflexivpronomen möglich: *Si gänd sich ùff d Näärve.*

<table>
<tr><td>*Die besitzanzeigenden Fürwörter*</td><td></td></tr>
</table>

*My  dy  sy*   **141**   Die Formen von *my(y)*[2], entsprechend auch von *dy* und sy, lauten im Singular:

|  |  | männlich | sächlich | weiblich |
|---|---|---|---|---|
| Nom. Akk. | adj. | *my*[3] mein | *my* mein | *my* meine |
|  | subst. | *myyne* | *myys* | *myyni* |
|  |  | der meine | das meine | die meine |
| Dat. | adj., subst. | *mym* meinem | *mym* meinem | *myner* meiner |

z.B. *myy Brueff ùnd dyyne, myy Gäärtli ùnd dyys, dyy Ballen ùnd myyni, in myym Brueff ùnd in syym, vò dyyner Mueter ùnd vò syyner* usw.[4]

Im Plural lauten die Formen für alle Geschlechter in adjektivischer und und substantivischer Verwendung gleich:

|  | männlich | sächlich | weiblich |  |
|---|---|---|---|---|
| Nom. Akk. | *myni* | *myni* | *myni* | meine, die meinen, die meinigen |
| Dat. | *myne* | *myne* | *myne* | meinen, den meinen, den meinigen |

z.B. *myyni Èlteren ùnd dyyni, in dyyne Biecher oder in syyne.*

---

1 Gelegentlich, unter Einfluss anderer Mundarten, zu *enand* geschwächt.
2 Liegt die Betonung auf dem Pronomen, so wird die dadurch entstehende Vokallänge mit *yy* bezeichnet.
3 Älteres *myn* hat sich bis in neuere Zeit gehalten in Ausrufen wie *du myyn Gòtt! du myyn Drooscht!* oder auch nur *du myyn!*
4 Es herrscht heute, unter dem Einfluss anderer Mundarten und des Hochdeutschen, in bezug auf die Beugung eine gewisse Unsicherheit; so hört man *myyns* statt *myys*, mit *dynere Mueter* statt *mit dyner Mueter* usw.

**142** Die Formen von *ùnser, eier, ir*[1] lauten im Singular:

|  |  | männlich | sächlich | weiblich |
|---|---|---|---|---|
| Nom. Akk. | adjektivisch | *ùnser* | *ùnser* | *ùnser* |
|  |  | *eier* | *eier* | *eier* |
|  |  | *ir* | *ir* | *ir* |
|  | substantivisch | *ùnsere* | *ùnsers* | *ùnseri* |
|  |  | *eire* | *ei(e)rs* | *eiri* |
|  |  | *iire* | *iirs* | *iiri* |
| Dat. | adjektivisch und | *ùnserem* | *ùnserem* | *ùnserer* |
|  | substantivisch | *eirem* | *eirem* | *eirer* |
|  |  | *irem* | *irem* | *irer*[2] |

Die adjektivischen Nominativformen sind also unveränderlich[3], z.B. *ùnser Groossmamme, eier Vatter, ir Maa* ihr/Ihr Mann, *de Kinder ir Sach* usw.[4] Substantivische Verwendung: *In weelem Auto faare mer, in ùnserem oder in iirem?* usw.

Im Plural lauten die Formen bei adjektivischer und substantivischer Verwendung innerhalb desselben Falles für alle Geschlechter gleich:

|  | männlich | sächlich | weiblich |
|---|---|---|---|
| Nom. Akk. | *ùnseri* | *eiri* | *iri* |
| Dat. | *ùnsere* | *eire* | *ire* |

z.B. *Sind das eiri Kinder? Nai, s sind ùnseri. Hèsch s iire Kinder gää? Nai, ùnsere* usw.

**143** Alle besitzanzeigenden Fürwörter nehmen im Gegensatz zum Hochdeutschen nie den bestimmten Artikel zu sich. Hochdeutsch «die Meinen» wird umschrieben, z.B. mit *myni Lyt. Wäm syni Hèfter sind daas? S sind myyni* usw.

**144** In erstarrten Resten haben sich sekundäre Genitivformen erhalten, so: *myner Läbtig* meiner Lebtage, *syynerzyt* seinerzeit, *dyynersyts, ùnserersyts, myynetwääge* (neben *wääge mir*) sei's drum; ganz unter dem Einfluss der Schriftsprache in Wendungen wie: *I bii nit syner Mainig.*

1 Das Pronomen *ir* «ihr» gilt wie im Hochdeutschen nicht nur für die 3. Person Plural, sondern auch für die 3. Person Singular weiblich sowie die Höflichkeitsform. Ist es, meist in substantivischer Verwendung, betont, so dehnt sich der Vokal zu *ii: Sind das Iiri Schue?* Sind das Ihre Schuhe?
2 *iirer* in substantivischer Verwendung kommt kaum je vor.
3 Das rührt daher, dass das Possessivpronomen aus dem Genitiv von Personalpronomen entstanden ist, vgl. «Vater unser». (Vgl. auch S. 91, Anm. 4.)
4 Heute werden oft wie beim starken Adjektiv (vgl. **113**) Endungen angehängt: *ùnsere Laade, eiri Sach, iri Guusyyne* statt *ùnser Laade, eier Sach, ir Guusyyne.*

Der Hinweis auf Nahes erfolgt durch *dää*, der Hinweis auf Entfernteres durch *sälle/sälbe*. Beide Pronomen können adjektivisch und substantivisch verwendet werden.

*dää*

**145** *Dää* entspricht wörtlich hochdeutschen «der» und «der da» und sinngemäss auch hochdeutschem «dieser». Es bildet folgende Formen:

|  | männlich | sächlich | weiblich |
|---|---|---|---|
| Sing. Nom. Akk. | *dää* | *daas* | *die* |
| Dat. | *däm*[1] | *däm*[1] | *dääre* |
| Plur. Nom. Akk. |  | *die* |  |
| Dat. |  | *dääne* |  |

Diese Formen werden meist mit starkem Nachdruck und oft unter Zusatz von Orts-, gelegentlich auch andern Adverbien gebraucht, manchmal auch mit nachgestellter Wiederholung des Pronomens: *Dää main i!* Diesen meine ich. *Die doo händ bschisse!* Die da haben betrogen! *Dääne gèschtert han i s gsait!* Den Leuten, die gestern da waren, habe ich gehörig die Meinung gesagt. *die dùmmi Kue die! dää Daigaff dää!* das eingebildete hochnäsige Mädchen!

**146** Daneben existieren auch schwächere Formen, zum Teil mit etwas verändertem Sinn. Sie sind nachstehend in der zweiten und der dritten Reihe aufgeführt; in der ersten Reihe stehen die in **145** genannten starken Formen.

|  | männlich | sächlich | weiblich |
|---|---|---|---|
| stark | *dää* | *daas* | *die* |
| mittelstark | *dä* | *das* | *die* |
| schwach | *der* | *s* | *d* |

Die mittelstarken Formen der zweiten Reihe haben beziehend-hinweisende Funktion: *dä nätt Frind, dä Òòrt, won is eso gfallt, Verzèll das niemetsem.* Diese Formen dienen auch zur Wiederaufnahme von bereits Erwähntem: *Wo läbt jetz das Kind? Dä Schlissel isch verlòòre gange.* In allen diesen Fällen trägt nicht das Pronomen die Hauptbetonung, es hat daher entweder kurzen Vokal oder geschwächten Auslautkonsonanten: *däre Frau, däne Lyt, das Kind, Gib s däm Maa!* Auch Diphthong *ie* wird geschwächt, beinahe zu farblosem *i: di(e) Kinder, won is bsuecht händ.*

Die schwachen Formen der dritten Reihe haben überhaupt keinen hinweisenden Charakter mehr; sie dienen als bestimmter Artikel (siehe **86**).

Man unterscheide also die drei Formen gut: *Der Hairi, dää isch s gsii, dä Siirmel. Der Noochbere, däre Gùùre, dääre zaig i s!*

---

1 Eigentlich müssten wir stark betontes *däm* mit verstärktem auslautendem Konsonant schreiben: *dämm.* Wir unterlassen jedoch die Doppelschreibung im Interesse des Schriftbildes.

**147** Das auf entferntere Dinge und Personen hinweisende Pronomen *sälle/ sälbe* entspricht der Form nach hochdeutschem «selbiger», heute «derselbe», hat aber die ursprüngliche Bedeutung von «der nämliche» eingebüsst und diejenige von «jener» angenommen. Dem hochdeutschen Paar «dieser-jener» entspricht also baseldeutsch *dää-sälle/sälbe. sälbe* ist die ältere Form als *sälle;* beide stehen aber heute gleichberechtigt nebeneinander, wobei im durchschnittlichen Sprachgebrauch *sälle* eher überwiegt. Die Formen lauten:

|  | männlich | sächlich | weiblich |
|---|---|---|---|
| Sing. Nom. Akk. | *sälle/sälbe* | *säll/sälb* | *sälli/sälbi* |
| Dat. | *sällem/sälbem* | *sällem/sälbem* | *säller(e)/sälber(e)*[1] |
| Plur. Nom. Akk. |  | *sälli* |  |
| Dat. |  | *sälle* |  |

z.B. *Sälli Uusreed hèt em nyt gnùtzt. sälli Lampe, sälb Maitli dèèrt, säll Gschwätz* jenes Gerede usw.

Statt des Paares *dää-sälle* kann auch das Paar *dää doo – dää dèèrt* verwendet werden.[2]

Erstarrter Genitiv ist erhalten im Adverb *sälletsmool/sälbetsmool* (daneben auch *sällmool/sälbmool*) damals.

**148** Im Gegensatz zu andern Mundarten kennt das Baseldeutsche für den Begriff «so beschaffen», «solch» nur noch die drei Formen *soo ain, soone, soonig*, eine für substantivischen Gebrauch im Singular, eine für adjektivischen Gebrauch im Singular und eine für den Plural[3]:

|  |  | männlich | sächlich | weiblich |
|---|---|---|---|---|
| Sing. Nom. Akk. | subst. | *(e)soo ain(e)* | *(e)soo ais* | *(e)soo aini* |
|  | adjekt. | *(e)soone* | *(e)soone* | *(e)soone* |
| Dat. | subst. | *(e)soo aim* | *(e)soo aim* | *(e)soo ainere* |
|  | adjekt. | *(e)sooneme*[4] | *(e)sooneme*[4] | *(e)soonere* |
| Plur. Nom. Akk. |  |  | *soonigi* |  |
| Dat. |  |  | *soonige* |  |

Das vorangestellte *e* in *e soo ain* und *e soone* ist eigentlich der unbestimmte Artikel «ein», so dass die wörtliche Entsprechung im Hoch-

1 *säller/sälber* wird eher adjektivisch, *sällere/sälbere* eher substantivisch verwendet, also: *Gang zue säller Frau! Mit sällere/sälbere mues i no reede.*
2 Wörtliche Entsprechungen zu «dieser» und «jener» gibt es im Baseldeutschen nicht, während andere Mundarten zumindest noch ein *«dise»* im Sinn von «jener» kennen.
3 Die in andern Mundarten gebräuchlichen Formen «settig» und «derig» sind dem Baseldeutschen fremd.
4 Sprechtechnisch bedingt, erfolgt meist Konsonantentausch: *soomene.*

deutschen «ein so einer» lauten müsste und dieses *e* strenggenommen nur im Nominativ Singular verwendet werden dürfte; es ist aber auch in die anderen Formen, sogar gelegentlich im Plural, eingedrungen, wohl gestützt durch das Adverb *esoo,* das auf «also» zurückgeht. Die Formen mit und ohne *e* stehen gleichberechtigt nebeneinander; im Dativ, insbesondere nach Präpositionen, wird es seltener verwendet als im Nominativ.

*(e) soo ain* wird nur substantivisch gebraucht, *(e) soone* nur adjektivisch, also: *A, das isch e soo aini! Y hätt gärn e soo ais. soone Gschrei. Er isch soone Liebe. Ùff soomene Glavier – ùff soo aim mècht i au spiile.*

Im Plural wird substantivisch und adjektivisch nur *soonigi* verwendet: *soonigi Baim, mit soonige Kinder. Soonigi hämmer gnueg.*

Gelegentlich wird das Pronomen bei adjektivischer Verwendung durch blosses *(e)soo* ersetzt, zumal in affektiver oder salopper Sprechweise: *Esoo Zyyg mag i nit. Soo Spiiler finden ir lùschtig? Mit soo Gleezi wämmer nyt z due haa.* Nach *kai* kein steht fast immer nur geschwächtes *so/sò: kai so Broot, kai sò Baum* kein solcher Baum, *kaini so Hyyser* (neben *kaini sonige Hyyser*).

In unbetonter Stellung verkürzt sich das *oo* zu *o* oder *ò,* schwächt sich der hinweisende Charakter ab und wird auch meist das vorangestellte *e* weggelassen; dies ist naturgemäss nur bei adjektivischer Verwendung möglich: *Das isch sone Disch, wo me ka zämmeleege. Das isch sonen Ydee. Sone Kissi kènnt i **au** bruuche.*

*Die fragenden Fürwörter*

*wäär waas*

**149** Das substantivische Fragepronomen zeigt folgenden Formenbestand:

|  | männlich/weiblich | sächlich |
|---|---|---|
| Nom. Akk. | *wäär* | *waas* |
| Dat. | *wämm*[1] | *(mit)waas* |

Es gibt, je nach Betonung, schwache und starke Formen: *Wär hèt das gsait? Wäär hèt das gsait? Was mainsch? Waas mainsch? Mit wäm goosch? Mit wämm goosch?*

In isolierter Stellung und bei emphatischer Sprechweise verkürzt sich der Vokal und verschärft sich das *s: wass!?*[2]

---

1 Wir unterlassen in der Folge die Doppelschreibung des *m,* da nach kurzer betonter Silbe der Konsonant automatisch stark gesprochen wird.
2 Isoliertes *wass?!* als Frage nach etwas nicht oder schlecht Verstandenem kann auch zu *wa?!* abgeschwächt werden, aber nie im Satzverband. Dieses *wa* erscheint auch in dem Verblüffung, Erstaunen oder Ironie ausdrückenden *a wa?!* etwa im Sinn von «Nein, was du nicht sagst!»

**150** Die Beugungsformen des adjektivischen Fragepronomens *weele* «welcher» folgen mit Ausnahme des sächlichen Nominativs Singular denjenigen des starken Adjektivs:

|  | männlich | sächlich | weiblich |
|---|---|---|---|
| Sing. Nom. Akk. | *weele* | *weeles* | *weeli* |
| Dat. | *weelem* | *weelem* | *weeler* [1] |
| Plur. Nom. Akk. |  | *weeli* |  |
| Dat. |  | *weele* |  |

z.B. *weele Hùnd? weeles Kätzli? weeli Gans? ùff weelem Bäärg? mit weelem Glaas? in weeler* [1] *Schuel? weeli Lyt? in weele Dèèrfer? Weele* kann auch verwendet werden, wenn das Bezugswort weiter entfernt steht: *Si hèt drei Kinder; weeles mainsch jètz? Doo sinn zwai Däsche; weeli wit?*

**151** Die Fragepronomen *waas fir aine* und *waas firigi* beziehen sich ausschliesslich auf die Beschaffenheit. Die beiden ersten Bestandteile von *waas fir aine* werden nicht gebeugt, der dritte wird in substantivischer Verwendung wie das Zahlwort *ain,* in adjektivischer Verwendung wie der unbestimmte Artikel *e* gebeugt, also: *waas fir e Baum? waas fir ain(e)? waas fir e Buech? waas fir ais? ùff waas fir eme Disch? ùff waas fir aim? mit waas fir ere Schäär? mit waas fir ainer(e)?*

Im Plural und vor Stoffbezeichnungen im Singular fallen bei adjektivischer Verwendung *e* und *aine* weg: *waas fir Lyt? mit waas fir Glaider? Waas fir Kääs mèchten er?* [2] *Waas fir Saiffi isch daas? Mit waas fir Gäld läbt er aigetlig?*

Bei substantivischem Gebrauch im Plural wird *waas firigi* gebraucht: A: *I bruuch Neegel.* B: *Waas firigi? Kieche sinn doo gstande, ùnd waas firigi!* Kuchen standen da, und was für welche!

Im Satzzusammenhang werden *waas* und *fir aine,* gelegentlich auch *waas* und *firigi* durch das Verbum voneinander getrennt: *Was hèt er fir e Grangged? Was isch das fir e Radau? Was nimmsch firigi?* (z.B. *Neegel*).

In unbetonter Stellung wird *waas* zu *was* geschwächt, in stark betonter Stellung kann statt *waas* auch *wass* eintreten (vgl. auch Seite 97, Anm. 2).

---

1 Zum Teil hat sich auch, besonders bei substantivischer Verwendung, die erweiterte Form *weelere* durchgesetzt: *Mit weelere hèsch danzt?*
2 Antwort z.B.: *rääse, waiche* usw. Wenn im besondern nach der Sorte gefragt wird, kann die Frage auch lauten: *Waas fir e Kääs mèchten er?*

**152** Das Zahlwort «eins» wird wie im Hochdeutschen auch im Sinn von «jemand», «ein beliebiger», «irgend jemand» verwendet, und zwar männlich und weiblich, seltener sächlich: *S hèt mer aine[1] d Uur gstoole. Wènn ainen ainen[1] aadrifft* wenn jemand jemanden antrifft. *Sag daas ainere! Mècht ais mit mer koo?* Möchte eines (der Kinder) mit mir kommen?

Gelegentlich, aber nicht sehr häufig, wird *aine* auch im Sinn von «man» (siehe **153**) gebraucht: *Do kènnt aine non e guet Gschäft mache. S kùnnt velicht ainen ùff e neii Ydee.*

**153** Das Fürwort «man» ist zu *mè* (betont) und *me* (unbetont) geschwächt. Es wird, wie im Hochdeutschen, nicht gebeugt: *Mè sait das nit. Me waiss es jo.* Vor Vokal tritt meist Binde-*n* (vgl. **31**) ein: *Waiss men èppis?* Dativ und Akkusativ werden unterschiedslos durch *aim* (einem, einen) wiedergegeben (vgl. auch **122**): *S gruust aim.* Es graust einem. *S reit aim.* Es reut einen. *Si mache mit aim, was si wänd.*

**154** *èpper[2]* «jemand» und *èppis[3]* «etwas» können gebeugt werden: *mit èpperem, vò èppisem* von etwas. Mit nachfolgendem Adjektiv lauten die Formen: Nominativ/Akkusativ: *èpper Nätter[4].* Dativ: *èpper Nättem[5].* Nominativ/Akkusativ: *èppis Guets.* Dativ: *mit èppis Guetem.*

Das die Unbestimmtheit noch stärker hervorhebende «irgend jemand» wird durch das eher mundartfremd wirkende *iirged èpper,* häufiger aber durch vorgestelltes *iggs* («x») wiedergegeben: *iggs èpper,* ebenso *iggs èppis.*

**155** *Niemets[6]* «niemand» kann ebenfalls gebeugt werden: *mit niemetsem* mit niemandem. *Nyt[7]* «nichts» bleibt stets unveränderlich. Auch mit nachfolgendem Adjektiv lauten die Formen gleich: *niemets Lùschtiger[8], mit niemets Lùschtigem, nyt Rächts, mit nyt Glùngenem.*

---

1 Neben *aine* ist auch *ain* möglich: *S hèt mi ain aagrämplet.*
2 *èpper* leitet sich von mhd. ètewër «irgendwer» her.
3 *èppis* stammt von mhd. ètewaz «etwas». Durch den Starkton auf der ersten Silbe wurde das a zu e geschwächt und dann zu i erhöht.
4 Möglich ist auch, vor allem wenn es sich um weibliche Personen oder auch Kinder handelt: *èpper Nätts.*
5 Daneben kommt, selten, auch vor: *èpperem Nätts.*
6 Daneben erscheinen auch, zum Teil unter auswärtigem Einfluss *niemer, niemert* und sogar *niemerts.* Alle Formen gehen auf mhd. nieman mit Genitiv nieman(d)es zurück.
7 *Nyt* ist aus mittelhochdeutsch niut (gesprochen nüüt) entstanden.
8 Möglich ist auch: *niemets Lùschtigs.*

männge

**156** *männge*[1] (gesprochen *mäng-ge*) «mancher» wird vorwiegend im Singular gebraucht. *Männge Daag, männgi Fläsche, männ Maitli, an männgem Daag, in männger Fläsche, mit männgem Maitli.* Im Plural wird es meist durch *vyyl* ersetzt. Tritt es zu einem Substantiv, das nur im Plural vorkommt, so bildet es den Plural: *männgi Lyt, männgi Èltere, männgi Zwilling, männgi Fèèrie.*

Meist wird es auch vor Adjektiv gebeugt: *männge hooche Baum, männgi haimeligi Stùùbe, männ alt Huus; an männgem hooche Baum, in männger haimelige Stùùbe, in männgem alte Huus; männgi braavi Èltere, in männge lange Nächt.* Möglich ist auch: *männg hooche Baum* (siehe auch **216** und Seite 138, Anm. 1).

Oft wird auch, in substantivischer Verwendung häufiger als in adjektivischer, im Singular der unbestimmte Artikel vorangestellt: *E männge wär froo.* Manch einer wäre froh. *Si hèt e männg nätt Gschängg bikoo.* Sie bekam manch nettes Geschenk.

e baar
e dail

**157** *e baar* «ein paar», «einige» wird stets ungebeugt verwendet: *e baar Stai, e baar Blètter, mit e baar Frind*[2].

*e dail* «ein Teil», «einige» wird selten allein, sondern meistens in der Verdoppelung gebraucht, und zwar in der Bedeutung, einige-einige, die einen-die andern: *E dail spiile, e dail lääse.*[3] – Ausgesprochen unmundartlich sind *ainigi, ètligi, mèèreri.*

jeede

**158** *Jeede* «jeder» wird nur im Singular verwendet und wie das starke Adjektiv gebeugt (mit Ausnahme des sächlichen Nominativs):

|  | männlich | sächlich | weiblich |
|---|---|---|---|
| Nom. Akk. | *jeede* | *jeedes* | *jeedi* |
| Dat. | *jeedem* | *jeedem* | *jeeder(e)* |

Der weibliche Dativ lautet bei adjektivischer Verwendung *jeeder*, bei substantivischer meist *jeedere*. *Si hèt mit jeeder Noochbere Händel,* aber *Si hèt mit jeedere Händel.*

Wie bei *männge* und *kai* kann, vor allem bei den Nominativ/Akkusativ-Formen und bei substantivischer Verwendung, der unbestimmte Artikel vorantreten: *E jeede griegt sy Sach. E jeedes mues halt luege.*

---

1 Aus mhd. manec, maneger.
2 Aber *mit eme Baar Schue.* Zu vermeiden ist die Form *mit e baarne.*
3 Logischerweise erscheint die Verbalform im Plural. Unmundartlich würde wirken: *e dail spiilt, e dail liist.*

**159** Die Deklination von *kai* «kein» stimmt im Singular mit der von *ai* «ein» überein (vgl. **122**), im Plural mit der von *myyni* (vgl. **141**). Die Formen lauten demnach:

|  |  |  | männlich | sächlich | weiblich |
|---|---|---|---|---|---|
| Sing. Nom. Akk. | | adjektivisch | *kai* | *kai* | *kai* |
| | | substantivisch | *kain(e)*[1] | *kais* | *kaini* |
| | Dat. | adjektivisch | *kaim* | *kaim* | *kainer* |
| | | substantivisch | *kaim* | *kaim* | *kainere* |
| Plur. Nom. Akk. | | adj. und subst. | | *kaini* | |
| | Dat. | adj. und subst. | | *kaine* | |

z.B. *kai Mässer, mit kaim Gidangge, kai Gidùld, in kainer Wyys. Kain(e) hèt is griesst. Kais hèt wèlle spiile. Mit kainer(e) hèt er s lang uusghalte. kaini Kiirsi, in kaine Biecher.*

Auch *kai* kann im Nom. Akk. Singular bei substantivischer Verwendung den unbestimmten Artikel zu sich nehmen: *E kain(e) hèt gschlooffe.*

Ausserdem kann *kai* nachgestellt werden in Fällen wie: *Gäld isch kais doo.* Kein Geld ist da.

**160** Betontes *vyyl* und unbetontes *vyl* bleiben im Nominativ/Akkusativ Singular und Plural meist ungebeugt, und zwar in adjektivischer und substantivischer Verwendung: *vyyl Kääs, vyl Muusig, vyl Wasser, vyl Männer, vyl Fraue, vyl Kinder. Vyyl isch fuul. Vyyl händ miese lache.* Ungebeugt bleibt es meist auch im Dativ Singular: *mit vyyl Angge, mit vyyl Mie* mit vieler Mühe. Beugung erfolgt noch am ehesten im Dativ Plural: *in vyyle Hyyser, Er hèt vyyle ghùlffe*[2] Er hat vielen geholfen. Ebenso im Dativ Singular bei substantivischer Verwendung: *mit vyylem ùnzfriide.*

**161** *all* beugt in adjektivischer und substantivischer Verwendung im Plural wie das starke Adjektiv: *alli Baim, ùff alle Baim, alli Lääde, in alle Lääde.* Im Singular ist die substantivische Verwendung auf das sächliche Geschlecht beschränkt: *De kasch alles haa. Si isch mit allem yyverstande.* Adjektivische Verwendung ist in vollem Umfang möglich: *alle Mischt, alles Määl, Alles Daibele* (Toben) *nùtzt nyt, alli Milch, in allem Flaisch, ùff allem Bapyyr, dròtz allem Eeländ.*

---

1 In substantivischer Verwendung meist *kaine.*
2 In solchen Fällen wird aber eher *männge* verwendet: *Er hèt männge* (oder sogar eher *männgem*) *ghùlffe.*

Adjektivisches *all* kann im Plural auch nachgestellt werden in Fällen wie: *D Blueme sind alli verkauft*. Alle Blumen sind verkauft. *Die Biecher ghèèren alli miir*.

Erstarrte Reste des Genitivs finden sich in *allerlai* (so auch *vyylerlai*, *männgerlai*), *aller Gattig(s)*, im verstärkten Superlativ: *der Allergreescht*, in den Bezeichnungen der katholischen Feiertage *Allerhailige* und *Allerseele*, in der Grussformel *guete Daag allersyts*, ferner in *Allerwältsschneeri* Schwauderer, *alletwääge* überall.

Ausserdem ist *all* erhalten in *al(l)s* ständig, immer wieder; mit Komparativ: *als wie èlter* immer (wie) älter; schliesslich in den Adverbien *alsfùrt*† immerfort, *allwääg* gewiss, allerdings, jedenfalls, *allibòtt* jeden Augenblick, *allewyyl* (früher auch *alliwyyl* †) immer.

# Konjugation

### Das Verb (Tätigkeitswort, Zeitwort)

*Infinitiv*
*(Grundform)*

**162** Der Infinitiv endigt in der Regel mit unbetontem *-e: singe, luege*. Verben, die hochdeutsch mit -eln, endigen, gehen in der Mundart auf *-le* oder *-ele* aus: *wiggle* wickeln, *rittle* rütteln, *gùùrgele* gurgeln, *giggele* verstohlen gukken. Verben, die hochdeutsch mit -ern endigen, gehen in der Mundart auf *-ere* aus: *bòldere* poltern, *gwittere* gewittern. Vor Vokal tritt das Binde-*n* an: *danzen ùnd springe*.

Bei einzelnen Verben sind Stamm- und Endsilben miteinander verschmolzen; die Infinitive sowie die meisten Personalformen sind infolgedessen einsilbig geworden: *nää* nehmen, *gää* geben, *koo* kommen, *syy* sein u.a. (Weiteres siehe **177, 178**.) Zum Genitiv des Infinitivs (*Fangis* Fangens usw.) siehe **369**.

*Partizip Präsens*
*(Mittelwort der*
*Gegenwart)*

**163** Das Partizip Präsens ist praktisch verschwunden und kommt nur noch in erstarrten Formen vor: *òbsigänd* und *nidsigänd*[1] zunehmender und abnehmender (Mond), *uusgänds Moonet* «ausgehenden Monats», Ende Monat. Häufig ist es zu einem Adjektiv auf *-ig* umgebildet: *glänzig, bländig, glieig* glühend, *stinggig* stinkend, *lääbig* lebend. (Siehe auch **373**.)

Unter dem Einfluss der Schriftsprache dringt das Partizip freilich wieder ein, zumal in adjektivischer Verwendung: *raizend, glänzend* brillant, *bländend* hervorragend, *Der Hinggend Bòtt* (Kalendername), *der faarend ùnd rueend Verkèèr, fliessend* usw. Über den Ersatz des attributiv ver-

*Partizip Perfekt*
*(Mittelwort der*
*Vergangenheit)*

wendeten Partizips Präsens siehe auch **225**.

Vorsilbe

**164** Das Partizip Perfekt ist wie im Hochdeutschen durch die Vorsilbe ge-gekennzeichnet, deren Vokal aber entweder geschwunden oder zu *i* erhöht und deren Konsonant unter bestimmten Voraussetzungen nach **25** verändert ist.

Mit Vokalschwund: *glòffe, gmacht, grueffe, gschafft, gachtet* geachtet usw.

Mit Vokalschwund und Verschmelzung des *g* vor *b, ph, pf, d, th, g, k, z*: *bache* gebacken, *bròcht* gebracht, *phaggt* gepackt, *pflätteret* geplanscht,

---

1 Der partizipiale Charakter wird aber kaum mehr empfunden, deshalb kam es zum substantivischen Gebrauch: *Der Moond isch im Òbsigänd/Nidsigänd.*

*danzt* getanzt, *theääterlet* Theater gespielt, *gää* gegeben, *giigelet* gekichert, *kaaflet* «gekafelt», gekritzelt, *zinserlet* mit Feuer gespielt, *zooge* gezogen usw. Ohne Vorsilbe gebildet ist seit alters *wòòrde* geworden.

In schriftsprachlichen Entlehnungen bleibt die Vorsilbe meist intakt, wobei der Vokal nach **79** zu *i* erhöht wird: *gibòòre, gidiige, gimässe* «gemessen», würdevoll (aber *gmässe* gemessen, Mass genommen).

Abweichend vom Hochdeutschen nehmen auch die Lehnverben auf *-iere* die Vorsilbe zu sich: *gspaziert, gstudiert* (neben *studiert*), *gschiniert* geniert, *gmarschiert, grèwòltiert* revoltiert usw. Auch bei diesen Entlehnungen verschmilzt das *g* vor *b, ph, d, th, g, k, z: bròbiert, phausiert, dòmyniert, thituliert, garniert, kapiert, zyseliert* usw.[1]

<table>
<tr><td>Form des<br>Stammes</td><td>**165**</td><td>Bestimmte einsilbige Verben bilden infolge der Silbenverschmelzung auch das Partizip Perfekt einsilbig: zu *nää: gnoo* genommen, zu *haa: ghaa* gehabt usw. Seit alters einsilbig sind *gsii* gewesen (zu *syy* sein) und *doo* getan (zu *due* tun). Weiteres siehe **178**.</td></tr>
</table>

Eine mit dem Infinitiv zusammenfallende Form hat das Partizip Perfekt bei den Verben *koo* kommen, gekommen, *gsee* sehen, gesehen; ferner bei Modalverben, zum Teil abweichend vom Hochdeutschen[2], z.B. *i ha wèlle* ich habe gewollt, *i ha kènne* ich habe gekonnt, zum Teil gleich wie im Hochdeutschen neben einem Infinitiv[3]: *haisse* heissen, befehlen, *hälffe, bruuche, loo* lassen, *sòlle, miese* müssen. Also: *Hèsch en hèère schwätze? I han en haissen absitze. Mer hänn em hälffen uusphagge. Si hätt nit bruuche briele. Si hänn en verzèlle loo. Es hèt miese gryyne.* Es hat weinen müssen. *I hätt sòlle[4] schryybe.*

Die Erscheinung des Rückumlautes (z.B. kennen-gekannt) ist in der Mundart beseitigt: *kènnt* gekannt, *grènnt* gerannt, *dänggt* gedacht, *brènnt* gebrannt.

<table>
<tr><td>Endungen</td><td>**166**</td><td>Das Partizip Perfekt hat wie im Hochdeutschen zwei Endungen, nämlich bei den sogenannten starken Verben (mit Wechsel des Stammvokals) *-e(n)*, bei den sogenannten schwachen Verben *-(e)t*. Die Einteilung in starke und schwache Verben beruht in der Mundart zur Hauptsache auf dem Unterschied der beiden Endungen im Partizip Perfekt. Stark: *singe –*</td></tr>
</table>

---

1 In Angleichung an solche verschmolzene Formen und unter dem Einfluss der Schriftsprache schwindet bei diesen Lehnverben die Vorsilbe zusehends; so gilt allgemein schon: *navygiert, schòffiert* chauffiert, *règischtriert, insischtiert* u.a.m.
2 Im Hochdeutschen beschränkt sich die Erscheinung dieses sogenannten Infinitivpartizips auf die Stellung neben anderem Infinitiv: Ich habe kommen wollen. Aber: Ich habe es so gewollt.
3 Allerdings mit Umstellung (siehe **167**).
4 Fälschlicherweise wird dieses Infinitivpartizip oft durch *sòtte* (Konjunktivform) ersetzt.

*gsùnge;* vor folgendem Vokal *-en: gsùngen ùnd gsprùnge.* Schwach: *lache –
glacht.*

Die Endung *-et* ist im Baseldeutschen im Gegensatz zu andern Mundarten
nur auf diejenigen schwachen Verben beschränkt, deren Stamm auf *d, t,
tt* ausgeht, sodann auf alle schwachen Verben, die mit den Suffixen *-ge, -le,
-me, -ne, -ele, -ere* gebildet sind: *deedet* getötet, *gleetet* gelötet, *battet*
ausgereicht, *gsyfzget* geseufzt, *gaaglet* geschaukelt, *grääsmet* mühsam ge-
klettert, *verlächnet* ausgetrocknet, *baschget* spielerisch gekämpft, *gsindiget*
gesündigt, *gschneielet* leicht geschneit, *gwùùselet* gekrabbelt, gewimmelt,
*gfùtteret* geschimpft usw.[1]

<table>
<tr><td>*Infinitivpartizip*</td><td>**167**</td><td>Auch die Mundart verwendet bei Modalverben in der Vergangenheit an-
stelle des Partizips den Infinitiv, das sogenannte Infinitivpartizip, in Ver-
bindungen wie: Ich habe das tun wollen. Dabei steht im Unterschied zum
Hochdeutschen in der Mundart das Infinitivpartizip auch dann, wenn das
Modalverb isoliert, das heisst als Vollverb gebraucht wird: *I haa s esoo
wèlle* Ich habe es so gewollt. (Siehe auch **165**.)</td></tr>
</table>

Steht neben dem Infinitivpartizip ein weiterer Infinitiv, so kann sich die
hochdeutsche Abfolge «Wir haben zuschauen dürfen» in der Mundart
umkehren, das heisst das Modalverb kann vorausgehen: *Mer hänn dèèrfe
zueluege.* Entsprechend: *Was hèsch wèlle mache? Si hèt nyt mee kènne
saage. Si hänn afoo ässe.* Sie haben zu essen angefangen. *Si hätte nit bruuche
rènne. Mer händ ere hälffen[2] abdròggne.* (Vgl. auch **194.2**.)

Auch bei Fügungen mit zwei Infinitiven steht das modale Infinitivpartizip
voran: *Me hätt sòlle gò stimme.* Man hätte stimmen gehen sollen. *I hätt s
sòlle lò fligge. Si hätt s kènne syy loo.*

<table>
<tr><td>*Präsens der
Normalverben*</td><td></td><td></td></tr>
<tr><td>Indikativ
(Wirklich-
keitsform)</td><td>**168**</td><td>Im Singular hat jede Person ihre besondere, im Plural dagegen haben
alle Personen die gleiche Endung.[3]</td></tr>
</table>

|       | 1.     | 2.     | 3.   |       | 1. 2. 3. |
|-------|--------|--------|------|-------|----------|
| Sing. | –      | *-sch* | *-t* | Plur. | *-e(n)*  |
|       | *-e*   | *-esch*| *-et*|       |          |
|       |        | *-isch*|      |       |          |

1 Das auslautende *t* ist ziemlich schwach artikuliert, besonders am Satzschluss.
2 Möglich ist bei nicht modalen Verben in solchen Fällen auch das normale Parti-
zip Perfekt: *Mer händ ere ghùlffen abdròggne. Si hèt en ghaisse Broot hoole* usw.
3 Noch das Mittelhochdeutsche unterscheidet im Plural die drei Personen durch drei
verschiedene Endungen, z.B. 1. nëmen, 2. nëmet, 3. nëment. Schon bald aber wurde
nëment (3. Person) zu nëmen, das heisst der 1. Person angeglichen. Einzelne Mund-
arten haben die Differenzierung der Endungen beibehalten, andere – so auch das Basel-
deutsche – sie zugunsten einer Einheitsform aufgegeben. So bildet das Zürichdeutsche
den Plural durchweg mit *-ed*, das Baseldeutsche durchweg mit *-e(n)*.

Die Formen von *kòche, händle* streiten, *bysse* lauten:

| Sing. | 1. | *i kòch* | *i händle* | *i byss* |
|---|---|---|---|---|
| | 2. | *de kòchsch* | *de händlesch* | *de byssisch* |
| | 3. | *er kòcht* | *er händlet* | *er bysst* |
| Plur. | 1. | *mer kòche* | *mer händle* | *mer bysse* |
| | 2. | *er kòche*[1] | *er händle*[1] | *er bysse*[1] |
| | 3. | *si kòche* | *si händle* | *si bysse* |

Zu den Endungen im einzelnen

**169** 1. Person Singular. Im Unterschied zum Hochdeutschen, aber auch zu andern Mundarten, ist die 1. Person Singular endungslos, da das ungeschützte -e abgefallen ist: *i kùmm* ich komme, *i glaub* usw. Eine Ausnahme machen die mit den Suffixen *-le, -ele, -me, -ne, -ere* gebildeten Verben: *i händle, i dittele* ich spiele mit Puppen, *i ootme* ich atme, *i säägne* ich segne, *i glättere* ich klettere.

**170** 2. Person Singular. Hochdeutschem -st entspricht, infolge Abfalls des -t[2], gewöhnlich *-sch: glaubsch, machsch, dänggsch,* auch dann, wenn das reduzierte Pronomen *d* (du) folgt: *Glaubsch* Glaubst du? *An was dänggsch?* Woran denkst du? – Die Verben auf *-ge, -le, -ele, -me, -ne, -ere* bilden die 2. Person mit der Endung *-esch[3]: mètzgesch, sääglesch* segelst, *rùùgelesch* rollst, *ootmesch* atmest, *zaichnesch, zitteresch.*[4] Nach den Zischlauten *s, ss, sch, z, tz* folgt die Endung *-isch: liisisch, vergissisch, wäschisch* wäschst, *gnòòrzisch* hast Mühe, *sitzisch* usw.[4]

**171** 3. Person Singular. Hier ist das -t im Unterschied zur 2. Person Singular festgeblieben: *schrybt, git* gibt, *rätscht* tratscht. – Nach *t* und *d* erscheint als Endung statt *-t -et: brichtet, fèèrchtet* fürchtet, *schnyydet* schneidet, *reedet*[5] usw.

**172** Plural. Die Einheitsendung *-e* nimmt vor Vokal das Binde-*n* zu sich: *Mer kèmmen au. Kèmmen er?* Kommt ihr? *Si kèmmen in s Huus.*

---

1 Heute wird die 2. Person Plural auch oft, wie in andern Mundarten, mit der Endung *-et* bzw. *-ed* gebildet. (Vgl. auch Seite 109, Anm. 1.)
2 Der Abfall des -t beruht auf Ausstossung in Konsonantengruppen (vgl. **35**) oder auf Angleichung (vgl. **21.** ff.).
3 Der Endungsvokal *e* tendiert gegen *i,* so dass beim Sprechen kein grosser Unterschied zwischen *zitteresch* und *zitterisch* besteht.
4 Häufig werden die doch relativ schwer sprechbaren Formen auf *-esch* und *-isch* durch Umschreibung mit dem Hilfsverb *due* ersetzt: *Was duesch ässe? De duesch schwitze.*
5 *reedet* ist meistens zu *rèdt* verkürzt, analog zu *rèdtsch* redest.

Zur Form des Stammes

**173** 1. Im Unterschied zum Hochdeutschen haben die starken Verben mit umlautfähigem Stammvokal den Umlaut in der 2. und der 3. Person Singular in Angleichung an die 1. Person Singular aufgegeben. Es heisst also:

| | | |
|---|---|---|
| *i laad* | *i stooss* | *i lauff* |
| *de laadsch* | *de stoossisch* | *de lauffsch* |
| *er laadet* | *er stoosst* | *er laufft* |

So gehen auch: *bache* backen, *bhalte, falle, fange*[1], *graabe, waggse* wachsen, *roote* raten, *broote* braten, *schlooffe* schlafen, *suffe* saufen usw.

2. Umgekehrt ist, wiederum im Gegensatz zum Hochdeutschen, bei den starken Verben «stechen», «sterben» usw. in der 1. Person Singular altes i als Stammvokal geblieben, so dass *i* als Einzahlvokal und *ä* als Mehrzahl-vokal einander gegenüberstehen:

| | | |
|---|---|---|
| *i stich* | *i stiirb* | *i iss* |
| *de stichsch* | *de stiirbsch* | *de issisch* |
| *er sticht* | *er stiirbt* | *er isst* |
| *mer stäche* | *mer stäärbe* | *mer ässe* |

So gehen auch: *bräche, verspräche, dräffe, fächte, drätte, vergässe, stääle, wäärde, verdèèrbe, wääge* wiegen intr., *lääse* usw.[2]

3. Dagegen ist bei folgenden Verben mit stammauslautendem *g* innerhalb der Einzahl eine alte Unregelmässigkeit, durch Lautverschmelzung in der 2. und 3. Person entstanden, erhalten:

| *liige*[3]: | *draage:* | *saage:* |
|---|---|---|
| *i liig* | *i draag* | *i saag* |
| *de lysch*[4] | *de draisch* | *de saisch* |
| *er lyt*[4] | *er drait* | *er sait* |
| *mer liige* | *mer draage* | *mer saage* |

Konjunktiv (Möglich-keitsform)

**174** Wie im Hochdeutschen fallen die meisten Formen des Konjunktivs Präsens lautlich mit denen des Indikativs zusammen. Klar unterschieden ist in jedem Fall die 3. Person Singular. Die Formen lauten beim starken und beim schwachen Verb:

---

1 Das zusammengesetzte Verb *aafange* tritt in der 2. und 3. Person Singular meist in der älteren Kurzform auf: *i fang aa, de foosch aa, er foot aa.*
2 Häufig wird die 1. Person Singular mit *due* umschrieben: *I due ässe. I due lääse* usw.
3 Auch das Verbum *leege* wies früher allgemein diese Unregelmässigkeit auf: *i leeg, de laischt, er lait†, mer leege.*
4 Oft schon abgelöst durch die angeglichenen Formen *de ligsch, er ligt.*

| Starkes Verb | | Schwaches Verb | |
|---|---|---|---|
| Indikativ | Konjunktiv | Indikativ | Konjunktiv |
| | *(er hèt gsait)* | | *(er hèt gsait)* |
| *i sing* | *i sing*[1] | *i suech* | *i suech*[1] |
| *de singsch* | *de singsch* | *de suechsch* | *de suechsch* |
| *er singt* | *er sing* | *er suecht* | *er suech* |
| *mer singe* | *mer singe* | *mer sueche* | *mer sueche* |
| *er singe* | *er singe* | *er sueche* | *er sueche* |
| *si singe* | *si singe* | *si sueche* | *si sueche* |

Wegen des weitgehenden Zusammenfallens der Konjunktiv- mit den Indikativformen werden sie häufig mit *due* tun und Infinitiv umschrieben: *Er hèt gsait, i dät*[2] *singe, de dätsch singe, er dät singe, mer däte singe.* Bei manchen starken Verben dienen überdies oft die Konjunktivformen des Imperfekts (Konditional) als Ersatz: *Er sait, i fänd, mer fände s langwyylig* usw. Wir haben hier also die vom Hochdeutschen her bekannte Erscheinung des sogenannten gemischten Konjunktivs vor uns.

Zur Form des Stammes

**175** Da wie im Hochdeutschen bei den starken Verben «brechen», «treffen» usw. im Konjunktiv Singular der Wechsel des Stammvokals unterbleibt, sind die Konjunktiv- und Indikativformen im Singular klar voneinander unterschieden:

| Indikativ | *i brich* | *i driff* | *i iss* | *i wiird* |
|---|---|---|---|---|
| | *de brichsch* | *de driffsch* | *de issisch* | *de wiirsch* |
| | *er bricht* | *er drifft* | *er isst* | *er wiird* |
| Konjunktiv | *i bräch* | *i dräff* | *i äss*[3] | *i wäärd* |
| | *de brächsch* | *de dräffsch* | *de ässisch* | *de wäärdsch* |
| | *er bräch* | *er dräff* | *er äss* | *er wäärd* |

So gehen auch *stäche, stäärbe, lääse*[4]*, gälte*[4]*, schmèlze* (intransitiv), *mässe, vergässe, fächte* u.a.

Bei den in 173.3. angeführten Verben unterbleibt im Konjunktiv die Lautverschmelzung in der 2. und 3. Person Singular: *Me sait, de liigsch, er liig, de draagsch, er draag* usw.

1 Gelegentlich hört man auch *i singi, de singisch, er singi, i suechi* usw. Diese Formen sind für das Baseldeutsche mit Ausnahme der 3. Person Singular selten belegt. Ihr Gebrauch erklärt sich aus dem Bedürfnis, Indikativ und Konjunktiv deutlicher zu unterscheiden.
2 Auch hier handelt es sich formal nicht um den Konjunktiv Präsens, sondern um den des Imperfekts. Die alten Präsenskonjunktivformen *i diegt, de diegscht* usw. sind heute fast ganz verschwunden.
3 Nicht zu verwechseln mit dem Konjunktiv Imperfekt *i ääss* ich ässe.
4 Die Präsenskonjunktivformen fallen bei diesen Verben lautlich mit denen des Imperfekts zusammen.

**176** Als Befehlsform der Einzahl dient wie im Hochdeutschen der blosse Stamm; bei den Verben *ässe, bräche* usw. gilt *i* als Stammvokal. In der Mehrzahl lautet die Befehlsform wie die 2. Person Plural Indikativ.[1] Bei den mit Suffix gebildeten Verben (auf *-le, -ere, -me* usw.) geht der Imperativ Singular auf *-e* aus. Die Formen lauten demnach:

Singular:  *mach!*  *brich!*  *glättere!*  klettere!
Plural:  *mache!*[1]  *bräche!*[1]  *glättere!*[1]  klettert!

Die Aufforderungsform der 1. Person Plural (hochdeutsch Gehen wir! Lasst uns gehen!) gibt es zwar auch in der Mundart, nur ist sie weniger gebräuchlich: *Mache mer Fyyroobe!* Häufiger heisst es: *Mer wänn Fyyroobe mache.*

Wie im Schriftdeutschen gibt es Verben, deren Bedeutung den Imperativ gar nicht zulässt, also vor allem Verben der Zustandsschilderung und der unabsichtlichen Wahrnehmung. So bilden *gsee* sehen und *hèère* keinen Imperativ, sondern nur die entsprechenden Verben der absichtlichen Wahrnehmung *luege* schauen und *loose* zuhören, lauschen: *Lueg!* Sieh! *Loos!*[2] Hör! Hör zu!

Bei affektgeladener Sprechweise kann sich im Imperativ Singular ein sonst langer Stammvokal unter gleichzeitiger Verstärkung des auslautenden Konsonanten verkürzen; so kann *giib!* zu *gip!*, *giib mer* zu *gimmer!*, *liis daas!* zu *liss das!* werden.

**177** Die kleine Gruppe der sogenannten kurzformigen Verben umfasst neben den seit jeher einsilbigen Verben *syy* sein, *due* tun, *goo* gehen, *stoo* stehen einige der am häufigsten vorkommenden starken Verben, bei denen in den meisten Formen der Konsonant zwischen Stammvokal und Endung geschwunden ist und somit diese beiden Teile miteinander verschmolzen sind. Mittelhochdeutsch komen wurde zu *koo*, mittelhochdeutsch slahen (schlagen) über slân zu *schloo* usw. Diese Verschmelzung erfolgt stets beim Infinitiv, fast immer beim Partizip Perfekt und bei den Personalformen des Indikativs und beim Imperativ Plural. Ebenfalls ist der Imperativ Singular durchweg einsilbig.

---

1 Anstelle der Endung *-e* ist im Imperativ Plural noch häufiger als beim Indikativ (vgl. Seite 106, Anm. 1) die Endung *-et/-ed* zu hören. Das Bedürfnis nach lautlicher Differenzierung ist allerdings verständlich, wenn man bedenkt, dass z.B. die Form *glättere* zwölferlei bedeuten kann: Infinitiv, 1. Person Singular Indikativ, 1.2.3. Person Plural Indikativ, 1.3. Person Singular Konjunktiv, 1.2.3. Person Plural Konjunktiv, Imperativ Singular und Imperativ Plural.
2 Von «hören» ist indessen der vulgärsprachliche Imperativ Singular *hösch!* abgeleitet. Es handelt sich aber nicht um eine echte Imperativform, sondern um die Zusammenziehung von *höörsch?* hörst du? zu einem eigentlichen Ausrufewort. (Siehe auch 275.)

Die einsilbigen Formen des Indikativs Plural aller drei Personen gehen auf -*n(d)* aus; *mer geend/geen* wir gehen, *er geend/geen, si geend/geen, mer händ/hänn* wir haben, wobei -*n(d)* nach langem und -*nn(d)* nach kurzem Vokal steht.[1] Heute überwiegen die Formen mit -*n;* der Ausgang -*nd* findet sich zur Hauptsache am Satzende und in pointierter Sprechweise. In der 1. Person entstehen in Verbindung mit folgenden Personalpronomen Formen wie *geemer* gehen wir, *hämmer* haben wir, *Si hämmer s gsait* Sie haben es mir gesagt.

Infinitiv, Indikativ, Imperativ, Partizip Perfekt

**178**

| Infinitiv | Indikativ Singular | | | Indikativ und Imperativ Plural | Imperativ Singular | Partizip Perfekt |
|---|---|---|---|---|---|---|
| | 1. | 2. | 3. | 1. 2. 3. | | |
| *nää* nehmen | *nimm* | *nimmsch* | *nimmt* | *nämme* | *nimm!* | *gnoo* |
| *koo* kommen | *kùmm* | *kùnnsch* | *kùnnt* | *kèmme* | *kùmm!* | *koo* |
| *gää* geben | *giib* | *gisch* | *git* | *gänd* | *giib!*[2] | *gää* |
| *gsee* sehen | *gsii*[3] | *gsiisch*[3] | *gsiit*[3] | *gseend* | *(lueg!)* | *gsee* |
| *gschee* geschehen | – | – | *gschiit*[3] | *gscheend* | – | *gschee* |
| *goo* gehen | *gang* | *goosch* | *goot* | *geend* | *gang!* | *gange* |
| *stoo* stehen | *stand*[4] | *stoosch* | *stoot* | *steend* | *stand!*[4] | *gstande* |
| *loo, lòsse*[5] lassen | *loo* *lòss*[5] | *loosch* *lòsch*[5] *lòssisch*[5] | *loot* *lòsst*[5] | *leend* | *loo!* *lòss!*[5] | *gloo* *glòsse*[5] |
| *aafoo*[6] anfangen | *fang aa* | *foosch aa* | *foot aa* | *feend aa* | *fang aa!* | *aagfange* |

1 In der Schreibung unterscheiden wir -*nd* und -*nnd* nicht.
2 Bei Verschmelzung wird der Stammvokal gekürzt: *Gimmer!* Gib mir!
3 Das *ii* tendiert je nach Sprecher etwas gegen *ee*.
4 Gelegentlich hört man auch: *I stoo* und *stoo!* steh! (Analogie zu *loo* und *schloo*.)
5 Die Formen mit langem und kurzem Vokal stehen gleichberechtigt nebeneinander. Der nur noch selten gebrauchte Infinitiv *lòsse* tritt auch als Infinitivpartizip auf: *Er hèt s stoo lòsse.* Von hier aus erklärt sich auch die längere Partizipialform *glòsse: Hèsch der Hùnd dehaim glòsse?*
6 Das einfache *fange* kennt im Baseldeutschen keine Kurzformen mehr.

| Infinitiv | Indikativ Singular | | | Indikativ und Imperativ Plural | Imperativ Singular | Partizip Perfekt |
|---|---|---|---|---|---|---|
| | 1. | 2. | 3. | 1. 2. 3. | | |
| *due*<br>tun | *due* | *duesch* | *duet* | *diend* | *due!* | *doo* |
| *haa*<br>haben | *haa* | *hèsch* | *hèt* | *händ* | *heb, haig!*[1] | *ghaa* |
| *zie*<br>ziehen | *zie* | *ziesch* | *ziet* | *ziend* | *zie!* | *zooge* |
| *schloo*<br>schlagen | *schloo* | *schloosch* | *schloot* | *schleend* | *schloo!* | *gschlaage* |
| *syy*<br>sein | *bii* | *bisch* | *isch* | *sind*<br>*(syyge)*[2] | *syyg!*[2] | *gsii*[3] |

## Konjunktiv (Möglichkeitsform)

**179** Im Konjunktiv der kurzformigen Verben waren Stamm und Endung zunächst nicht zusammengezogen, so dass sich Konjunktiv- und Indikativformen deutlich unterschieden, z.B. Indikativ *i gsii* (ich sehe), Konjunktiv *i gsääch*. Diese zum Teil bis weit ins 20. Jahrhundert hinein lebendigen Formen des Konjunktivs Präsens sind heute bis auf wenige Reste verschwunden. An ihre Stelle sind Formen des Konjunktivs Imperfekt (Konditional) getreten.

Die heute gebräulichen Konjunktivformen des Präsens, teils alte Präsens-, teils ursprüngliche Konditionalformen, lauten (vgl. auch Tabelle in **189**):

| | 1. Pers. Sing. | | 1. Pers. Sing. |
|---|---|---|---|
| nehmen | *nääm* | lassen | *liess* |
| kommen | *kääm* | anfangen | *fieng aa* |
| geben | *gääb* | tun | *dieng†, dieg† däät* |
| sehen | *gsääch* | haben | *haig, heeb*[1] |
| geschehen | (3. Pers. Sing.) *gschääch* | ziehen | (Umschreibung) *däät zie* |
| gehen | *gieng* | schlagen | *schlieng*[4] |
| stehen | *stieng* | sein | *syyg* |

1 *heeb* kann sowohl als Form von *heebe* halten aufgefasst werden als auch als umgelautete Form von *haa. heeb* wird heute häufiger verwendet als *haig*.
2 Es handelt sich um Konjunktivformen. Statt *syyg!* hört man gelegentlich noch altes *bis!†* Der Imperativ Plural von *syy* lautet *sind!* oder *syyge!* (Konjunktiv). Also: *Sind still!* neben *Syyge still!*
3 Vgl. S. 110, Anmerkung 3.
4 Heute meist umschrieben mit *i däät schloo*.

**180** Bei den sogenannten Modalverben handelt es sich um Verben, die nach ihrer Bedeutung meist nicht selbständig auftreten, sondern dazu dienen, ein anderes Verb «modal», das heisst nach Art und Weise, zu bestimmen, also ein Wollen, Müssen, Können usw. auszudrücken. Diese Verben zeigen auch besondere Formen: Im Indikativ Präsens fehlt das -t in der 3. Person Singular, 1. und 3. Person Singular lauten also gleich (*i kaa, er kaa* ich kann, er kann); die Pluralformen sind zum Teil durch Lautverschmelzung einsilbig geworden: *mer wänd* wir wollen aus «wir wellen(t)», wohl in Analogie zu häufig gebrauchtem *händ* haben. Dagegen ist der Infinitiv stets zweisilbig. Zur Form des Partizips Perfekt siehe **165**.

Die Formen lauten:

| Infinitiv bzw. Partizip Perfekt | Indikativ Präsens | | | | Konjunktiv Präsens | | | |
|---|---|---|---|---|---|---|---|---|
| | Sing. | | | Plur. | Sing. | | | Plur. |
| | 1. | 2. | 3. | 1. 2. 3. | 1. | 2. | 3. | 1. 2. 3. |
| *kènne* können | *kaa* | *kaasch* | *kaa* | *kènne* | *kènn* | *kènnsch* | *kènn* | *kènne* |
| *meege* mögen | *maag* | *ma(a)gsch* | *maag* | *meege* | *meeg* | *meegsch* | *meeg* | *meege* |
| *miese* müssen | *mues* | *muesch* | *mues* | *miend*[1] | *mies* | *miesch*[2] | *mies* | *miese* |
| *wèlle* wollen | *will* *wòtt*[3] | *wit* *wòttsch*[3] | *will* *wòtt*[3] | *wänd*[1] | *wèll* | *wèllsch* | *wèll* | *wèlle* |
| *sòlle* sollen | *sòll* | *sòllsch* | *sòll* | *sòlle* | *sèll*† *sòll* | *sèllsch*† *sòllsch* | *sèll*† *sòll* | *sèlle*†[4] *sòlle*[4] |
| *dèèrfe* dürfen | *daarf* | *daarfsch* | *daarf* | *dèèrfe* | *dèèrf* | *dèèrfsch* | *dèèrf* | *dèèrfe* |

So auch:

| | | | | | | | | |
|---|---|---|---|---|---|---|---|---|
| *wisse*[5] | *waiss* | *waisch* | *waiss* | *wisse* | *wiss* | *wissisch* | *wiss* | *wisse* |

Zu einzelnen Formen

**181** *kaa* wird meist durch *n* an nachfolgenden Vokal gebunden, vor allem, wenn dieser unbetont ist: *Kaan i koo?* Kann ich kommen? *Er kaan ere hälffe.* Aber: *Er kaa aifach nit fòlge.*

---

1 Ebenso häufig *mien* und *wänn* (wie *steen* und *hänn*, siehe **178**).
2 Daneben auch die nicht zusammengezogene Form *miesisch*.
3 *wòtt* ist eigentlich Konjunktiv Imperfekt, zusammengezogen aus «wollte». Die *ò*-Formen sind heute gebräuchlicher als die *i*-Formen. Unmundartlich ist in jedem Fall *willsch*.
4 Heute werden praktisch nur noch die *ò*-Formen gebraucht.
5 Das Partizip Perfekt lautet hingegen *gwisst*.

Wie bei den kurzformigen Verben (siehe **177**) können die Endungen der einsilbigen Pluralformen mit nachfolgendem Pronomen verschmelzen: *Miemer goo?* neben preziöserem *Mien(d) mer goo?* Ebenso: *Si wämmi fùggse* neben *Si wän(d) mi fùggse* Sie wollen mich foppen usw.

**Konditional**
**(Bedingungsform)** **182** Von den alten Formen des Imperfekts (auch Präteritum genannt) sind im Schweizerdeutschen nur diejenigen des Konditionals erhalten geblieben, und auch dies lange nicht im ursprünglichen Umfang. Ausserdem haben sie nach Bedeutung und Verwendung nichts mehr mit der Vergangenheit zu tun.

Wir unterscheiden einen starken und einen schwachen Konditional. Der starke ist nach der Art der starken Verben mit Ablaut gebildet, der schwache ohne Ablaut und mit auslautendem *-t* bzw. *-ti*. Bemerkenswert ist dabei, dass manche einst starke Verben die schwache Konditionalbildung angenommen haben (z.B. *schwyyge: schwygti* schwiege) und umgekehrt schwache Verben die starke Bildung (z.B. *mache: miech*).

**Starker**
**Konditional** **183** Den starken Konditional kennzeichnen die Stammvokale *ää, ie* und *ùù,* welche hochdeutschem ä, i und ü entsprechen. Dagegen fehlen der heutigen Mundart meist die Entsprechungen zu den hochdeutschen Konditionalformen wie flöge, schüfe, stritte, schriebe.

Als starke Konditionalformen sind erhalten:

Mit *ää: kääm* ich/er käme, *ääss, gääb, nääm, gsääch, gschääch, däät, sääss, lääs, vergääss;*

Mit *ie: fiel, frieg†* fragte, *miech* machte, *gieng, fieng, stieng* stände, *schlie(n)g* schlüge;

Mit *ùù* oder *ù: wùùrd* würde, *stùùrb* stürbe, *verlùùr†* verlöre, *frùùr†* fröre, *flùùg†* flöge, *lùff†* liefe, *schlùff†* schlöffe.

Viele dieser starken Konditionalformen dienen auch als Ersatz für den Konjunktiv Präsens: *Si saagen, er kääm* (komme) *gäärn.* Daher werden sie, wenn sie dann wirkliche Konditionalfunktion haben, oft zusätzlich mit dem Konditionalmerkmal der schwachen Verben, dem angehängten *-t,* versehen: *Er käämt gäärn, wènn er kènnt. Wènn si dòch nùmme gschwinder miechte!* (Siehe auch **184**.)

**Schwacher**
**Konditional** **184** Schwacher Konditional mit *-t* liegt vor bei den Modalverben: *i kènnt* ich könnte, *mècht, miest, wòtt*[1]*, sòtt*[2]*, dèèrft* sowie bei *wisse: I wisst èppis* Ich wüsste etwas.

1 *wòtt* wird auch als Indikativ Präsens verwendet (vgl. **180**), deshalb wird zur Unterscheidung im Konditional oft auch die umgelautete Form *i wètt* «ich wöllte» usw. verwendet.
2 Analog zu *wètt* wollte wird gelegentlich auch *sòtt* sollte zu *sètt* umgelautet.

Die starken Konditionalformen nehmen, wenn sie auch als Ersatz für Konjunktivformen des Präsens dienen, in eigentlicher konditionaler Verwendung als Unterscheidungsmerkmal das *-t* der schwachen Konditionalbildung zu sich (vgl. **183**): *i gäbt* (statt *i gääb*), *näämt* (statt *nääm*), *gsäächt, fiengt* usw.

**185** Schwacher Konditional mit *-ti* findet sich bei den schwachen Verben sowie bei jenen starken Verben, die ihre ablautende Konditionalform verloren haben (vgl. **184**).

Schwache Verben: *i saiti* ich sagte, *de saitisch, er saiti, mer saite;* ebenso *mainti, phaggti* packte, *gùmpti* spränge, hüpfte usw. Vor das *-ti* tritt ein *e* bei den mit Suffix gebildeten Verben: *gwaggleti, ootmeti, zaichneti, gfätterleti, zittereti.* Indessen wird der Konditional in solchen Fällen meist umschrieben (siehe **188.**1.).

Starke Verben: *i blybti* (neben älterem *blùùb*†) *schrybti, schreiti* schriee, *laufti* (neben älterem *lùff*†), *fallti* usw.[1]

Die
Umschreibung
des
Konditionals

**186** Wie in der Schriftsprache werden die einfachen Konditionalformen sehr häufig durch die umschriebenen ersetzt. Zur Umschreibung verwendet die Mundart unterschiedslos den Konditional der Hilfsverben «werden» und «tun». Es heisst also meist statt *i verraisti* und *i miech(t) mit:*

| mit «werden» | mit «tun» |
|---|---|
| *i wùùrd*[2] *verraise* | *i däät mitmache* |
| *de wùùrdsch verraise* | *de däätsch mitmache* |
| *er wùùrd verraise* | *er däät mitmache* |
| *mer wùùrde verraise* | *mer dääte mitmache* |
| *er wùùrde verraise* | *er dääte mitmache* |
| *si wùùrde verraise* | *si dääte mitmache* |

**187** Die einfachen, also nicht umschriebenen Konditionalformen werden gebraucht:

1. Stets bei allen Modalverben sowie bei *wisse, haa* und *syy: I kènnt mer s laischte. Si wääre laggiert. Er miest nit koo. Mer wòtte jètz schloffe. De sòttsch schaffe. Daas dèèrften er nit saage. Nit dass i wisst. Do wääre mer scheen am Haag* Da wären wir schön aufgeschmissen;

2. In der Regel bei den kurzformigen (einsilbigen) Verben: *Mer näämte*

---

1 Häufig erscheint auch die «Wucherform» mit *-teti: i phaggteti, i gùmpteti, i blybteti.*
2 Unbaseldeutsch, wenn auch schon häufig zu hören, ist *i wùùrd* (Einfluss anderer Mundarten und der Schriftsprache).

*lieber Kaffi. Si gäbt vyyl drùm. Kääm(t)en er elai? Si gsääch(t)e s nit gäärn. S gschäächt nit s èèrscht Mool* Es geschähe nicht zum erstenmal.

**188** Die umschreibenden Konditionalformen werden gebraucht:

1. In der Regel bei den dreisilbigen Verben wie *zittere, gfätterle, breedige* usw.: *i wùùrd/däät nit breedige;*

2. Stets bei jenen starken Verben, die erst in jüngerer Zeit ihre starke Konditionalform eingebüsst haben, ohne den Anschluss an die *-ti*-Bildung zu finden: *i wùùrd ässe*[1] (älter: *i ääss†*), *i wùùrd stäche* (älter: *stääch†*) usw. Dies gilt vor allem für die starken Verben mit dem Stammvokalwechsel *i: ä* im Präsens (siehe **173.2.**), wie *bräche, lääse* usw.;

3. Im allgemeinen bei starken und schwachen Verben mit stammauslautendem *t* oder *d: i wùùrd/däät mischte* (also nicht *i mischt-ti*, höchstens *mischteti* mit Bildevokal *e*), *i wùùrd/däät broote, i wùùrd/däät reede* usw.

Bei den übrigen Verben bestehen meist beide Möglichkeiten. Im allgemeinen ist die Neigung zu umschreibenden Formen im Plural stärker als im Singular, im Hauptsatz stärker als im Nebensatz, im Fragesatz stärker als im Aussagesatz.

*Die starken Verben (Übersicht)*

**189** In der nachstehenden Tabelle sind die wichtigsten der im Baseldeutschen gebräuchlichen starken Verben aufgeführt. Einige von ihnen sind erst in jüngerer Zeit aus der schwachen in die starke Konjugation übergetreten, z.B. *schimpfe-gschùmpfe* schimpfen–geschimpft. – Die alten Ablautklassen haben sich weitgehend verwischt, weil die entsprechenden Veränderungen des Stammvokals zum Teil nicht mehr vorhanden sind.[2] Bei der Mehrzahl der Verben sind die alten Konditionalformen (Konjunktiv Imperfekt) verlorengegangen und durch schwache Konditionalformen oder umschreibenden Konditional ersetzt worden.

Unsere Tabelle führt nur die noch heute und auch die noch bis in unser Jahrhundert hinein sporadisch gebrauchten starken Konditionalformen auf. Heute gebräuchliche schwache Formen des Partizips Perfekt sowie heute meist gebräuchliches *-t* im Konditional sind in Klammern beigefügt.

---

1 *i ässti* oder gar *i ässteti* ist eher ungebräuchlich.
2 Die verschiedenen Ablautklassen des Mittelhochdeutschen sind zum Teil noch erkennbar, im Hochdeutschen stärker als in der Mundart: steigen-stieg-gestiegen, lügen-log-gelogen, finden-fand-gefunden, brechen-brach-gebrochen, fahren-fuhr-gefahren, fallen-fiel-gefallen usw.

| Infinitiv | Konditional | Partizip Perfekt | |
|---|---|---|---|
| *ässe* | *ääss*† | *gässe* | essen |
| *bache* | – | *bache* | backen |
| *bälle* | – | *bùlle*† *(bällt)* | bellen |
| *bhalte* | *bhielt*† | *bhalte* | behalten |
| *biege* | – | *booge* | biegen |
| *biete* | – | *bòtte* | bieten |
| *bifääle* | – | *bifoole* | befehlen |
| *binde* | *bänd, bùnd* † | *bùnde* | binden |
| *bitte* | – | *bätte* | bitten |
| *bloose* | – | *bloose* | blasen |
| *blyybe* | *blùùb*† | *bliibe* | bleiben |
| *bräche* | *brääch*† | *bròche* | brechen |
| *bringe* | *brääch(t)* | *(bròcht)* | bringen |
| *broote* | – | *broote* | braten |
| *bschliesse* | – | *bschlòsse* | schliessen, abschliessen |
| *bsinne* | – | *bsùnne* | besinnen |
| *byyge* | – | *biige* | «beigen», aufschichten |
| *bysse* | – | *bisse* | beissen |
| *dinge* | – | *dùnge* | dingen |
| *verdinge* | – | *verdùnge* | verdingen |
| *dräffe* | – | *dròffe* | treffen |
| *drätte*[1] | – | *drätte* | treten |
| *drèsche, dräsche* | – | *dròsche* | dreschen |
| *driege*[2] | – | *drooge* | trügen |
| *bidriege*[2] | – | *bidrooge* | betrügen |
| *dringe* | – | *drùnge* | dringen |
| *dringge* | *drängg*† | *drùngge* | trinken |
| *dryybe* | – | *driibe* | treiben |
| *dyyche*† | – | *diche*† *(dyycht*†*)* | heimlich schleichen |
| *fächte* | – | *gfòchte* | fechten |
| *falle* | *fiel(t)* | *gfalle* | fallen |
| *gfalle* | *gfiel(t)* | *gfalle* | gefallen |
| *fange* | *fieng(t)* | *gfange* | fangen |
| *aafoo* | *fieng(t) aa* | *aagfange* | anfangen |
| *faare* | – | *gfaare* | fahren |
| *finde* | *fänd, fùnd* † | *gfùnde* | finden |
| *flächte* | – | *gflòchte* | flechten |
| *flie-e*[2] | – | *gflooe (gflooche*†*)* | fliehen |

1 Zur Hauptsache gebräuchlich in Zusammensetzungen: *verdrätte, abdrätte*. Sonst *drampe, verdrampe* zertreten.
2 Wird in guter Mundart eher vermieden.

| Infinitiv | Konditional | Partizip Perfekt | |
|-----------|-------------|------------------|---|
| *fliege* | *flùùg*† | *gflooge* | fliegen |
| *fliesse* | – | *gflòsse* | fliessen |
| *frässe* | *frääss*† | *gfrässe* | fressen |
| *friere* | *frùùr*† | *gfròòre* | frieren, intr. |
| *gfriere* | – | *gfròòre* | (ge)frieren, intr. |
| *gää* | *gääb (gäbt)* | *gää* | geben |
| *gälte* | – | *gùlte* | gelten |
| – | – | *gibòòre* | geboren |
| *giesse*[1] | – | *gòsse* | giessen |
| *ginne* | – | *gùnne* | pflücken |
| *glyyche* | – | *gliche* | gleichen |
| *gniesse* | – | *gnòsse* | geniessen |
| *goo* | *gieng(t)* | *gange* | gehen |
| *graabe* | – | *graabe* | graben |
| *gryffe* | – | *griffe* | greifen |
| *gryyne* | – | *grinne (gryynt)* | weinen |
| *gschee* | *gschääch(t)* | *gschee* | geschehen |
| *gsee* | *gsääch(t)* | *gsee* | sehen |
| *gwinne* | – | *gwùnne* | gewinnen |
| *haische* | – | *ghaische (ghaischt)* | heischen |
| *haisse* | – | *ghaisse* | haissen |
| *hälffe* | *hùlff* † | *ghùlffe* | helfen |
| *halte*[2] | *hielt* | *ghalte* | anhalten, intr. |
| *hange, hänge* | – | *ghange* | hangen |
| *haue* | – | *ghaue* | hauen |
| *hingge* | – | *ghùngge* | hinken |
| *hyyle* | – | *ghiile, (ghyylt*[3]*)* | heulen |
| *hyyroote* | – | *ghyyroote*[4] | heiraten |
| *koo* | *kääm(t)* | *koo* | kommen |
| *laade* | – | *glaade* | laden |
| *lääse* | *lääs* | *glääse* | lesen |
| *lauffe* | *lùff* † | *glòffe* | laufen |
| *liege* | – | *glooge* | lügen |
| *liige* | *lääg* | *glääge* | liegen |
| *loo, lòsse* | *liess(t)* | *gloo, glòsse* | lassen |
| *lyyde* | – | *glitte* | leiden |
| *lytte* | – | *glitte* | läuten |

1 Nur in der Bedeutung «in eine Form giessen»; für «Blumen giessen» verwendet das Baseldeutsche *spritze*. Möglich ist ferner auch: *S hèt gòsse* Es hat in Strömen geregnet.
2 Für «festhalten» braucht das Baseldeutsche «*heebe*».
3 Stets aber *verhiile* verheult.
4 Aber *verhyyrootet: e verhyyrooteti Frau.*

| Infinitiv | Konditional | Partizip Perfekt | |
|-----------|-------------|------------------|---|
| *mache* | *miech(t)* | *(gmacht)* | machen |
| *mälche* | – | *gmùlche* | melken |
| *maale* | – | *gmaale* | mahlen |
| *mässe* | – | *gmässe* | messen |
| *myyde*[1] | – | *gmiide* | meiden |
| *vermyyde*[1] | – | *vermiide* | vermeiden |
| *nää* | *nääm(t)* | *gnoo* | nehmen |
| *niesse* | – | *gnòsse* | niesen |
| *pfyffe* | – | *pfiffe* | pfeifen |
| *quèlle* | – | *quùlle* | quellen |
| *reie* | – | *graue (greit)* | reuen |
| *rieche*[2] | – | *gròche* | riechen |
| *rieffe* | – | *grueffe* | rufen |
| *rinde* | – | *grùnde (grindet)* | undicht sein |
| *ringe* | – | *grùnge* | ringen |
| *uusringe* | – | *uusgrùnge* | auswringen |
| *roote* | – | *groote* | raten |
| *groote* | – | *groote* | geraten, gelingen |
| *ryybe* | – | *griibe* | reiben |
| *rysse* | – | *grisse* | reissen |
| *rytte* | *ritt†* | *gritte* | reiten |
| *salze* | – | *gsalze* | salzen |
| *schaide* | – | *gschiide (gschaide†)* | scheiden |
| *schääre* | – | *gschòòre* | scheren |
| *schiebe* | – | *gschoobe* | schieben |
| *schiesse* | – | *gschòsse* | schiessen |
| *bschiesse* | – | *bschòsse* | ausgeben, reichlich vorhanden sein |
| *schimpfe* | – | *gschùmpfe* | schimpfen |
| *schinde* | – | *gschùnde* | schinden |
| *schlieffe* | *schlùff †* | *gschlòffe* | schlüpfen |
| *schlinge* | – | *gschlùnge* | schlingen |
| *schloo* | *schlie(n)g* | *gschlaage* | schlagen |
| *schlooffe* | – | *gschlooffe* | schlafen |
| *schlyyche* | – | *gschliche* | schleichen |
| *schlyffe* | – | *gschliffe* | schleifen |
| *schmaisse* | – | *gschmisse* | derb werfen |
| *schmèlze* | – | *gschmùlze* | schmelzen intr. |
| *schnyyde* | – | *gschnitte* | schneiden |
| *schreie* | – | *gschraue* | schreien |

1 Wird in guter Mundart eher vermieden.
2 Meist durch *schmègge* ersetzt.

| Infinitiv | Konditional | Partizip Perfekt | |
|---|---|---|---|
| *schryybe* | – | *gschriibe* | schreiben |
| *schwèère* | – | *gschwòòre* | schwören |
| *schwimme* | – | *gschwùmme* | schwimmen |
| *schwinde*[1] | – | *gschwùnde* | schwinden |
| *verschwinde* | *verschwänd* | *verschwùnde* | verschwinden |
| *schwinge* | – | *gschwùnge* | schwingen |
| *schwyyge* | – | *gschwiige* | schweigen |
| *schyyne* | – | *gschiine* | scheinen |
| *schysse* | – | *gschisse* | scheissen |
| *bschysse* | – | *bschisse* | mogeln, betrügen |
| *siede* | – | *gsòtte* | sieden |
| *singe* | – | *gsùnge* | singen |
| *singge* | – | *gsùngge* | sinken |
| *sitze* | *sääss* | *gsässe* | sitzen |
| *spalte* | – | *gspalte (gspaltet)* | spalten |
| *spanne* | – | *gspanne (gspannt)*[2] | spannen |
| *spinne* | – | *gspùnne* | spinnen |
| *spräche*[3] | – | *gspròche* | sprechen |
| *verspräche* | *versprääch(t)* | *verspròche* | versprechen |
| *springe* | – | *gsprùnge* | springen |
| *spyyse*[3] | – | *gspiise* | speisen |
| *stäche* | *stääch†* | *gstòche* | stechen |
| *stääle* | – | *gstoole* | stehlen |
| *stäärbe* | *stùùrb†* | *gstòòrbe* | sterben |
| *stingge* | – | *gstùngge* | stinken |
| *stoo* | *stieng(t)* | *gstande* | stehen |
| *stoosse* | – | *gstoosse* | stossen |
| *stryyche* | – | *gstriche* | streichen |
| *styyge* | – | *gstiige* | steigen |
| *suffe* | – | *gsòffe* | saufen |
| *suuge* | *sùùg†* | *gsooge† (gsugt)* | saugen |
| *verdèèrbe* | *verdùùrb†* | *verdòòrbe* | verderben, intr. und tr. |
| *vergässe* | *vergääss* | *vergässe* | vergessen |
| *verliere* | *verlùùr†* | *verlòòre* | verlieren |
| *verschrägge* | – | *verschrògge* | erschrecken intr. |
| *wääbe* | – | *gwoobe* | weben |

1 Selten gebraucht, meist nur in der Wendung: *S isch em gschwùnde* Die Sinne vergingen ihm.
2 Man unterscheide: *Er hèt e Sail gspannt, Er isch gspannt* und *Er hèt èppis gspanne* Er hat etwas gemerkt. Im übrigen herrscht das schwache Partizip Perfekt vor.
3 Eher mundartfremdes Verb.

| Infinitiv | Konditional | Partizip Perfekt | |
|-----------|-------------|------------------|---|
| *wääge* | – | *gwooge* | wägen, wiegen |
| *waggse* | – | *gwaggse* | wachsen |
| *wäärbe* | – | *gwòòrbe* | werben |
| *wäärde* | *wùùrd* | *wòòrde* | werden |
| *wäärfe* | *wùùrf* † | *gwòòrfe* | werfen |
| *wäsche* | – | *gwäsche* | waschen |
| *winde* | – | *gwùnde* | winden |
| *wingge* | – | *gwùngge* | winken |
| *wintsche* | – | *gwùntsche* | wünschen |
| *wyyche*[1] | – | *gwiche* | weichen |
| *uuswyyche* | – | *uusgwiche* | ausweichen |
| *wyyse* | – | *gwiise* | weisen |
| *zie* | *zùùg*† | *zooge* | ziehen |
| *zwinge* | – | *zwùnge* | zwingen |

*Vergangenheit* **190** Die schweizerdeutschen Mundarten haben die einfache Form der Vergangenheit, Imperfekt oder Präteritum genannt, verloren. Es stehen ihnen also nur zusammengesetzte Formen zur Verfügung, nämlich die des Perfekts und des Plusquamperfekts. Beide werden wie im Hochdeutschen mit «sein» und «haben» und dem Partizip Perfekt gebildet.

| | Mundart: | Hochdeutsch: |
|---|----------|--------------|
| Perfekt: | *I haa gsùnge.* | Ich sang. |
| | *Es isch emool e Keenig gsii.* | Es war einmal ein König. |
| Plusquamperfekt: | *Mer hänn das schò allewyyl gsait ghaa.* | Wir hatten das schon immer gesagt. |
| | *Si isch verraist gsii.* | Sie war verreist. |

Näheres zur Verwendung siehe **254** und **255**.

Der Gebrauch von «haben» und «sein» **191** Im allgemeinen gelten für den Gebrauch von «haben» und «sein» die gleichen Regeln wie in der Schriftsprache. Sonderfälle, zum Teil vom Hochdeutschen abweichend, bilden:

1. Verben der Ortsveränderung, die im Hochdeutschen bald «haben», bald «sein» zu sich nehmen, je nachdem die Handlung als blosse Tätigkeit («Sie haben geritten» = Reitsport betrieben) oder deren Abschluss durch Erreichung eines Ziels («Sie sind nach Oberwil geritten.») bezeichnet wird. Die Mundart braucht für beide Bedeutungen nur «sein»: *I bii der ganz Daag gschwùmme* Ich habe den ganzen Tag geschwommen. *I bii bis zuer Insle gschwùmme* Ich bin bis zur Insel geschwommen. – Dagegen

---

1 Eher mundartfremdes Verb.

mit der im Hochdeutschen geltenden Doppelheit in Fällen wie: *Mer hänn danzt*. Aber: *Mer sinn ùmmedanzt. Er hèt gstampft*. Aber: *Er isch dervoo gstampft. Si hèt s ewägg gheit* Sie hat's weggeworfen. Aber: *Si isch ùmmegheit* Sie hat sich herumgetrieben. *D Milch hèt kòcht*. Aber: *D Milch isch iiberkòcht. Er hèt ghùngge* Er hat gehinkt. Aber: *Er isch dervooghùngge* Er ist davongehinkt usw.;

2. Verben, die sich mit der Vorstellung sowohl der Ruhe als auch der Richtung verwenden lassen, also *liige, sitze, stoo*. Diese Verben werden im Baseldeutschen stets mit «sein» verbunden, während im Hochdeutschen bei der Richtungsangabe die reflexive Form mit «haben» verwendet wird: *I bii ins Bètt glääge, an Disch gsässe, ùff d Schaubdèggi gstande*[1]. Ich habe mich ins Bett gelegt, mich an den Tisch gesetzt, mich auf die Türvorlage gestellt. Ebenso: *Si sind aanegneit* Sie haben sich hingekniet. *Er isch abghòggt* Er hat sich hingehockt usw.

*Zukunft* **192** Die Zukunftsformen dienen in der Mundart noch seltener als im Hochdeutschen der eigentlichen Zeitangabe. Ein Satz wie *I wiird mòòrn wider schaffe* ist mundartfremd, während er im Hochdeutschen noch durchaus möglich ist: Ich werde morgen wieder arbeiten.

Der Gebrauch der Zukunftsform als Zeitangabe hat sich nur in wenigen, fast formelhaften Wendungen erhalten, wie: *Dää wiird Auge mache! Er wäärde s gsee. Daas wiird e Kùmeedi gää! S wiird sich nò zaige. De wiirsch nonemool an mi dängge*. Das Gewicht der Aussage liegt hier aber dennoch weniger auf der Zeitangabe als auf der Behauptung.

Durchaus lebendig ist die Zukunftsform als Ausdruck der blossen Vermutung: *Er wiird halt wider emool grangg syy* Vermutlich ist er wieder einmal krank. *Si wiird by irer Frindyyn syy. De wiirsch s dòch nit èppe gstoole haa?!* Du hast es doch nicht etwa gestohlen?! *Er wiird wider gsòffe ha*.

Die Zukunftsformen werden ferner gelegentlich verwendet bei sehr dezidierten Willensäusserungen und Befehlen: *I wiird mer daas dreimool iberleege! Daas wäärden er scheen blyybe loo!*

Schliesslich dienen die Zukunftsformen als Mittel der ironischen Verneinung: *Daas wiird mer au e Dichter syy. Dää wiird e Fraid haa!*

Weiteres zur Wiedergabe der Zukunft siehe **256**.

*Passiv*
*(Leideform)* **193** Das Passiv wird wie im Hochdeutschen mit «werden» und dem Partizip Perfekt gebildet.

Präsens Indikativ: *Äär wiird aaglooge. Si wiird òperiert*.

---

1 *gstoo* gestehen wird hingegen stets mit «haben» verbunden: *Er hèt vòr Gricht e Mòòrd gstande*.

Präsens Konjunktiv: *Mè verzèllt, er wäärd schygganiert.*

Perfekt Indikativ: *Si isch bigraabe wòòrde.*

Perfekt Konjunktiv: *I haa ghèèrt, er syg iberfaare wòòrde.*

Das Plusquamperfekt des Passivs wird durch das Perfekt ersetzt: *won er entloo wòòrden isch* nachdem er entlassen worden war.

Die Zukunft des Passivs wird im allgemeinen durch das Präsens des Passivs wiedergegeben: *Das Gäld wird mòòrn verdailt.* Die Form der Vorzukunft dient wie im Aktiv lediglich als Ausdruck der Vermutung: *Er wiird blògt wòòrde syy* Er wird geplagt worden sein.

Das Passiv kann auch mit «sein» umschrieben werden, wenn eher das Ergebnis als der Vorgang hervorgehoben werden soll: *D Stùùben isch ùffgruumt, ùnd d Schue sind bùtzt. Mues die Fläsche wùrgglig no uusdrùngge syy? Der Hèlgen isch fèèrtig gmoolt gsii.*

Näheres zum Gebrauch des Passivs siehe **257**.

Näheres zum Gebrauch des Passivs siehe **257**.

*Stellung der Hilfsverben*

**194** 1. Die Hilfsverben «werden» und «tun» können in bedingendem Nebensatz dem Hauptverb vorangehen: *Wènn s nùmme nit esoo wùùrd/däät stingge! Wènn si s wùùrde bigryffe.* Ferner: *Was die fir e Gsicht wùùrde/dääte mache!* (Sogar möglich: *Was die wùùrde fir e Gsicht mache!*)

2. «Haben» geht wie im Hochdeutschen voraus, wenn Infinitiv und Infinitivpartizip folgen (vgl. **167**): *Er hèt dèèrfen ùffstoo. Mer händ si mache loo.* Hingegen können Infinitiv und Infinitivpartizip unter sich die Reihenfolge wechseln (vgl. **167**): *Er hèt wèlle koo* steht gleichberechtigt neben *Er hèt koo wèlle. Si hèt nit kènnen yyschlooffe* neben *Si hèt nit yyschlooffe kènne. Si hèt miese hyyroote* neben *Si hèt hyyroote miese.* Ferner kann «haben» auch zwischen Partizip und abhängigem Infinitiv stehen in Fällen wie: *Won er is ghèèrt hèt koo* (neben *Won er is hèt hèère koo*). *Wil s aagfange hèt schneie* (neben *Wil s hèt afo schneie*).

3. Im Hochdeutschen unüblich ist schliesslich die Stellung von «haben» in Fällen wie: *Er wiird s haa wèlle bròbiere* Er wollte es wohl versuchen. *Daas hättsch au sòllen erläbt haa* Das hättest du auch erlebt haben sollen.

# Wortarten ohne Biegung

### Die Präposition

*Form*

**195** Zum Binde-*n* in *a(n), by(n), geege(n), noo(n)* nach, *vò(n), zue(n)* siehe **31.3.4.**

Je nach Betonung erscheinen bei einigen Präpositionen volle und geschwächte Formen:

|  | betont: | unbetont: |
|---|---|---|
| «bei» | *Blyb byyn em!* | *Blyb bi imm!* |
| «für» | *Wär isch für dä Aadraag?* | *Wäär fir der ander?* |
| «gegen» | *Duu schaffsch geegen is.* | *Du schaffsch gegen ùns.* |
| «nach» | *I kùmm èrscht noon em Ässe.* | *I kùmm non em Ässe.* |
| «auf» | *Stèll s ùff der Disch!* | *Stèll s ùf der Disch!* |
| «aus» | *S wird nyt uus em.* | *Us imm wird nyt.* |
| «zu» | *Sitz zuen is!* | *Sitz ze/zù/zue ùns!* |
|  |  | *z Baasel* in Basel |

Ebenso *dùùr* neben *dùr, inn* neben *in, iiber* neben *iber* usw.[1]

Geschwächte Formen haben sich ausserdem in einzelnen Wörtern, Wortgruppen und Wendungen erhalten, ohne allerdings noch klar als Präpositionen zu wirken: *em Gschmagg aa* «am Geschmack an», dem Geschmack nach, *amänd/emänd* am Ende, möglicherweise, *zlètschtemänd* «zuletzt am Ende», *hittemòòrge* «heute am Morgen», heute morgen, *hittezmidaag* «heute am zu Mittag» heute nachmittag.

Ganz geschwunden ist «an» in *miiraa* «an mir an», meinetwegen, sei's drum, *allem aa*[2] «an allem an», allem nach.

Doppelpräpositionen: *bis am achti* bis acht Uhr, *bis ùff d Hut* bis auf die Haut, *bis ùff Ziiri* bis nach Zürich, *bis go† Santehans* bis gegen die St. Johanns-Vorstadt, *bis vòr s Huus, bis im Friejòòr* bis zum Frühling, *Blueme fir ins Gnòpflòch, Zyt fir in s Bètt, e Glaid fir an e Fèscht, e Mittel fir gege der Schnùppe* ein Mittel gegen den Schnupfen, *e Lampe fir ùff s Nachtdischli, vò wägen em Läärme, e Balle fir zem Schutte* usw.

*Rektion*

**196** Die Präpositionen regieren den Dativ oder den Akkusativ. Einige können mit beiden Fällen verbunden werden, je nachdem Ruhelage (Dativ) oder

---

1 Diese Unterschiede können in der Schreibung nicht immer berücksichtigt werden.
2 Neben dem gleichbedeutenden *allem noo*, das auf *no allem noo* zurückgehen dürfte.

Bewegung (Akkusativ) gemeint ist: *Er sitzt ùff eme Kissi* Er sitzt auf einem Kissen. *Er sitzt ùff e Kissi* Er setzt sich auf ein Kissen. Präpositionen, die im Hochdeutschen den Genitiv verlangen, haben in der Mundart den Dativ: *statt*[1] *eme Huus* statt eines Hauses, *wäge de Kinder* wegen der Kinder.

Den Dativ regieren: *ab, by, dròtz, mit, no* nach, *samt, statt*[1], *syt* seit, *us, ùsser*[2], *vò, wäge, wääre(n)d*[3], *zue.*

Den Akkusativ regieren: *dùr* durch, *fir, geege*[4], *ooni, ùm*[5].

Den Dativ und den Akkusativ regieren: *an, hinder, iber, in, ùff, ùnder, vòr, zwische.*

Zur Bedeutung und zur Verwendung siehe **266**.

Zur Verbindung mit dem bestimmten Artikel siehe **92**.


## Das Adverb (Umstandswort)

**197**  Die Adverbien sind, wie im Hochdeutschen, nur zum kleinen Teil Stammwörter, das heisst Wörter, die nicht von einer andern Wortart abgeleitet sind. Der Bedeutung nach sind es[6]:

1. Ortsadverbien: Auf *-e: oobe* oben, *doobe* droben, *ùnde* unten, *dùnde* drunten, *vòòrne, hinde, inne, dinne* drinnen, *ùsse, dùsse* draussen, *ääne* jenseits, *dääne* drüben, *äänedraa* jenseits, drüben, *ùmme* herum, vorbei, zurück, *uuse* hinaus, heraus, *ùffe* hinauf, herauf, *yyne* hinein, herein, *dùùre* hindurch, vorbei, *hindere* nach hinten, *aane* hin, *niene* nirgends.

Einsilbige: *doo* hier, *dèèrt* dort, *fùùrt* fort, *hii* hin, *häär* her, *zrùgg* zurück, *haim* nach Hause. Zu den Richtungsadverbien *ùffe, aabe* usw. siehe auch **341**.

2. Zeitadverbien: *glyy* bald, *jètz, doo* da, *schò, wiider, èppe* gelegentlich, etwa, *fäärn*† letztes Jahr, *nächt(e)* gestern abend, gestern nacht, *hit(te)* heute, *mòòrn* morgen, *iibermòòrn* übermorgen, *gèschtert* gestern, *vòòrgèsch-*

---

1 In bestimmten Satzzusammenhängen kann nach *statt* auch der Akkusativ erscheinen: *Statt der Loon hèt er e Rusch haimbròcht.* Ja sogar der Nominativ: *Statt d Mueter isch der Vatter koo.*
2 *ùsser* wirkt eher unmundartlich. Auch hier ist gelegentlich wie bei *statt* der Akkusativ möglich: *Si händ nyt mitgnoo ùsser s Nachthèmd* (neben *ùsser em Nachthèmd*).
3 *wääre(n)d* ist unmundartlich und wird umschrieben, z.B. mit *an, byy.*
4 Früher ohne Bedeutungsunterschied mit Akkusativ und Dativ. Die Dativrektion hat sich in den Uhrzeitangaben erhalten: *geege de dreie, geege den achte* gegen drei Uhr, gegen acht Uhr usw. (Siehe auch **125**).
5 Bei Uhrzeitangaben auch Dativ möglich: *ùm de viere* so um vier Uhr herum.
6 Wir führen auch nicht mehr erkennbare Zusammensetzungen auf.

*tert, als* jeweilen, immer wieder, ständig, *derwyyl* inzwischen, *efange* nachgerade, allbereits, *allewyyl* immer, *ùfaimool* plötzlich, *allibòtt* immer wieder, *nò* noch, *dernoo* alsdann, *dènn* dann, *èèrscht* erst usw.

3. Frageadverbien: *woo, wie, wènn* wann, *wùrùm/wòrùm* warum.

4. Andere Adverbien: *gäärn* gerne, *droon†* «darohne», ohne das, *faschtgaar* beinahe, *gnueg, nùmme* nur, *gwiis* sicherlich, bestimmt, *allwääg* wahrscheinlich, gewiss, *ämmel* jedenfalls, wenigstens (einschränkend), *ainewääg* trotzdem, *ächt* (fragend) wohl, *eenter* (quantitativ-qualitativ) eher, lieber, wirklich, *baardu* (frz. partout) durchaus, *emänd* vielleicht (meist fragend), *gaar* sehr[1], *èèrschtnoo* überdies, ausserdem, tatsächlich, *halber*[2] halb, beinahe, *kuum* kaum, *räggta†* (lat. recta via) wirklich, geradezu, *schier* fast, beinahe, *soo/esoo* so, auf diese Weise usw.

Zu den Zusammensetzungen und Ableitungen siehe **335 ff**.

*Formale*      **198**  Je nach betonter oder unbetonter Stellung erscheinen einige Adverbien
*Besonderheiten*      mit einer vollen und einer geschwächten Form, z.B. *dòòrùm-drùm, doo-dò, soo/esoo-sò, dèèrt-dert, woo-wò* usw.

Einige Adverbien können im zweiten und teilweise sogar im dritten Steigerungsgrad (Komparativ und Superlativ) verwendet werden, obschon sie nicht von Adjektiven (z.B. *scheen-scheener*) stammen: *linggser, rächtser* weiter links, weiter rechts, *glyyner* bälder, *am glyynschte, gäärner* lieber, *am gäärnschte* am liebsten, *sòòrger haa†* mehr Sorge tragen. Nur in der Steigerungsform werden gebraucht: *eenter* eher, *am eentschte* am ehesten, *andersch* auf andere Weise, anders, sogar mit sekundärer Komparativendung und -bedeutung: *anderschter* «mehr anders». Die steigernde Bedeutung ist hingegen verschwunden in: *ächter* (neben *ächt*) und *ächtscht* (mit Wucherform *ächter(t)scht*), *vilichter†* und *vilichtet(scht)†* vielleicht (neben gewöhnlichem *vilicht*).

---

1 «sehr» kann auf mannigfache Weise wiedergegeben bzw. verstärkt werden, z.B. mit *anderscht, aarg, eenter, hailoos, ganz, mylioonisch, wiirgglig, zue* u.a.m. *sèèr* gilt als eher unbaseldeutsch.
2 Rest des prädikativ deklinierten Adverbs mit Verallgemeinerung der starken männlichen Form Singular.

**199** Oft hat das Adverb im Wechsel mit der Präposition die volle Form, während die Präposition die geschwächte Form aufweist:

| geschwächte Form | volle Form |
|---|---|
| *vò den Èltere* | *Er lauft dervoo* |
| *an ere Wand* | *Er hèt e Huet aa* |
| *dùr s Wasser* | *S Wasser schloot dùùre* |
| *ab em Disch* | *Der Zùùg faart ap*[1] |
| *us em Huus* | *Si goot uuse* |
| *vòr der Diire* | *D Uur goot vòòr* usw. |

Über die Berührung der beiden Wortarten vgl. auch **268** und **269**.

**200** Einige der Steigerung oder Hervorhebung dienende Adverbien stehen nicht unmittelbar vor dem Adjektiv, sondern treten vor den Artikel, der dann häufig doppelt gesetzt wird:

*gaar: Er isch (e) gaar en Oòrdlige. Das isch (e) gaar e dùmmi Gschicht.*

*ganz: Si isch (e) ganz e liebi Frau. Das isch nò ganz e glùngene Hèlge.*

*rächt: Ùnd (e) rächt e gueten Abedyt! E rächt e scheene Gruess!*

*vyyl: Aär isch vyyl der Nätter. Si isch vyyl die bèsseri Naaiere als ir Schwèschter.*

*soo: (e) soon e glùngene Oobe. Mit soon ere frächen Antwòòrt.* (Vgl. auch **148**.)

*e bitz(eli): Das isch e bitz e haiggli Froog. Er hèt e bitzeli en ùngschiggti Hand.*

Derartige Umstellungen sind auch möglich, wenngleich nicht besonders gebräuchlich, bei *aarg* und *eenter: Si händ mer eenter e schlächten Yydrùgg gmacht. Si hèt en aarg e schwääri Grangget* Sie hat eine überaus schwere Krankheit. Dieselbe Stellung kommt auch beim unbestimmten Pronomen *èpper, èppis* vor: *Er isch gar èpper Nätter. Das isch ganz èppis Lùschtigs* usw.

Besonderheiten weist auch das Adverb *gnueg* auf; es tritt nicht vor, sondern hinter das Adjektiv und wird sogar gebeugt: *Dä Bùùrsch isch jètz alt gnueg. En alt gnuege Bùùrsch. Hèt er guet gnuegi Noote?* Hat er genügend gute Noten?

---

1 Das starke *p* berücksichtigen wir sonst in der Schreibung nicht, sondern schreiben immer *ab*.

# Dritter Teil: Die Verwendung der Wörter im Satz

# Der Artikel

## Der bestimmte Artikel

**201** Der bestimmte Artikel wird weitgehend wie im Hochdeutschen verwendet. Überdies kommt er aber auch vor[1]:

1. Bei Personennamen, wobei gleichsam ein vertrauteres Verhältnis zwischen Nennendem und Genanntem entsteht: *Der Hans, d Maaryy, s Friidaa*[2]*, der Maier, der Gòttfriid Käller*[3]. Grammatisch sächliche Koseformen von Männernamen werden in der Regel mit sächlichem Artikel, gelegentlich aber auch mit männlichem Artikel gebraucht; so kommt neben *s Hansli* auch *der Hansli* vor, zumal wenn noch der Geschlechtsname folgt: *der Hansli Miller*. Stets männlich werden aber die Kosenamen ohne Verkleinerungssilbe verwendet: *der Haiggi*, Heinrich (möglich aber *s Haiggeli*), *der Willi*. (Vgl. auch **349**).

2. Bei Eigennamen mit vorangestellten Gattungsnamen oder Titelbezeichnungen: *d Dante Maarta, der Ùnggle Beeter, der Bròfässer Schmiidli, der Hèr Spyyser, d Jùmpfere Strèggyyse* usw.

3. Bei isoliert stehenden Verwandtschaftsnamen, meist statt hochdeutschem Possessivpronomen: *Wie goot s em Vatter?* Wie geht es deinem/euerem/Ihrem Vater? *Was macht der Brueder?* Ähnlich auch: *D Noochbere hänn grègglamiert* Unsere/Meine Nachbarn haben reklamiert. (Vgl. auch **234**.)

4. Bei Wochen- und Festtagen: *Der Fryttig isch en Ùngliggsdaag. Am Zyschtig verraise mer* Dienstag verreisen wir. *Schò glyy kùnnt d Wienacht.*

5. Bei Zeit- und Altersangaben: *geege de nyyne, ùm den achte*[4], *Die lètschti Wùche hèts als graägnet. Si isch hooch in de nyynzig.*

6. In vielen Redewendungen, wo man zum Teil eher den unbestimmten Artikel, das Possessivpronomen oder ähnliche Bestimmungen erwarten sollte – dies manchmal in Übereinstimmung mit dem Hochdeutschen: *Er hèt Fraid an der Aarbet, der Bättel aanegheie, der Sagg vòr d Fiess schmaisse, s Kalb mache* dumm tun, *d Sau abloo* sich ungehemmt austoben, *der Blind nää* entfliehen, *der Bèschtalòzzi mache* unentgeltlich für andere arbeiten, *d Sauglògge zie* Obszönes erzählen oder darstellen, *em Ueli rieffe*

---

1 Die aufgeführten Abweichungen gelten für die meisten alemannischen Mundarten, da die dem Wesen der Volkssprache entsprechen.
2 Zum sächlichen Geschlecht weiblicher Vornamen siehe **111**.
3 Der Berner sagt gewissermassen respektvoller: *Käller ù Gööte hei gseit.*
4 Hieher gehört auch die feste Verbindung mit altem Akkusativ: *demòòrge* «den Morgen», morgens, *mòòrndemòòrge* morgen früh.

sich erbrechen; ferner in zahlreichen volkstümlich-derben Ausdrücken des Sterbens: *s Gschiir abgää, der Lèffel ableege, der Schiirm zuemache* usw. Schliesslich bei Körperteilen: *Si hèt der Aarm bròche* Sie hat ihren Arm gebrochen. *Er hèt der Fuess verstuucht, s Fingerbèèri verlòòre, ùff der Ranze/ Sagg bikoo* wurde verprügelt usw. Isoliert steht die Wendung *der Zyt haa* bzw. *nit der Zyt haa* Zeit bzw. keine Zeit haben (siehe auch **205**).

7. In Verbindungen, die im Hochdeutschen meist ohne Artikel erscheinen: *der Bach dùrab* bachab, *der Bäärg dùrùff* bergauf, *Das isch by ùns nit der Bruuch.*

### Der unbestimmte Artikel

**202** Der unbestimmte Artikel findet sich in Abweichung vom Hochdeutschen auch:

1. Beim prädikativen Substantiv zur Angabe von Herkunft und Beruf: *Er isch e Ziircher* Er ist Zürcher. *My Frind isch en Èlsässer, Si isch e Glèttere, Er git e Gstudiere* Er wird Akademiker. *Er isch e Kauffmaa.*

2. Zur Bezeichnung einer bestimmten Stoffmenge: *e Bier* ein Glas Bier, *e Schnaps* ein Gläslein Schnaps, *e Kaffi* eine Tasse Kaffee, *e Zùgger* ein Stück Zucker.

3. Bei unbestimmten Grössenangaben, wo das Hochdeutsche überhaupt keinen Artikel kennt: *S hèt e Ryffe ghaa* Es hatte Reif, *I gsiin e Nääbel. S isch en aamietig Wätter* Es herrscht angenehmes Wetter.

4. Vor Bezeichnungen von Körper- oder Gemütszuständen, meist im Sinn von «gross», «stark», «viel» (wobei das Substantiv stark betont und mit höherer Stimmlage gesprochen wird): *Han yych e Dùùrscht!* Ich habe einen gewaltigen Durst. *E Hùnger hèt er ghaa* Er hatte einen Bärenhunger. *Die hèt e Daibi ghaa* Sie war sehr wütend. So auch bei Phänomenen des Wetters: *Ùnd dernoo isch e Rääge koo. E Wind, sag ych Iine!* Mit Betonung des Verbums: *Das isch e Gschängg* Das ist ein tolles Geschenk. *Das isch e Fèscht gsii* Das war ein gewaltiges Fest!

5. Häufig neben gewissen verstärkenden Adverbien in Verdoppelung: *e ganz e nätte Maie* ein ganz netter Strauss, *e gaar en intresante Vòòrdraag* ein sehr interessanter Vortrag (siehe auch **200**).

**203** Bestimmter oder unbestimmter Artikel erscheint auch in Fällen, wo das Hochdeutsche im Dativ den Artikel vermeidet und zum Teil das Adjektiv stark beugt: Statt «mit ganzer Kraft» setzt die Mundart: *mit der ganze Graft.* So auch: *Bim scheene Wätter ässe mer dùsse* Bei schönem Wetter..., *us em aigene Boode* aus eigenem Boden. *Si sinn in ere grosse Hascht gsii* Sie waren in grosser Hast. Ausnahmen: *mit baarem Gäld, by gueter Gsùndhait* u.ä.

# Das Substantiv

### Der Ausdruck des Genitiv-Verhältnisses

Wirklich lebendig ist der Genitiv im Unterschied zum Hochdeutschen nur bei Personennamen und Bezeichnungen von Berufen und Titeln (siehe **86, 98, 204**) geblieben. Sodann spielt er in der Wortbildung (siehe **330**) eine Rolle, und schliesslich hat er sich in formelhaften Wendungen sowie erstarrten Formen (siehe **205**) erhalten.

**204** Der elliptische Genitiv dient zur zusammenfassenden Bezeichnung aller Angehörigen einer Familie und kommt nur als Genitiv Singular vor: *s Maiers* (eigentlich Meiers Familie), *s Källers;* dann auch aus Vornamen gebildet: *s Walters, s Ruedis, s Phauls.* In beiden Fällen kann ein Titel oder eine Verwandtschaftsbezeichnung vorantreten, und zwar ungebeugt: *s Dòggter Millers, s Ùnggle Männis.* Auch Titel und Verwandtschaftsbezeichnungen allein können in den Genitiv gesetzt werden: *s Dòggters, s Pfaarers* die Pfarrersleute, *s Gèttis* der Pate und seine Familie; eher scherzhaft: *s Keenigs* die Familie des Königs, *s Kaisers* usw. Auch bei blossen Berufsbezeichnungen: *s Schryyners* die Familie des Schreiners.

Bei Eigennamen kommt auch schwacher Genitiv oder schwacher neben starkem Genitiv vor: *s Symooniùsse* die Familie Simonius, *s Andreese, s Hòschs* neben *s Hòsche.*

In der Regel ist diese Bildung auf männliche Geschlechts- und Vornamen beschränkt. Immerhin ist es auch möglich zu sagen: *s Maaryylis* die Familie, die Sippe, die Leute der Marie.

**205** Der formelhafte Genitiv hat sich in ziemlich grossem Umfang erhalten, und zwar vor allem in emphatischen Ausrufen, Wendungen und Ausdrücken: *Ùm s Himmels wille! ùm (s) Gòtt(e)s wille*[1], *dùmm Zygs!* (neben häufigerem *dùmm Zyyg!*) *Was Guggers hèsch gmacht?! Was Deifels isch wider loos? s Deifels Dangg haa, myyner Seel, myner Läbtig* zeit meines Lebens. Auch mit verdoppeltem Genitiv: *ùm s dausigs Gòtts wille!*

In zahlreichen der Intensivierung oder Steigerung dienenden Zusammensetzungen aus Adjektiv und Substantiv: *mòòrdsguet, wättersflingg, kaibelùschtig, das Koogezyyg, e Hùndswätter, en Affekèlti, e Haidegspass.*

---

1 Das nur noch selten gehörte *Hèer du myyn Drooscht*† geht entweder auf den mittelhochdeutschen Genitiv des Personalpronomens mîn zurück oder ist Entlehnung aus der Schriftsprache.

Ferner in Wendungen wie: *aller Gattig Lyt* verschiedenerlei Leute, *us aller Hère Länder* (neben *us alle Hère Länder*), *I haa nit der Zyt, nit der Reed wäärt. Mèn isch synes Lääbes nimme sicher* usw.

In zusammengesetzten Adverbien: *aiswägs* im Handumdrehen, *hittigsdaags* (neben *hitzedaag*), *ùnderdaags, lingger-/rächterhand, eebesfuess(es)* ebenen Fusses, *änds/aafangs Wùche*[1], *aagänds/uusgändst Moonet*[2].

Als ursprünglich verbaler Genitiv: *e Flueches* «eines Fluchens» ein Gefluche, *e Brieles* ein Gebrüll, *e Lauffes* ein Gelaufe (neben *e Glaiff*), *e Läärmes* usw.

Wohl auch als ursprünglich verbaler Genitiv in sächlichen Substantiven auf *-(l)is* zur Bezeichnung von Spielen: *Fangis* «Fangens», Fangspiel, *Raiberlis* «Räuberlens», Räuberspielen, *Balleschiggis* neben *Balleschiggerlis* Ballwerfen (siehe auch **369**).

Zu dem in der Wortbildung lebendigen Genitiv (*Nammesvètter, Hainrichsminschter* usw.) siehe **330**.

<table>
<tr><td>*Umschreibung des Besitz-Genitivs*</td><td>**206**</td><td>Zur Umschreibung des besitzanzeigenden Genitivs braucht die Mundart zwei Dativ-Konstruktionen:</td></tr>
</table>

Dativ mit Possessivpronomen «sein» und «ihr»: *em Vatter sy Huet*[3];

Dativ mit «von»: *der Witz vò däre Sach* der Sinn dieser Sache.

Dativ
mit Possessiv-
pronomen

**207** Der Dativ mit Possessivpronomen wird im allgemeinen für Personen und andere Lebewesen verwendet: *em Max syni Brieder, der Danten ir Baareblyy* der Schirm der Tante, *wäm sy Stägge?* wessen Stock? *em Ùnggle syyne, im syyne* usw.

Nach Präpositionen heisst es: *Zuem Willi sym Gibùùrtsdaag, zuem Willi syym, zue imm syym (Gibùùrtsdaag) simmer yyglaade, in der Groossmammen irem Gaarte, in der Groossmammen iirem. Vo wäm syne Kinder reeden er?* Von wessen Kindern sprecht ihr?

Dativ
mit «von»

**208** Der Verwendungsbereich des Dativs mit «von» ist grösser als der des Dativs mit Possessivpronomen. Er ersetzt ebenfalls den Genitiv von Personen und andern Lebewesen, aber nicht nur in bezug auf einen bestimmten, sondern auch auf einen unbestimmten «Besitz». So haben wir neben *em Ùnggle sy Stägge* auch *der Stägge vòm Ùnggle*. Beim unbestimmten

---

1 Auch *Wùche* dürfte hier syntaktischer Genitiv sein, wie er sich in der Wochentagsbezeichnung *Mittwùche* erhalten hat: «Mitte der Woche».
2 Eigentlich «angehenden/ausgehenden Monats».
3 Entstanden aus syntaktischen Fügungen wie: *Er hèt em Beetli s Wèggli ewägg gno,* dann verdeutlichend: *Er hèt em Beetli sy Wèggli ewägg gnoo.*

«Besitz» aber wird ausschliesslich der Dativ mit «von» gebraucht: *e Wäärgg vom Schiller* ein (nicht näher bestimmtes) Werk von Schiller *(em Schiller sy Wäärgg* würde bedeuten: Schillers Gesamtwerk).

Der Dativ mit «von» steht meist auch dann, wenn er einem hochdeutschen Objektsgenitiv entspricht: *d Schuelig vò de Lèèrling, s Abrichte vò de Hind* usw. Dativ mit «von» wird ferner häufig verwendet, wenn der Genitiv einer Sache bezeichnet werden soll: *d Farb vò däm Kaschte, d Wèèrmi vòm Oofe (em Oofe sy Wèermi* ist weniger gebräuchlich.) Allgemein ist zu sagen, dass der Dativ mit Possessivpronomen immer mehr vom Dativ mit «von» verdrängt wird.

Weitere Um-
schreibungen des
hochdeutschen
Genitivs

**209** Andere präpositionale Fügungen

*d Blètter an de Baim* die Blätter der Bäume, *d Stèdt in der Schwyz* die Städte der Schweiz, *d Lyt ùff em Land* die Bewohner des Landes, *d Lyt in der Stadt* die Bewohner der Stadt, *s Yys ùff em Weier* das Eis des Weihers, *mit eme guete Gwisse* guten Gewissens, *am Aafang* anfangs.

**210** Verbale Ausdrucksweisen

*wènn alli yyverstande sinn* mit dem Einverständnis aller, *woo d Mueter dood gsii isch* nach dem Tod der Mutter, *sovyyl i waiss* meines Wissens, *wèmme soone Gschicht schrybt* beim Schreiben einer solchen Geschichte, *wil en Ùngligg basiert* (passiert) *isch* infolge eines Unglücks, *dròtzdäm si bròteschtiert hänn* ungeachtet ihres Protestes usw.

**211** Anderer Fall

Nach Verbum: *I nimm mi däre Sach*[1] *aa* Ich nehme mich dieser Sache (Genitiv) an.

Nach Präpositionen (vgl. auch **196**): *wägen eme Kind* wegen eines Kindes, *innert eme Jòòr* innerhalb eines Jahres, *statt em Loon* statt des Lohnes, *wäre(n)d*[2] *em Ässe* während des Essens usw.

### Mehrzahl statt Einzahl und umgekehrt

**212** Substantive werden, wenn sie verallgemeinernd verwendet werden, oft in den Plural gesetzt: *D Bäärner sinn langsaam, D Basler ässe vyyl, aber guet, D Schnägge sinn schliiferig* (schleimig), *d Figgs* (Füchse) *sinn schlau* usw.

Im Plural stehen auch oft Bezeichnungen von Körperteilen, wo das Hoch-

---

1 Es könnte sich hier allerdings auch um erstarrten alten Genitiv handeln.
2 *wääre(n)d* ist aber nicht gut mundartlich. Also besser: *bym Ässe*.

deutsche den Singular verwendet: *Alli Habsbùùrger hänn Hooggenase* (hd. eine Hakennase). *Si hänn iri Byych bschaut* (hd. ihren Bauch), *Machen eiri Myyler ùff!* Öffnet den Mund! usw.

Dagegen heisst es, meist nur in übertragener Bedeutung: *Die händ e schaarf Aug, e gueti Naase, e gschiggti Hand, der aint Fuess im Zùchthuus* usw.

### Ersatz von Substantiven

**213** Die Mundart verwendet ganz allgemein das Substantiv weniger als das Hochdeutsche; sie tendiert auf verbale Ausdrucksweise. Dies gilt insbesondere bei abstrakten Begriffen. Ein Satz wie «Die richtige Handhabung dieses Apparates ist schwierig» würde in der Mundart etwa lauten: *S isch schwäär, wèmme mit däm Apparaat rächt wòtt ùmgoo.*

1. So werden beispielsweise verbal, das heisst durch Sätze bzw. Nebensätze, umschrieben:

die handelnde Person: *dää, wò zèèrscht gibòòre (wòrden) isch* der Erstgeborene, *die wò verlòòre händ* die Verlierer, *Si kòcht guet* Sie ist eine gute Köchin. *Er schrybt myseraabel* Er ist ein miserabler Schreiber, *wär gwùnne hèt* der/die Gewinner usw.;

die Tätigkeit: *dass de sò dùmm doo* (getan) *hesch* dein dummes Getue, *E Huffe Verain wänn mitmache* Zahlreiche Vereine haben ihre Mitwirkung zugesagt, *wò der Zùùg abgfaare isch* bei Abfahrt des Zuges, *wènn mèn en Auto kaufft* beim Kauf eines Autos usw.;

abstrakte Substantive in adverbialen Bestimmungen: *wil er s Gschäft ùffgää hèt* wegen Geschäftsaufgabe, *Si hänn kènne fluechen und schimpfe, mè hèt si ainewääg nit yynegloo* Trotz Fluchen und Schimpfen liess man sie nicht herein. *Wènn s z kalt isch, blyybe mer dinne* Bei zu grosser Kälte bleiben wir drinnen. *Er kaa guet Franzeesisch, drùm hèt er s wyt bròcht* Dank seinen Französischkenntnissen brachte er es weit usw.

2. Die Mundart braucht ferner zur Umschreibung von abstrakten Substantiven und Wendungen in viel stärkerem Mass als das Hochdeutsche bildliche Ausdrücke und Vergleiche, einesteils feststehende, anderseits neu gebildete: *aim saage, wò Gòtt hòggt, aim d Kùttle bùtze, aim s Määs nää* jemandem die Meinung sagen, *doosïtze wien en Eelgètz* («Ölgötze») konsterniert, unbeweglich, unbeholfen dasitzen. *Si isch au kai hyyrig Hääsli mee* Sie ist auch nicht mehr ganz jung. *Er isch ùnder em Duume* Er ist ein Pantoffelheld. *èppis z Faade schloo* etwas projektieren, *dùmm wie Boonestrau, schwarz wien e Kèmmifääger, èppis ùff die lyychti/schwääri Aggsle nää* etwas leicht/schwer nehmen. *Er gsiit s Fyyr im Èlsass* Ihm tanzen die Funken vor den Augen. *Dä hèt au Drägg am Stägge* Bei dem ist auch etwas faul. *sich dinn mache* sich rasch davon machen usw.

3. Abstrakte Substantive auf «-heit», «-keit», «-ung», «-schaft» sind der Mundart im allgemeinen nicht geläufig. Näheres siehe Wortbildung, 367.

## Ersparung (Ellipse) von Substantiven

**214** Das Substantiv bleibt oft, wenn es ohne weiteres in Gedanken ergänzt werden kann, unausgesprochen. Man nennt diese Erscheinung Ellipse = Auslassung: *E Dreierli* (zu ergänzen Wein), *e Bächer* (Bier), *e Hälls* (ein Glas helles Bier), *e Vierlig* (ein Viertelpfund), *e Dùmmi, e Frächi haa* (zu ergänzen: *Schnùùre*), *e Guete!* (Appetit), *Blaue mache* blauen (Montag) machen, nicht arbeiten, *s Ghyyslet* das karierte (Kleid), *Si faart im Dritte* (Gang), *Är faart Zwaiti* (Klasse der Eisenbahn), *Die Schruube hèt der Eewig* (Umgang) Diese Schraube ist ausgeleiert, *der Mòraalisch haa* deprimiert sein, *Er hèt ain(e) sitze* (Rausch), *Dringge mer no ain* (z.B. Liter), *Er hèt ais zämmegschafft* (Ergänzung unbestimmt, Sinn: stark), vgl. auch **238**, *Er hèt e guete* (Rausch) *bynenander ghaa, Kènnsch dää* (Witz) *schò, Dää* (schlechter Witz, Ansinnen) *kaasch nit bringe! Si hèt der Blind gnoo* (eigentlich die blinde Karte im Spiel) Sie hat sich davon gemacht usw. Ferner: *im Stäärne* (im Wirtshaus zum Sternen), *ùff em Hèèrnli* (Hörnli-Friedhof), *in der Dalbe, in der Äsche* (in der St. Alban-, der Aeschen-Vorstadt). Es kann sogar der ganze Begriff wegfallen: *Wär kaa mer uusegää?* (Kleingeld), *S Bùschi hèt uusegää* (Unverdautes), *Miir hänn bùtzt* Wir haben gewonnen (eigentlich den Strich auf der Jasstafel ausgewischt), *Si erwaartet* (ein Kind) Sie ist in Erwartung, *Bhiet is!* (Gott) Gott behüte uns! usw.

## Substantive aus Adjektiven

**215** Bei Ersparung des Substantivs (siehe **214**) verselbständigt sich das Adjektiv bzw. das adjektivisch verwendete Partizip vollständig in Fällen wie: *Schwyynigs* «Schweinenes», Schweinefleisch, *Scheeffigs* Schaffleisch, *Ghaggts* Hackfleisch, *Verschnittes* Aufschnitt, *en Yyglèmmts*[1] zwischen Brotscheiben «eingeklemmtes» Fleisch, Käse u.ä., *Syydigs* seidenes Tuch, *Lyynigs* Leinenzeug, *Kèl(t)sch* «kölnisches» Baumwolltuch, *Dannigs* Tannenholz, *Aichigs* Eichenholz, *en Ùneeligs* ein uneheliches Kind, *der Alt* der Vater, Ehemann (derb), *die Alti* die Mutter, Ehefrau (derb), *der Grooss/Èlter ùnd der Glai/Jinger* der ältere und der jüngere Sohn/Bruder, *die Groosse* die Erwachsenen, *die Glaine* die Kinder, *e Gschiideni* eine geschiedene Frau, *Hèlge* (ursprünglich «Heiligenbild») Bild, *èppis Waarms*

1 Neugebildet oder übernommen in den 1970er Jahren.

warmes Essen/Trinken, *s Baadisch* «das badische Land», *im Wältsche* im Welschland, *s Gääl* «gelbes Metall», Gesamtheit der messingenen Gegenstände im Haushalt, *Gschwischterti* «geschwisterte Kinder», Geschwister. Hieher gehören auch die substantivierten Zahlwörter: *S isch vieri, am achti* (vier Uhr, um acht Uhr) (vgl. auch **125**). Eigentliche Umbildungen liegen vor in Wörtern wie *Iibelhòòr* schwerhöriger Mensch, *Aidoon* «eintöniger» Mensch, wortkarger Langweiler, *Ünnemuet* «unanmutiger» Mensch, unangenehmer Mensch usw. (Vgl. auch **359**.)

# Das Adjektiv

### Die schwachen und die starken Formen

**216** Die Verteilung der (zum Teil lautlich zusammenfallenden) starken und schwachen Formen des Adjektivs gehorcht im grossen und ganzen denselben Regeln wie im Hochdeutschen. (Zu den einzelnen Formen siehe **112** und **113**.) – In prädikativer Stellung erscheint das Adjektiv stets ungebeugt (siehe **117**): *Die Lyt sinn frintlig.* In attributiver Stellung hingegen wird es gebeugt; stark: *frintligi Lyt;* schwach: *die frintlige Lyt.*

Die Unterschiede zwischen starker und schwacher Deklination zeigen sich nur noch im männlichen Nominativ Singular, im ganzen Dativ Singular und im ganzen Nominativ Plural. Wir beschränken uns daher in der nachfolgenden Übersicht auf diese Formen.

Ob schwache oder starke Formen verwendet werden müssen, hängt von der Art des vorausgehenden Artikels, Pronomens oder Zahlworts ab. Eine Generalregel lässt sich wegen der häufigen Abweichungen nicht aufstellen; wir begnügen uns damit, die nach den genannten Wortarten gebräuchlichen starken bzw. schwachen Formen vollständig aufzuführen, und zwar in der linken Spalte die starken, in der rechten die schwachen.

| stark | nach bestimmtem Artikel | schwach |
|---|---|---|
| | *der alt Baum* | |
| | *ùff em alte Baum* | |
| | *die alte Baim, Muure, Hyyser* | |

nach unbestimmtem Artikel

| | | |
|---|---|---|
| *e liebe Frind* | *eme liebe Frind, ere liebe Frindyyn, eme liebe Kind* | |

ohne vorausgehenden Artikel

*alte Kääs*
*(us) neiem Stòff, (mit) kalter Milch, (us) altem Yse*
*alti Baim, Muure, Hyyser*

Ebenso in der Anrede:

*Verèèrti Hèère, verèèrti Daame, liebi Kinder!*

nach persönlichem Pronomen

*ych dùmme Käärli*[1]
*du dùmme Käärli*[1]
*Si fräche Mèntsch*

*mir* (wir) *alte Soldaate, mir junge*
*Fraue, mir greessere Kinder*
*ir guete Frind, ir nätte Fraue,*
*ir liebe Kinder*

nach besitzanzeigendem Pronomen

*my, dy, sy, ir, ùnser,*
*eier alte Vatter*

*mym, dym, sym, irem, ùnserem,*
*eirem alte Vatter*
*myni, dyni, syni, iri, ùnseri,*
*eiri bèschte Frind, lètschte Raise,*
*èltschte Kinder*

nach hinweisendem Pronomen

*dä alt Maa*
*däm alte Maa, dären alte Frau,*
*däm glaine Kind*
*die alte Männer, die alte Fraue,*
*die glaine Kinder*

*sälle hooche Baum*

*(ùff) sällem hooche Baum,*
*in säller alte Schyyre,*
*in sällem alte Huus*
*sälli hooche Baim,*
*sälli alte Schyyre, sälli alte Hyyser*

*soone hooche Baum*

*(ùff) soomene hooche Baum,*
*(in) sooneren alte Schyyre,*
*(in) soonemen alte Huus*
*soonigi hoche Baim, alte Schyyre,*
*alte Hyyser*[2]

nach fragendem Pronomen

*weele jùnge Maa?*

*(mit) weelem jùnge Maa? (mit) weeler*
*jùnge Frau? mit weelem glaine Kind?*
*weeli junge Männer, jùnge Fraue,*
*glaine Kinder?*

---

1 Die Formen des Dativ Singular sind kaum gebräuchlich und schwanken zwischen
starker und schwacher Beugung: *Dass miir altem/alte Maa, miir alte Frau esoo èppis*
*basiere mues! diir guetem Mèntsch.*
2 Unter dem Einfluss des adverbialen Charakters von *so* (z.B. *soo kalti Dääg*) wird sehr
oft auch gesprochen: *soonigi hoochi Baim* usw. Vgl. auch das Schwanken im Hochdeut-
schen zwischen «solch(e) kalte Tage» und «solche kalten Tage».

*was fir e jùnge Maa?*
*was fir jùngi Männer,*
*jùngi Fraue, glaini Kinder?*

*(mit) was fir eme jùnge Maa?*
*(mit) was fir ere jùnge Frau?*
*(mit) was fir eme glaine Kind?*

## nach unbestimmtem Pronomen

*männg(en) alte Maa*
*männg altem Maa, männg alter*
*Frau, männg glainem Kind*[1]
*männg alti Männer, alti Fraue,*
*glaini Kinder*[1]

*(mit) männgem alte Maa,*
*(mit) männger alte Frau,*
*vò männgem glaine Kind*
*männgi alte Männer, alte Fraue,*
*glaine Kinder*

*jeeden alte Maa*

*jeedem alte Maa, jeeder alte Frau,*
*jedem glaine Kind*

*kai alte Maa*

*kaim alte Maa, kainer alte Frau,*
*kaim glaine Kind*
*kaini alte Männer, alte Fraue,*
*glaine Kinder*

*(in) allem alte Wyy, dròtz aller guete*
*Pflääg, (mit) allem gscheite Reede*
*alli alte Männer, alli alte Fraue,*
*alli glaini Kinder*

Form des Adjektivs nach *èpper, èppis, niemets, nyt* siehe **217** und **154** f.

## nach Zahlwort

*ai neie Huet, zwai neii Hiet,*
*drei neii Bluuse, vier neii Hyyser*
usw.

*(mit) aim neie Huet, (mit) ainer*
*gschwinde Biweegig, aim glaine Kind*

**217** Folgende Besonderheiten sind zu beachten:

Fehlt im sächlichen Nominativ Singular das (in Gedanken zu ersetzende) Bezugswort, so wird nach unbestimmtem Artikel das Adjektiv mit der Endung *-s* versehen. A: *Was hänn er fir e Huus?* B: *E neis*[2] (aber: *e nei Huus*).

Das rein substantivisch verwendete Adjektiv folgt in der Beugung dem attributiven: *Er isch en Aarme (en aarme Maa). Daas sind Beesi. Die Guete!* Ausnahme (siehe oben): *Es isch e Liebs* usw. (Siehe auch **114**.)

---

1 Ungebeugtes *männg* mit starkem Adjektiv kommt seltener vor als gebeugtes mit schwachem Adjektiv.
2 Ebenso erscheint alleinstehendes *kai, ai, männg.* A: *Wievyyl Stainli hèsch gfùnde?* B: *Kais/Ais/Männgs.* (Aber: *kai/ai/männg Stainli.*)

Isoliert stehen die Verbindungen mit *èpper, èppis* sowie mit *niemets, nyt:*
*Äär/sii/ääs isch èpper/niemets Nätter* oder *èpper/niemets Nätts*[1], *èppis/*
*nyt Guets*[1]. Im Dativ aber stets: *mit èpper/niemets Nättem, mit èppis/ nyt*
*Guetem.*[2]

## Die Steigerungsgrade

**218**  Die Steigerungsgrade werden, wie zum Teil auch im Hochdeutschen, ge-
legentlich nicht mit vergleichender Beziehung gebraucht, sondern in der
Bedeutung von «sehr», «ziemlich», «beinahe»: *en èlteri Frau, e jingere*
*Maa, e schwääreri Grangged, e greesseri Stadt, glaineri Kinder* ziemlich
kleine Kinder, *bèsseri Lyt* Leute, die mehr als andere gelten bzw. gelten
wollen, in gleicher Bedeutung, eher scherzhaft: *die Mèèbèssere; die*
*greeschti Mie, Er isch nit der Hällscht, nit der Frintligscht, die lèngschti*
*Zyt* sehr lange usw.

Bemerkenswert ist auch die mildernd-ironische Verwendung des Kompa-
rativs *bèsser: Die Kùchi isch e bèssere Saustall, Dä Hèlgen isch e bèsseri*
*Gläggserei* nicht viel mehr als eine Kleckserei; ferner die ironisch-ver-
grössernde Bedeutung von *glainer* in Fällen wie *e glainere Rusch* ein ziem-
lich starker Rausch, *e glaineri Kataschtrooffe* eine ziemliche Katastrophe
usw.

## Adjektive aus Substantiven

**219**  Einige Substantive sind in prädikativer Stellung zu Adjektiven umgedeutet;
sie können allerdings weder gebeugt noch gesteigert werden: *S isch schaad,*
*S isch sind ùnd schaad. Sii isch dschùld* («die Schuld») Sie ist schuld. *Das*
*isch nit bògg* Das ist nicht in Ordnung, *S isch mer angscht e bang.*[3]

Wie Adjektive werden auch verwendet:

in steigerndem Sinn Genitive wie *dä Dònnschtigskäärli, e Haidemie, e kaibe*
*Dùùrenander, e Bòmberusch* usw. Vgl. auch **205**;

Genitive des Plurals als Herkunftsbezeichnung: *Aarleser Wyy, Baasler*
*Hietli, Bäärner Blatte* usw. Dagegen heisst es in alten Zusammensetzungen
*Baasel* statt *Baasler: Baaselstaab, Baaseldytsch, Baaselbiet, Baaselwyy*†,
*Baaselhuet* usw.; so auch *Bäärnbiet* usw.

---

1 Es handelt sich um alten Genitiv.
2 *èpper/niemets, èppis/nyt* können nur bei substantivischem Gebrauch gebeugt werden:
*mit èpperem/niemetsem, vò èppisem/nytem*†.
3 Richtige Adjektive sind hingegen: *daig* überreif, weich, müde, *äärnscht: S isch em*
*äärnscht.* Eine Zwischenstellung nimmt *stùùrm* ein: *Er isch stùùrm/ S isch em stùùrm* Er
ist verwirrt, ihm ist schwindlig.

**220** Das Baseldeutsche verwendet generell weniger Adjektive als die Schriftsprache. Insbesondere wirken Adjektive auf -isch, -saam, -baar, -haft, zum Teil auch auf -lich eher mundartfremd. Ferner fehlen fast ganz die im Hochdeutschen so häufigen Partizipialadjektive (z.B. rasender Reporter, lindernde Salbe, stärkendes Getränk usw.). Sie sind oft ersetzt bzw. umgebildet zu richtigen Adjektiven: *glänzig, wuerelig* «nach Wuhr riechend», *aamächelig* «anmachend», verlockend. Sie haben sich jedoch weitgehend durchgesetzt, wenn sie eine übertragene bzw. abstrakte Bedeutung haben: *e glänzende Reedner* (aber *glänzig Silber*), *e brènnend Bròbleem* (aber *e brènnigi Syygarètte*). Vgl. auch **373** und **376**.

Schliesslich fehlen in der Mundart fast gänzlich die mit einem Partizip Präsens oder anderweitig zusammengesetzten Adjektive wie «steinerweichend», «nutzbringend», «gramgebeugt», «abgrundtief». Die wirklich mundartgerechten Adjektive sind einfach und kurz: *gääl, rùnd, daub, kuurioos, lang, kùùrz* usw.

**221** Eine grössere Anzahl von Adjektiven kann entweder lediglich attributiv *(e lange Brieff)* oder lediglich prädikativ *(dä Brieff isch lang)* gebraucht werden.

Nur attributiv: Raumbezeichnungen wie *der oober, der ùnder Haibäärg, die Mittleri Brùgg, der lingg Häntsche, der vòòrder Egge* usw.; Stoffadjektive wie *hèlzig* hölzern, *gleesig* gläsern, *lyynig* leinen, *bauelig* baumwollen usw. Man kann also sagen *e gleesige Liechtstògg* ein gläserner Kerzenstock, aber nicht: *Dää Liechtstògg isch gleesig*. Stattdessen: *Dää Liechtstògg isch us Glaas*.

Nur prädikativ: *fail, baarfuess, gfrääss* gefrässig, *zwääg* gesund, rüstig, *drimmlig (S isch mer drimmlig* oder *I bii drimmlig)*, *baraad* bereit, *flèssig†* «flüssig», mit Schnupfen behaftet *(Er isch flèssig* Er hat den Schnupfen), *gschmuech (S isch mer gschmuech* Es ist mir gar nicht gut, Es ist mir unheimlich), *ghyyr* geheuer *(S isch ere nit ganz ghyyr)*.

**222** Sehr eingeschränkt ist im Gegensatz zum Hochdeutschen der attributive Gebrauch des Partizips Perfekt. Es dient in der Mundart fast nur zur reinen Zustands- oder Qualitätsbezeichnung: *braagleti Häärdèpfel* gebratene Kartoffeln, «Rösti», *bachene Fisch, broote Flaisch, gmaaiti Matte* gemähte Wiesen, *gsaumte Stòff, gstoole Gäld, en yygraamte Hèlge* ein eingerahmtes Bild, *e verfaareni Sach, e verdrùggte/verdraaite Koog* ein unredlicher, hinterhältiger Kerl, *en ùngfrait Biebli, e glèèrte Schryyner, en uusdienti Maschiine, en ùnverdraute Kòleeg, en abbrènnte Fagabùnd* usw.

Hingegen wird das Partizip Perfekt, wenn es eher den abgeschlossenen

Vorgang als den Dauerzustand hervorheben soll, selten verwendet. In guter Mundart lässt sich also beispielsweise nicht sagen: *der glääse Brieff, s iberlòffe Wasser, s zämmebättlet Gäld.* Hier umschreibt die Mundart (siehe **225**).

Vollends unmöglich ist der attributive Gebrauch des Partizips Perfekt, wenn es noch eine Ergänzung zu sich nimmt. Hochdeutsche Fügungen wie «das mir geschuldete Geld», «die gestern abgehaltene Versammlung», «eine häufig verwendete Ausrede» sind in der Mundart undenkbar. In solchen Fällen wird stets umschrieben (siehe **225**).

**223** Ganz allgemein vermeidet es die Mundart, Substantive durch bestimmende Adjektive stark zu belasten. Das attributive Adjektiv vor allem kommt viel seltener vor als in der Schriftsprache, und dann erst noch möglichst ohne Ergänzungen. Es wird am ehesten verwendet:

als stehendes Beiwort: *die grieni Matte, der blau Himmel, e kalti Byyse, kai roote Santyym;*

zur Verdeutlichung eines Substantivs, mit dem es mehr oder weniger zu einem festen Begriff verschmelzen kann: *e dùmmi Gans, e bees Muul* Lästermaul, *en alten Eesel, e lange Baart, die alti Faasnacht;*

zur Präzisierung eines sonst zu weit gefassten Begriffs oder einer sonst zu unbestimmten Sache: *warm/kalt Wasser, e beesi/aamietigi Iberraschig;* hieher gehören die vielen gegensätzlichen Adjektivpaare wie *grooss/glai, scheen/wiescht, häll/dùnggel, hooch/niider, alt/jùng* sowie die Farbbezeichnungen.

In der guten Mundart dient also das Adjektiv nicht zur «Verschönerung» oder zur Ausschmückung, sondern zur Verdeutlichung der Aussage. Daher wirkt die Aneinanderreihung mehrerer Adjektive mundartfremd; man kann also nicht gut sagen: *en alti, verbùggleti kùpferigi Kaffikanne,* stattdessen eher *en alti kùpferigi Kaffikanne mit Bigg* (Einbeulungen). – Zwei einander beigeordnete Adjektive sind durchaus möglich, wenn ihre Zusammenstellung organisch wirkt: *en aarmen alte Maa, e brächtige silbrige Bächer, e nätt ùnd frintlig Maitli* usw.

**224** Häufig wird attributives und prädikatives Adjektiv zur Verstärkung mit vorangehendem anderm Adjektiv, Adverb oder Substantiv usw. verbunden: *ghuftig vòll* «gehäuft voll», bis oben voll, *wùnzig glai* winzig klein, *hailoos dyyr, aarg lùschtig, gaar haimelig, eenter ùnnemietig* sehr unangenehm, *wiirgglig scheen, myyslistill, stòggdaub, sittig haiss* siedend heiss, *sindhaft dyyr, sindedyyr, staialt, fiidleblùtt* splitternackt, *dùpfeglyych, am haiterhälle Daag, stòggfinschteri Nacht, eewig lang, sauglatt, bòlzegraad, uurgmietlig, bòggstyff, briewaarm, pflätternass, pflòtschnass.* Nur in prädikativer Stellung möglich: *gòttefroo, veegeliwool (Es isch em veegeliwool),* *zue nätt* wirklich sehr nett usw. (Zu den Verbindungen mit dem Genitiv wie *wättersflingg, kaibenätt* siehe **205.**)

Auch mehrfache Zusammensetzungen sind möglich: *nyygelnaagelnei, fyyrzindgiggelroot, stäärn(e)haagelvòll* schwer berauscht, *koolraabeschwaarz, fùggsdeifelswild* sehr wütend. Hieher gehört auch die blosse Verdoppelung des gleichen Adjektivs: *e lange lange Wääg, e lieb lieb Kind, en aarmi aarmi Frau.*[1]

Verstärkende Wirkung haben auch die nur prädikativ verwendeten Adjektivpaare *fix ùnd feèrtig, bùtzt ùnd gsträält, erheit ùnd erlooge* erstunken und erlogen, *gsùnd ùnd bees* u.a.m.

### Ersatzfügungen

Sehr oft behilft sich die Mundart, wo das Hochdeutsche das Adjektiv verwendet, mit andern Ausdrucksmitteln.

**225**  Statt des attributiven Adjektivs können stehen:

das prädikative Adjektiv: *Dä Huet isch em z grooss* Er hat einen zu grossen Hut; *I verzèll ich vòn ere Frau, die isch ganz aarm gsii* Ich erzähle euch von einer sehr armen Frau;

Substantivzusammensetzungen: *Wùllesògge* wollene Socken, *Sammetkissi* samtenes Kissen, *Silbergschiir* silbernes Geschirr, *Yysegländer* eisernes Geländer;

präpositionale Fügungen: *d Aarbeten im Huus* die häuslichen Verrichtungen, *d Reed vom Bùndesroot* die bundesrätliche Rede, *Wyy us em Èlsass* elsässischer Wein, *vò der Mueter irer Sytte* mütterlicherseits, *e Hèèr mit eme digge Buuch* ein dickbäuchiger Herr;

verbale Fügungen: *d Lyt, wo Hùnger hänn* die hungernden Leute, *Sy Gschäft lauft guet* Er hat ein gutgehendes Geschäft. *Männer, wo gäärn dringge* trinkfreudige Männer, *e See, wo glänzt wie Gòld* ein goldglänzender See, *e Kind, wo schlooft* ein schlafendes Kind, *e Glaid, wo guet sitzt* ein gut sitzendes Kleid. Das Partizip Präsens in adjektivischer Verwendung wird also besonders gemieden. Das adjektivische Partizip Perfekt wird stets ersetzt, wenn es nicht reinen Adjektivcharakter hat (vgl. auch **222**): *s Huus, wo aabebrènnt isch* das niedergebrannte Haus, *der Madroos, wo verdrùnggen isch* der ertrunkene Matrose, *d Ruyyne, wo men uusgraabe hèt* die ausgegrabene Ruine usw. Die Mundart vermeidet ferner stark er-

---

1 Eine solche Verdoppelung ist auch beim Adverb möglich: *Glyy glyy isch s eso wyt, fèscht fèscht drùgge* usw.

weiterte Attribute: *Das Land, wo vòm Mèèr iberschwèmmt(wòòrden)isch* das vom Meer überschwemmte Land, *d Generaalversammlig, wo der Brèsidänt jeedes Jòòr guet glaitet hèt* die vom Präsidenten jedes Jahr gut geleitete Generalversammlung;

besondere Satzbetonung und/oder Satzfügung: Statt *Das isch e grooss/brächtig/scheen Huus* kann es heissen: *Isch daas e Huus!* oder *Das isch e Huus!* oder *Das isch e Huus!* oder *Das isch dènn e Huus!*

**226** Statt des prädikativen Adjektivs können, meist zur stärkeren Hervorhebung, stehen:

präpositionale Verbindungen: *D Lèffel sinn us Hòlz gsii ùnd Däller us Blääch* Die Löffel waren hölzern und die Teller blechern;

das substantivisch gebrauchte Adjektiv in Verbindung mit dem unbestimmten Artikel, meist zur Bezeichnung feststehender, dauernder Eigenschaften: *Dä Bròfässer isch e Gscheite, D Frau Miller isch e Beesi, Bisch duun e Dùmms!* Bist du dumm! Ebenso stehen die Steigerungsgrade als Substantive mit dem bestimmten Artikel in Fällen wie: *Äär isch aigetlig der Grèngger* Er ist eigentlich kränker, *Sii isch die Scheeneri, Das sinn au nit grad die Eèrmschte, Der Baschi isch nit der Gscheitscht;*

das zum Adjektiv gehörende Substantiv auf *-i* mit unbestimmtem Artikel zum Ausdruck eines starken Intensitätsgrades: *Isch daas e Kèlti! Daas isch e Wèèrmi! S isch e Nèssi gsii, Dä hèt e Daibi ghaa* Der war sehr wütend.

# Das Pronomen

### Persönliche Pronomen

*Akkusativ statt Nominativ*

**227** Die Mundart verwendet den Akkusativ des Personalpronomens in prädikativer Stellung, obschon syntaktisch der Nominativ geboten wäre: *wènn i dii/in/ins/eich wäär* wenn ich du, er usw. wäre. *S isch in gsii* Er war es (neben *äär isch s gsii*), *S isch nùmmen ins* Es ist nur es, *Das isch en* Das ist er usw.

*Fehlen des Subjekt- pronomens*

**228** Das Subjektpronomen kann in der Mundart viel häufiger wegfallen als in der Schriftsprache. *y(ch): glaub[1], dangg fir Òbscht, dängg[1] äär isch dschùld* Ich denke, er ist schuld. Bei salopper oder ruppiger Sprechweise kann *y(ch)* noch in vermehrtem Mass wegfallen: *Kùmm hitzoobe nit haim* Ich komme heute abend nicht nach Hause, *Kaa nit glaage* Ich kann nicht klagen usw. *du* (meist nur bei Modalverben): *Bisch e Laaferi! Kasch mer in d Schue bloose, Muesch nit gryyne! Hèsch e Drèpfli an der Naase, Wirsch Auge mache! Daarfsch s nit wytterverzèlle, Sòllsch still syy* usw. *(e)s* als unpersönliches Subjektspronomen: *Macht nyt* Es ist nicht der Rede wert. *Goot mi nyt aa! Kaa basiere* Das kann vorkommen, *Maag syy* möglicherweise. Ebensogut kann in diesen Fällen aber auch das Pronomen vorangestellt werden: *Du hèsch e Drèpfli an der Naase, S macht nyt* usw.

*Scheinbar überflüssiges (pleonastisches) Pronomen*

**229** Subjektspronomen in der ersten und zweiten Person Singular und Plural werden bei emotionaler Sprechweise gern verdoppelt: *Ych Dùùbel yych! Du Gniempi duu! Mir Hòòrnòggse miir! Ir Gauner iir!* Auch: *Die Naare die!*

Als Zusatz zur Befehlsform hingegen wirkt das Personalpronomen eher abschwächend: *Gang du nùmme! Geen ir dòch vòruus!* Drohend: *Waarten iir nùmme!*

Der Dativ der 1. und gelegentlich auch der 2. Person des Personalpronomens kann die innere Anteilnahme an einer Tätigkeit, einem Geschehnis ausdrücken: *Das isch mer jètz au e Sach, Duu bisch mer nò aine! Kùmm mer joo nit z spoot haim! Er rènnt is vyl z gschwind, Dä wird der au wider Schùlde mache, Dä wiird ich* (euch) *nie èppis Rächts.*

Das grammatische Subjekt *(e)s* steht am Anfang von Sätzen, wenn das eigentliche Subjekt (meist betont) hinter dem Prädikat folgt: *S isch mer*

---

1 Meist eingeschoben und mit beinahe adverbialem Charakter: *Du bisch glaub verrùggt* Du bist wohl verrückt, *Si hèt dängg wider Buuchwee* Sie hat vermutlich wieder Bauchweh.

*èppis Dùmms basiert, Es hèt mer do ainen aaglitte* telephoniert, *S isch gèschtert e glùngenen Artiggel in der Zyttig gstande, S sinn e Huffe Lyt koo.*

*Unbestimmtes «es»*

**230** Unbestimmtes *s* (es) steht formelhaft:

als Objekt ohne bestimmte Beziehung: *Mer händ s lùschtig, Er hèt s ùff de Niere, Si händ s vòm Säägle* Sie sprechen vom Segeln, *Däm hänn er s gää, Jètz hèsch s* Jetzt hast du die Bescherung, *Si händ s ùnd vermeege s* Sie sind recht wohlhabend, *Er hänn mer s dräggig gmacht;*

als prädikativer Nominativ: *Bisch duu s?* Bist du es? *Sinn iir s? Mir sinn s.*[1]

*Unpersönliches «es»*

**231** Unpersönliches *(e)s* bei unpersönlichen Verben steht wie im Hochdeutschen dort, wo ein persönlicher Verursacher nicht genannt werden kann, so in bezug auf:

körperliche und seelische Zustände: *S lipft aim* Es macht einem schlecht, *S isch ere ganz gspässig* Es ist ihr merkwürdig, schlecht, *Isch s der verlaidet? S gruust is, S hèt mi gfùggst, S nimmt mi wùnder;*

schicksalhaftes oder kosmisches Geschehen: *S hèt s esoo wèlle* Es hat sich so ergeben, *S hèt grad ùns miese braiche* Es hat just uns treffen müssen; hieher gehören zahlreiche derb-volkstümliche Ausdrücke für «sterben»: *S hèt en glitzt, us de Sògge gjaggt, bùtzt, verjättet* usw. – *S blitzt ùnd dònneret, S hèt gräägnet, S schneit, S kùnnt gò haagle, S gfriert.*

Ferner: *S duet s jètz* Jetzt ist es genug, *S battet* Es gibt aus, nützt, *S git s männgmool* Es kommt manchmal vor.

### Rückbezügliches Pronomen

**232** Das Reflexpronomen wird wie im Hochdeutschen verwendet: *sich verschnäpfe* sich verplappern, *sich verschwätze* sich versprechen, *sich guet mètzge* sich gut schlagen, *S (g)läpperet sich zämme* Es macht mit der Zeit einen guten Betrag aus; darüber hinaus aber auch in Fällen wie: *Er maint sich* Er dünkt sich etwas Besonderes, ist stolz, *Er macht sich* Er bessert sich, es geht vorwärts mit ihm, *Es isch sich nit der Wäärt* Es lohnt sich nicht, *Daas fäält sich grad noo!* Das fehlt gerade noch!

Es fehlt hingegen wie im Hochdeutschen beim substantivierten Infinitiv reflexiver Verben: *I bii am Aalege* (aber: *I leeg mi aa), S isch zem Fèerchte, S Bsinne macht en mied.*

---

1 Ebenso unbestimmt erscheint in dieser Stellung das Personalpronomen 3. Person Singular beim spielerischen Abzählen: *Du bisch si, Är isch si* Du bist an der Reihe, Er ist an der Reihe.

## Besitzanzeigendes Pronomen

*Das Besitz-*
*pronomen neben*
*dem Verb «sein»*

**233** Der Begriff des Besitzes wird ausser durch «gehören» auch durch «sein» in Verbindung mit dem besitzanzeigenden Pronomen ausgedrückt:

mit den gebeugten Formen *myyne, myyni, myys* usw., wenn das Bezugssubstantiv im Satz selbst nicht genannt ist: *Daas isch myyne* (z.B. *Sässel*), *Daas isch myyni* (z.B. *Schäär*), *Daas isch myys* (z.B. *Glaas*); ebenso *dyyne, syyne, ùnsere, eire, iire* usw. Im Gegensatz zum Hochdeutschen wird hier der bestimmte Artikel nie verwendet («Es ist der meine/meinige»). A: *Wäm sy Stäggen isch daas?* B: *S isch myyne* Es ist der meine/meinige A: *Wäm sy Kind isch daas?* B: *ùnsers;*

mit den ungebeugten Formen *myy, dyy, syy: Dä Huet isch myy, Die Kaarten isch dyy, Das Buech isch syy, Die Biecher sinn myy* usw.

Daneben kann das Besitzverhältnis aber auch mit «sein» und dem Personalpronomen angegeben werden; die Konstruktion ist also dieselbe wie bei «gehören»: *Dä Sässel isch miir/diir/im/iire/ùns/eich/iine.* Umgekehrt können die ungebeugten Formen des Besitzpronomens auch bei «gehören», jedoch nur im Singular, stehen: *Dä Disch/die Dèggi/das Bètt ghèèrt myy/dyy/syy. Die Bryymeli ghèère myy/dyy/syy.* (Vgl. auch **322**.)

*Fehlen und*
*Ersatz des*
*Besitzpronomens*

**234** Statt des Besitzpronomens steht häufig nur der bestimmte Artikel (siehe auch **201**):

bei verwandtschaftlichen oder sonstigen persönlichen Beziehungen: *Wie goot s den Èltere? Der Maa isch verraist. Der Maischter kùnnt èrscht zmidaag. Jètz isch d Dante gstòòrbe.* (Vgl. auch **201**.3.) Das Personalpronomen kann in solchen Fällen zusätzlich verdeutlichen: *Der Maa isch ere dervooglòffe. Me hèt ere d Kinder ewägg-gnoo.*

bei Körperteilen, deren Bekleidung und dergleichen: *Mach s Muul ùff! Wie goot s mit em Häärz? Leeg d Schue aa! Er hèt der Huet verlòòre.* – Im Gegensatz dazu steht das Fürwort im Sinne von «mein Quantum», «das mir Zustehende»: *Zuem Schryybe mues i my Rue haa. Er bruucht jede Daag sy Glaas Wyy. Si macht ir Schleeffli...Schläfchen.*

In der Anrede fehlt das Possessivpronomen meist in Fällen wie: *gueti Frau, Loos, Kind! Kèmme, Buebe!* Kommt, meine Buben! Eher tritt das Personalpronomen hinzu: *du Liebe! Gueten Oobe, ir Hèère! Luegen, ir Maitli!*

## Hinweisendes Pronomen

*Stellung nach*
*Präposition*

**235** *daas, däm, säll, sällem* stehen im Gegensatz zum Hochdeutschen auch dann nach der Präposition, wenn sie eine Sache bzw. einen Umstand bezeichnen; sie werden also nicht mit der Präposition zusammengeschmolzen: *Ùff daas kasch Gift nää* Darauf kannst du Gift nehmen. *Mit däm* (damit) *muesch mer nit koo! Gege säll ka me nyt mache* Dagegen kann man nichts machen. *Wäge däm/sällem* (deswegen) *isch s nit gange.*

Daneben existieren auch in der Mundart die zusammengezogenen Formen, vor allem wenn sie adverbielle Bedeutung haben: *drùff* darauf, *draa* daran, *derfiir* dafür, *dermit* damit, *dòòrùm* darum (neben unbetontem *drùm*).

Man unterscheide: *Fir daas kan i nyt* (Betonung auf der Sache) und *I kaa nyt derfiir* (Betonung auf der Tätigkeit).

An die Stelle von betontem *fir daas* kann auch *dooderfiir* treten; analog: *doodrùff, doodraa, doodrin, doodermit, dooderdùùr* usw.

**236** Mittelstark betontes *dä, die, das* ersetzt in erzählender Rede meist das Personalpronomen: *S isch emool e Maa gsii, dä hèt schwäär ùndedùùre miese. Am Eggen isch e Frau gstande, die hèt ganz druurig dryygluegt. Si händ e Kind ghaa, das isch ganz e gscheits gsii.*

## Fragendes Pronomen

**237** Wie das hinweisende Pronomen *daas* steht das Fragepronomen *waas* auch hinter der Präposition, wo das Hochdeutsche Verbindungen mit wo(r)- braucht. Also: *fir waas?* wofür? *mit waas?* womit? *ùff waas?* worauf? Analog: *wäge waas?* weswegen? – Eine Ausnahme bildet *wòrùm/wùrùm,* das ebenso häufig wie *wäge waas* für die Frage nach dem Grund verwendet wird.

## Unbestimmtes Pronomen

**238** Sehr verbreitet ist der Gebrauch von *aine/aini/ais* in Beziehung auf einen nicht genannten Gegenstand, wobei dieser meist aus dem Zusammenhang oder aus der Situation verständlich wird. *Er hèt ain(e) sitze* (z.B. einen Rausch), *Si hèt em aini glängt* (z.B. eine Ohrfeige), *Geemer ain(e) go zie* (z.B. einen Becher Bier, einen Liter), *Er hèt sich ainen abgrampft* (unbestimmtes Bezugswort, Sinn: Er hat gewaltig geschuftet). *Si hèt ainen am Bändel* (z.B. Freund, Mann, Liebhaber). *Dä hèt ais[1] zämmegfluecht* (ohne bestimmtes Beziehungswort; Sinn: Er hat mächtig geflucht), vgl. auch **214.**

---

1 Das sich auf kein bestimmtes Ding beziehende sächliche *ais* kommt im Baseldeutschen eher selten vor, im Gegensatz zu andern Mundarten.

| Bestimmtes, | **239** | *èpper* und *èppis* werden verwendet in Redensarten wie: *Er isch èpper* Er |
|---|---|---|

**Bestimmtes, verstärkendes èpper, èppis**

**239** *èpper* und *èppis* werden verwendet in Redensarten wie: *Er isch èpper* Er ist eine Persönlichkeit, *Si kaa èppis* Sie ist tüchtig, *Das isch mer èppis!* Das ist mir eine Sache! *Si händ èppis zämme* (gemeint ist ein Verhältnis), *Si hèt èppis* Sie hat ein (unbestimmtes) Leiden, einen Schmerz. *Das git no èppis* Das wird noch Schwierigkeiten geben. *Si hänn s zue èppisem bròcht/ Si sinn zue èppisem koo* Sie sind zu Vermögen/Ansehen gekommen.

*èpper* kann auch als Anspielung auf jemand, dessen Namen man zwar genau kennt, aber nicht nennt, verwendet werden: *Do wiird wider èpper e Fraid haa!* Oder als ironisch-anspielende Umschreibung des Personalpronomens «du», etwa einem Kind gegenüber: *Aha, do hèt èpper syni Ùffgoobe nit gmacht!*

**«man» für eine bestimmte Person und umgekehrt «sie» als unbestimmtes Pronomen**

**240** Häufiger als im Hochdeutschen steht in der Mundart zur Milderung oder Verbrämung einer Aussage das Pronomen *me*. Für «ich»: *Me kènnt in s Greed koo* Es könnte schlecht über mich geredet werden, *Me sòtt s schòn emool bròbiere* Ich sollte es schon einmal versuchen, *Was macht me nit alles fir d Kinder!* – Für «du»/«ihr»: *Me sòtt go Broot hoole. Me kènnt äntlig s Fänschter ùffmache.*

Umgekehrt kann «sie» (Plural) statt «man» gebraucht werden: *Si händ en phägglet* Man hat ihn verhaftet, *Si mache mit is, was si wänn* (unbestimmt für «die da oben, die in der Regierung», anonyme Mächte). *Si hèèrbschte schò im Baadische* Man liest schon Trauben... *Z Ziiri hänn si no kaini Fèèrie, Jètz schiesse si wiider.*

**«Ein» und «ander»**

**241** *ai* und *ander* ergeben, wenn sie betont sind, bestimmte Bedeutungen.

*ai* im Sinn von «ein und dasselbe»: *S kùnnt ùf ais uuse, S isch ai Due* Es geht in einem, kommt auf dasselbe heraus. Im Sinn von «gleichzeitig»: *S goot in aim* Es geht in einem einzigen Arbeitsgang, *ùff ai Glapf* auf einen Streich. Im Sinn von «unaufhörlich»: *in ainer Duur, in aim fùùrt*. Im Sinn von «sehr gross», «sehr stark», «nichts als»: *ai Dùùrenander, ai Gikeiff /ai Keiffes* ein ständiges Gekeife, *in ainer Angscht, S isch ai Friide gsii* Es herrschte **ein** grosser Friede.

*ander* in verstärkendem Sinn: *Das isch en ander Luege!* Das sieht wirklich nach etwas aus! *Die hänn anderscht gloost, Dää hèt anderscht doo* Der hat mächtig getobt.

# Das Verb

## Der Infinitiv als Ergänzung unvollständiger Verbalbegriffe

**242** Der reine Infinitiv ergänzt wie im Hochdeutschen Hilfsverben: *Muesch nit gryyne! Y mècht verraise. Hèèrsch en schimpfe? Du daarfsch mi biglaite.* – Zudem abweichend von der Schriftsprache: *S foot aa räägne* (auch *S foot afò räägne*) Es beginnt zu regnen. *Hèèr ùff dùmm schwätze!* Hör auf dumm zu schwatzen!

**243** Der mit «zu» verbundene Infinitiv ist viel weniger häufig als im Hochdeutschen, vor allem weil der Mundart zahlreiche Verben, die durch solche Infinitive ergänzt werden, fehlen, zum Beispiel: beginnen, sich anschicken, sich anerbieten, sich vornehmen. Ganz ungebräuchlich sind die Infinitive mit «um zu» und «ohne zu». Zum Ersatz siehe **314–316**.

Wie im Hochdeutschen steht der Infinitiv mit «zu» in Fällen wie: *I haa vergässe z stimme. S isch mer verlaidet, mit eich z spiile. Si hèt Angscht, elai dùr der Wald z goo. Das git is z schaffe.* Ferner nach *syy* (sein) und *haa* (haben), meist zum Ausdruck des Dürfens, Könnens bzw. Müssens: *S isch nit z glaube. Das isch z mache* Das kann/muss gemacht werden. *Dä Wyy isch nit z verachte. Doo isch nyt mee z mache* Da kann man nichts mehr machen. *Duu hèsch z fòlge* du musst gehorchen. *Wie lang hämmer z faare?*

Abweichend vom Hochdeutschen steht der Infinitiv mit «zu» auch nach *mache* und *bruuche: Bruuchsch mi nit eso dùmm aazluege. Mach mi nit z lache!* Ebenso nach «kommen» zur Bezeichnung der Bewegungsart: *Si kèmme z lauffe, z springe, z faare, z rytte* Sie kommen gelaufen ...

**244** Den hochdeutschen Infinitiv mit «zu» ersetzt die Mundart gern, zumal nach Adjektiven und Substantiven, durch den substantivierten Infinitiv mit *zuem/zem/zùm: S isch nit zem Saage, schwäär zuem Lèère, lyycht zuem Draage. S isch zem Us-der-Hut-Faare, zem verrùggt Wäärde. E Spiil zuem Dängge, e Kueche zem Mitbringe, e Maie zuem Schängge, e Gidicht zem Ùffsage.*

**245** Ausserdem werden in der Mundart statt des Infinitivs mit «zu» und neben ihm verwendet:

1. Der substantivierte Infinitiv: *S Zaale hänn si vergässe* Sie haben vergessen zu bezahlen. *By der Groossmamme hèt si s Kòchen ùnd Naaie glèèrt.*

2. Der substantivierte Infinitiv mit Präposition: *Hèèr ùff mit Stai-Bängle. Jètz feemer aa mit Lääse. S isch mer nit ùm s Lache.*

3. Fügungen mit Adverb: *Er hèt als wytter gschafft* Er fuhr ständig fort zu arbeiten. *Si hänn grad d Vòòrfänschter yyghänggt* Sie waren gerade im Begriff, die Vorfenster einzuhängen. *Si hèt grad èppis wèlle saage* Sie schickte sich an, etwas zu sagen.

4. Abhängige oder beigeordnete Sätze, siehe **314–316**.

*Der substan-
tivierte Infinitiv
mit «am»*

**246** Der substantivierte Infinitiv mit «am» drückt aus, dass eine Tätigkeit stattfindet, andauert oder in einen Zustand übergeht. *Er isch am Schaffe* Er ist an der Arbeit. *D Kinder sind am Verwache*...im Begriff zu erwachen. *Si sind am Verbleede* Sie verblöden nach und nach.

*Der Infinitiv
mit gò, lò, afò*

**247** Nach gebeugten Formen der Verben *goo* (z.T. auch *koo*), *loo, aafoo* stehen in schwachtoniger Stellung unmittelbar vor abhängigem Infinitiv eines Vollverbs die Fügewörter *gò, lò, afò*, welche, der Form nach reduzierte Infinitive, den Verbalbegriff gleichsam wiederholen.

«gehen» als *gò*: *I gang gò schaffe* Ich gehe arbeiten. *Goosch au gò baade?* Gehst du auch baden? Beachte die Stellung von «zu» in Wendungen wie: *Was fallt der yy, mi esoo gò z haue!* Im Perfekt heisst es: *Mer händ dèèrfe gò d Elefante bschaue. Si sinn gange gò Kùmisioone mache* Sie sind einkaufen gegangen. Bei Bewegungsverben, vor allem *goo*, kann das Partizip auch fehlen: *Si sind gò ässe* Sie sind essen gegangen. *I bii gò schyyfaare.* Imperative Verwendung: *Gang di gò wäsche!* Geh dich waschen, wasch dich!

*gò* wird gelegentlich zu *gòge* verdoppelt oder gar dreifach gesetzt, z.B. *Er isch gò ge die Maitli gò bsueche.*

*gò* steht im Baseldeutschen auch nach *koo* (kommen), während in andern Mundarten, zum Beispiel im Zürichdeutschen, folgerichtig *cho* steht: *Kùnnsch gò ässe?*[1] *Mer kèmme gò hälffe. S kùnnt gò schneie* usw.

«lassen» als *lò* und «anfangen» als *afò*: *Loo s nit lò falle!* Lass es nicht fallen! *Er foot afò studiere* Er beginnt zu studieren. Die Wortstellung bleibt, auch wenn an die Stelle des Hauptverbs ein Modalverb tritt: *Me kaan en lò mache* Man kann ihn machen lassen. *Er wòtt afò studiere* Er will zu studieren anfangen. Dasselbe gilt für das Perfekt: *Er hèt afò studiere* Er hat zu studieren angefangen. – Seltener ist die dem Hochdeutschen entsprechende Konstruktion: *Me kaan en mache loo, Loo s nit falle!* (und *Lòss es nit falle!*).

---

1 Zürichdeutsch: *Chùnnsch cho ässe?* – Das Zusammenfallen von *goo* und *koo* im Baseldeutschen beruht auf der schwachen Artikulation von *koo* in unbetonter Stellung.

**248** Nach den Modalverben wird der Infinitiv von Verben, die eine Bewegung bezeichnen, weggelassen, da diese durch die Ortsangabe genügend deutlich wird: *I mues ùff s Hyysli* (zu ergänzen wäre *goo*) Ich muss auf den Abort gehen. *Er wòtt ùff Bäärn* (zu ergänzen wäre *raise*). *Si dèèrfen an s Mèèr. Mer wänd in s Bètt. Er sòtten* (solltet) *in d Schuel.* In ähnlicher Weise kann nach «sein» das Partizip Perfekt wegfallen: *Mer sinn in s Baadisch* (zu ergänzen wäre *gange, graist, gfaare* u.ä.). *Si isch in Laade ùnd hèt e Huffe Sache kauft* (gekauft), *ùnd dernò isch si haim.*

Der Infinitiv kann auch in andern Fällen fehlen, wo der Zusammenhang leicht erfassbar ist: *Er hèt nit wèlle* (z.B. *mitkoo*). *Daas hämmer friener nie dèèrfe* (z.B. *mache*). *Si hèt s kènne* (z.B. *ùffsaage,* von einem Gedicht).

## Fallergänzung mit Dativ

**249** Gelegentlich, allerdings viel seltener als andere Mundarten, verwendet das Baseldeutsche statt oder neben präpositionaler Ergänzung blosse Fallergänzung mit Dativ: *èpperem stimme* für jemand stimmen, *èpperem rieffe* nach jemand rufen, *èpperem luege* (neben *fir èpper luege*) nach jemand schauen.

Andere Fallergänzung als im Hochdeutschen liegt vor in Fällen wie: *Me hèt em der Alibaaba gsait* Man nannte ihn Alibaba.

## Zeit- und Modusformen

**250** Aus mancherlei Gründen, zumal auch sprechtechnischen, kann die einfache Präsensform ersetzt werden durch *due* (tun) mit Infinitiv, wodurch dieser in betonte Stellung rückt. Besonders häufig ist die Umschreibung:

1. Zur Vermeidung ungewohnter Formen: *Er duet gärn fächte* (statt *er ficht*). *Wènn duesch ässe?* (statt *issisch*) usw.

2. Zur Vermeidung einer Folge von unbetonten Silben, vor allem bei den Verben auf *-ere* und *-ele: Dien er wider bäschele?* (statt *Bäschelen er wider?*) *Dien er èppis schryynere?* (statt *Schryyneren er èppis?*) Schreinert ihr etwas?

3. Bei festen Fügungen mit Substantiv: *S duet Katze haagle* (statt *S haaglet Katze*). *Mer dien z Midaag ässe. Si dien Driebsaal bloose. Mer dien Indiaanerlis spiile.*

4. Zur Hervorhebung des Verbalbegriffs bei Betonung des Gegensatzes: *Ghèèrt han i s schò, aber glaube duen i s nit. Er schafft nit, er duet fuulänze. Die ainte dien lieber lääse, die andere (dien) lieber schryybe. Loos, wie s duet dònnere!* Hör, wie heftig es donnert!

5. Zur Hervorhebung des Verbalbegriffs in der Antwort auf die Frage nach jemandes Tätigkeit: A: *Was machsch?* B: *Nyt, i due dängge.* A: *Was macht d Frau Schnyyder?* B: *Si duet glètte.* So auch bei Sachen: A: *Was isch jètz mit dyner Uur?* B: *Si duet wider lauffe.*

6. Bei Abschwächung von Befehls- und Fragesätzen: *Diend Si au esoo schwitze? Was duesch Guets kòche? Diend nit esò briele! Due di e bitzeli zämmenää!*

7. Zur Umschreibung von «ununterbrochen»: *Si dien nyt als frässen ùnd suffe.* Das Perfekt lautet in solchen Fällen: *Er hèt nyt als gstoole* (eigentlich: *Er hèt nyt doo als gstoole*).

| Das historische Präsens | **251** | Das historische Präsens dient als Mittel der lebendigen Schilderung von Vergangenem und Erlebtem. Als Beispiel ein Abschnitt aus Ludwig Siebers hübscher Erzählung *« Der Kaschper vò Binze»*: *Jètz sitzt er emool dehaim ùnd bäschelet ùnd breeblet an ere Jagdflinten ùmme, ùnd iberdäm bèpperlet s an der Diire. Der Kaschper dänggt: «Wär isch ächt daas?» S Aaglopfen isch ebe bi im nit der Bruuch gsii. Drùff rieft er: «Nùmmen yyne!» Do kùnnt e lange, maagere Spränsel yyne, uusgmèèrglet und spindeldiir, dass es gläpperet hèt, ùnd blaich ùnd mit ganz hoolen Auge, en ùnnemietige, abscheilige Käärli. Der Kaschper sait: «Was git s? Was witt?»* |
|---|---|---|

| Konjunktiv Präsens | **252** | Der Konjunktiv Präsens wird im ganzen gleich eingesetzt wie im Hochdeutschen: |
|---|---|---|

Im Hauptsatz erscheint der Konjunktiv Präsens in der Regel nur noch in formelhaften Wendungen wie: *Gschääch nyt Beesers/Èèrgers/Schlimmers! Käm s, wie s wèll. Meeg si ir Rue haa! Bhiet ich!* (Gott) behüte euch! *Loos men au doo aa! Syg s, wie s wèll! Das glaub aine! Lueg men au doo!*

Im Nebensatz dient der Konjunktiv Präsens zum Ausdruck eines Begehrens, einer Absicht oder einer Hoffnung: *Si hèt en bätte, dass er mit ere kääm. Si mache d Läde zue, fir dass niemets yynelueg. Er hòfft, si mieche nyt Dùmms.*[1] In einräumender Verwendung: *I giib em nyt mee, ùsser er saag mer Danggscheen.*[2] *Mer geend nit fùùrt, es syg dènn scheen Wätter.*

Im abhängigen Fragesatz: *I haa mi gfrògt, òb das wòòr syyg. Si frògt d Verkaiffere, òb si s kènn yyphagge.* Auch bei der Wiederaufnahme einer von jemand anders gestellten Frage: *Was maine Si – òb er nò dät schaffe? Wär em ghùlffe haig?*

---

1 Allerdings wird in solchen Fällen, besonders bei schwachen Verben, der Konjunktiv immer häufiger durch den Indikativ ersetzt: *Si hèt en bätte, dass er mit ere koo sòll/dass er mit ere kùnnt. Si mache d Lääde zue, fir dass niemets yyneluegt. Er hòfft, si mache nyt Dùmms.*

2 Heute meist schon indikativisch: *...ùsser er sait mer Danggscheen.*

Am besten hat sich der Konjunktiv in der indirekten Rede behauptet, zur Wiedergabe von Geredetem, Geschriebenem oder Gedachtem nach Hauptsätzen mit einem Verb des Meinens oder Sagens: *Si maine, si syyge wider emool die èèrschte. Er hèt mer verspròche, er kääm glyy zuen is. Si hèt de Kinder verzèllt, in däm Wald stieng e gòldig Schlòss ùnd drin woon e Brinzässyyn. Si joomeret jeede Sùnntig, si syyg ab em Schiesse verwacht. I haa d Ydee* (das Gefühl), *er wèll is yyneleege.*

| | | |
|---|---|---|
| *Konditional* | **253** | Der Konditional drückt wie im Hochdeutschen nicht ein Vergangenheitsverhältnis aus, sondern die Unwirklichkeit, die Unerfüllbarkeit oder die Unmöglichkeit. |

Im Hauptsatz: *Hättsch dòch nùmmen èppis gsait! I giengt am liebschte fùùrt. Wäären er dòch dehaim bliibe! By aim Hòòr hätt i s vergässe.* Durch «wenn» eingeleitet: *Wènn mer daas gwisst hätte!* Wobei der Satz zwar inhaltlich Hauptsatz, formal aber Nebensatz ist. – Zur Dämpfung der direkten Aussage: *Soo, s dääts jètz!* Jetzt reicht es! *Doo wääre mer also! I mècht nyt gsait haa.*

Im Nebensatz: *S gsiit uus, wie wènn s käämt gò räägne. Si machen e Radau, wie wènn si elai dehaim wääre. I mècht, s wär alles schò verbyy.* Vor allem im irrealen Bedingungssatz: *Wènn d Groossmueter Reedli hätt, wäär si e Mòtòòrraad. Wènn i eich wäär, wùùrd i schwyyge.*

In allen Nebensätzen, die einen Hauptsatz vertreten, in welchem ein Konditional nötig wäre: *Si hèt Angscht, s kènnt yybròche wäärde. S isch esoo spoot wòòrde, dass si bi aim Hòòr nimme haimkoo wääre. S isch niemets doo gsii, won is hätt kènne der Wääg zaige.*

| | | |
|---|---|---|
| *Die Vergangenheitsformen* | | |
| Perfekt | **254** | Da in der Mundart das Imperfekt fehlt, fällt auch der im Hochdeutschen gepflegte Unterschied zwischen Imperfekt und Perfekt dahin. Das Perfekt dient also: |

1. Zur Feststellung vergangener, aber noch in die Gegenwart herüber wirkender Tatsachen: *I haa s Bòòrtmònee verlòòre. S hèt ùffghèèrt (z)räägne. Gèschtert isch er gstòòrbe.*

2. Zum Ausdruck einer abgeschlossenen Handlung: *Er hèt lang gschafft (jètz hèt er Fyyroobe). Friener hèt men alles vyl gmietliger gnoo. Ùnd dernoo isch e stränge Winter koo.*

3. Statt des Präsens zur Abschwächung einer Aussage: *Gäll, hèsch wèlle gò bättle. I mècht nit stèère, i haa nùmme wèlle guete Daag saage.*

4. Vor allem aber zur Schilderung vergangener Ereignisse, wo das Hochdeutsche das Imperfekt braucht: *S isch kalt gsii, ùnd s hèt en yysige Wind gwaait. Ainewääg simmer wytter glòffen ùnd sinn äntlig zuemene Wiirtshuus*

153

*koo, wò ganz elai am Waldrand gstanden isch. Dèèrt simmer yynen ùnd hänn in der Wiirtsstùùben e waarmi Sùppe gässe ùnd e Zwaier Roote drùngge.* Schriftdeutsch würde dieser Text lauten: Es war kalt, und ein eisiger Wind wehte. Dennoch gingen wir weiter und kamen endlich zu einem Wirtshaus, das ganz allein am Waldrand stand. Wir traten ein, assen in der Wirtsstube eine warme Suppe und tranken einen Zweier Roten.

<table>
<tr><td>Plusquam-<br>perfekt</td><td>255</td><td>Die Mundart verwendet das Plusquamperfekt seltener als das Hochdeutsche und vorwiegend in Nebensätzen, die mit der zeitlichen Konjuktion wo (=nachdem) oder kuum (=kaum dass) eingeleitet sind: Wo si äntlig alles guet iberlègt gha hèt, hèt si em en Antwòòrt gää. Kuum hèt er gässe ghaa, isch er schò wider fùùrtgange. Bei formaler Beiordnung: Si händ wèlle gò lèsche; aber s Huus isch schò aabebrènnt gsii. Oft steht aber statt Plusquamperfekt blosses Perfekt: Wil er èppis aagstèllt hèt, isch er in s Ùssland verdùftet.</td></tr>
</table>

**Plusquamperfekt**

**255** Die Mundart verwendet das Plusquamperfekt seltener als das Hochdeutsche und vorwiegend in Nebensätzen, die mit der zeitlichen Konjuktion *wo* (=nachdem) oder *kuum* (=kaum dass) eingeleitet sind: *Wo si äntlig alles guet iberlègt gha hèt, hèt si em en Antwòòrt gää. Kuum hèt er gässe ghaa, isch er schò wider fùùrtgange.* Bei formaler Beiordnung: *Si händ wèlle gò lèsche; aber s Huus isch schò aabebrènnt gsii.* Oft steht aber statt Plusquamperfekt blosses Perfekt: *Wil er èppis aagstèllt hèt, isch er in s Ùssland verdùftet.*

**Zukunft**

**256** Schon im umgangssprachlichen Hochdeutsch ist die mit «werden» gebildete Zukunftsform wenig gebräuchlich, noch seltener aber in der Mundart (vgl. **192**). Zur Bezeichnung der Zukunft dient in der Regel das Präsens, meist mit in die Zukunft weisenden Adverbien: *Mer faare mòòrn in d Fèèrie* Wir werden morgen in die Ferien fahren. *Am nyyni simmer byyn ich* Um neun Uhr werden wir bei euch sein. *Wènn i derno phèngsiòniert* (pensioniert) *bii, gang i vyyl gò(gò)raise. De gsiisch dernò, was es git.* Auch mit «wollen» kann die Zukunft ausgedrückt werden: *S wòtt glaub gò räägne. Mer wänn derno luege, wien er gschafft hänn.*

Für die Vorzukunft wird immer das Perfekt verwendet: *Wènn er kèmme,* (kommen werdet) *hämmer alles ùffgruumt. Das han i gly uusgrächnet* Das werde ich bald ausgerechnet haben. *Wènn den uff der Baanhoof kùnnsch, isch der Zùùg schò lang abgfaare.*

**Passiv**

**257** Das Passiv wird gleich gebildet wie im Hochdeutschen, aber nach Möglichkeit vermieden, weil es papieren wirkt. Es erscheint zur Hauptsache dort, wo die handelnde Person oder Sache nicht genannt wird: *S wiird männgs verzèllt, wò nit wòòr isch. S wird hitte wider mee gspaart als au schò.* Gelegentlich kommt es als Ersatz für die aktive Befehlsform vor: *Ùnd jètz wird bariert!* Und jetzt wird gehorcht! *Jètz wird äntlig dy Stùùben ùffgruumt!*

Häufig wird das Passiv durch *mè* (man) und *si* (sie) umschrieben. *Jètz schiesse si wiider* Jetzt wird wieder geschossen. *Me baut e neie Dùnnel* Ein neuer Tunnel wird gebaut.

# Besonderheiten im verbalen Ausdruck

*Zum Gebrauch*
*der Modalverben*
Die Modalverben haben als Voll- und Hilfsverben in der Mundart einige im Hochdeutschen nicht oder kaum mehr vorhandene Bedeutungen bewahrt.[1]

*meege*
**258** 1. möglich sein, können: *S maag jètz èppe drei Jòòr häär syy. S mag schò syy* Es ist schon möglich. *De magsch rächt haa* Möglicherweise hast du recht. 2. günstig gesinnt sein: *Er maag ins guet* Er hat es (Kind oder weibliches Wesen) gern. *I haa si nie meege.* 3. Lust, Neigung empfinden, meist nur mit Negation: *Er maag nimmen uusgoo. I maag das Zyyg nit.* 4. gewachsen sein, können: *Er hèt dä schwäär Stai meege. Magsch nit wytter lauffe?* 5. kränken: *S hèt en meege* Es hat ihn gekränkt, betrübt. 6. wünschen, wollen (so nur im Konditional): *I mècht e Voogel syy. Mer mèchte Si gärn yylade.*

*miese*
**259** 1. sollen: *Mues is nònnemool saage?!* 2. Grund, Veranlassung haben: *Muesch wägedäm nit druurig syy. Er miend joo nit maine!* Ihr habt keinerlei Grund zu glauben... 3. dürfen: *Muesch joo kai Salz draa due!* 4. zum Ausdruck der Vermutung: *Es mues èppis draa syy* Gewiss ist etwas an der Sache. *Er mues es friener schwäär ghaa haa.* 5. zum Ausdruck der inneren Nötigung: *Si mues ir Naasen au iiberaal dryy stègge. Er mues aifach jeeden Oobe sy Schòppe ha.*

*wèlle*
**260** 1. geneigt sein: *Er hèt ene guet wèlle* Er war ihnen günstig gesinnt. 2. zur Verstärkung von «meinen» u.ä.: *Daas will i maine!* 3. zur Drohung: *Mai, i will der!* (zu ergänzen *hälffe, Bai mache* usw.).

*kènne*
*(können)*
**261** 1. verstehen, wissen, häufig elliptisch: *Dä kaa sy Sach. Si kaa èppis. Si kènne nyt als dùmm dryyschwätze.* 2. dürfen, brauchen: *Kan i schò goo?* Darf ich schon gehen? *Kasch nùmme rieffe, derno kùmm i graad* Du brauchst nur zu rufen... 3. mit jemand auskommen: *Die zwai kènne s guet mitenander. Das Maitli kaa s mit de Kinder.* 4. gefallen u.ä.: *Dä Hèlge kaa mer s* Dieses Bild hat mir's angetan.

*dèèrfe*
**262** Zur Abschwächung eines Befehls: *De dèèrftsch schò ùffstoo, wènn e Frau yynekùnnt. Er dèèrfe rueig e bitzeli òòrdliger syy!* – Die vermutende Verwendung ist unmundartlich; statt «Sie dürfte krank sein» heisst es in der Mundart: *Si wiird grangg syy* oder *Wòòrschyynlig isch si grangg.*

*sòlle*
**263** Im Sinn von «man sagt»: *S sòll vyyl Dùmms basiert syy. Allewyyl yych sòll dschùld syy.*

---

1 Der ganze Bedeutungsreichtum der Modalverben in unserer Mundart tritt im Schweizerdeutschen Wörterbuch (Idiotikon) eindrücklich zutage.

Der verbale Wortschatz der Mundart ist mindestens so reichhaltig wie derjenige der Schriftsprache, ja sogar noch umfassender, wenn man die noch lebendigen Möglichkeiten der Wortbildung in Betracht zieht (vgl. **381**-**396**). Gegenüber der Hochsprache aber haben die am meisten gebrauchten Verben, man könnte sie Basisverben nennen, einen viel grösseren Bedeutungsspielraum, der sich durch feste Zusätze noch erweitern kann.

Allgemeine
Verben mit
zahlreichen
Bedeutungen

**264** *syy: Er isch us ere rächte Famylie* Er stammt. *Woo bisch?* Wo steckst du? *Was isch er?* Was für einen Beruf übt er aus? Elliptisch: *Mer sinn ùff Lieschtel* nach Liestal gefahren. *Das Hèmd isch us Bauele* besteht aus Baumwolle. *Me kaan em nit dervòòr syy* kann ihn nicht hindern. *S isch mer* Es scheint mir. *Dèèrt isch e Huus, e Bach, e See, en Eebeni, en Antènne* steht, fliesst, liegt, erstreckt sich, ragt auf. *Er isch ùff s Gäld uus* Er ist auf Geld erpicht. *S isch an ùns* Die Reihe ist an uns. *S isch myy* Es gehört mir. *S wiird nit syy!* Das kann doch nicht stimmen! (Vgl. auch **270**.)

*haa* (meist in elliptischer Verwendung, das heisst man könnte die Formen z.B. mit einem Partizip ergänzen): *S hèt en* Es hat ihn (erwischt), er ist verrückt. *Y haa s* Ich hab's (herausgefunden). *Hèsch s?* Hast du's (erwischt)? Bist du so weit (geistig mitgekommen)? *Si händ s* «Sie haben es», sie sind recht vermöglich. *Si hèt s mit aim* Sie unterhält ein Verhältnis/ eine Freundschaft mit jemand. *Er hèt s mit de Doote* Er beschäftigt sich ständig mit den Toten. *Vò was händ si s?* Wovon sprechen sie? *I hätt gärn e Gaarte* Ich besässe gern einen Garten. *Si hèt Aiges* Sie besitzt eigenes Vermögen. *Er hèt s ùff em Häärz* Er leidet an einem Herzfehler. *Hèsch kai Guraaschi* («courage»)? Fehlt dir der Mut? *Doo hämmer s!* Da haben wir's, das ist also das Ergebnis! *Mit irem Vatter hèt si èppis ghaa* Mit ihrem Vater hat sie viel Schweres ausgestanden. *S hèt mi wiescht ghaa* Es hat mich bös erwischt (von einer Krankheit u.ä.). *Hèt s nò Sùppe?* Ist noch Suppe (für mich) übrig? *Si hèt s halt esoo wèlle haa* Sie wollte es unbedingt so durchsetzen. *S hèt èppis* Es ist schon etwas an der Sache/Behauptung u.ä. *Wie hämmer s?* Wie steht's mit unserer Unternehmung? Wie machen wir weiter? (Vgl. auch **270**.)

*due: Hèt dää doo!* «Hat der getan!» Hat der getobt! *Dien nit eso dùmm!* Benehmt euch nicht so dumm! *S duet dùsse wie lätz* Draussen stürmt es stark. *Jètz duet s es!* Jetzt genügt es, reicht es! Sehr oft statt eines Verbs der Bewegung wie legen, setzen, stellen, stecken usw.: *Due s Mässer ewägg!* Leg das Messer weg! *I due s Gäld ùff d Bangg* Ich bringe das Geld auf die Bank. *Er hèt vyyl z due* Er hat viel zu arbeiten. *S hèt ere z due gää* Es machte ihr (seelisch) zu schaffen. *Kasch s oob due* Du kannst's auf den Herd stellen, mit Kochen beginnen.

*mache: Er hèt e Dittistùùbe gmacht* Er hat eine Puppenstube verfertigt. *e Läärme mache* Lärm vollführen, *e Fèscht mache* (veranstalten), *d Kùchi, s Bètt, d Stùùbe mache* (in Ordnung bringen, reinigen), *e Duur mache* eine

Bergtour unternehmen, *èppis/Dinns/Diggs in d Hoose/in en Ègge mache* (Notdurft verrichten). *Kaffi mache* Kaffee zubereiten, *Macht s èppis?* Spielt's eine Rolle? *S macht nyt* Es ist nicht weiter schlimm. *Das macht mer Buuchwee* Das verursacht mir Bauchgrimmen, Angst. *Mach äntlig, mach e bitzli!* Beeil dich endlich! *Er macht sich* Er gedeiht, entwickelt sich gut, kommt vorwärts. *Machsch der Dùùbel?* Spielst du den Narren? *e Kind mache* ein Kind zeugen. *Leend en mache!* Lasst ihn gewähren! *e Gfrääs mache* eine Grimasse schneiden.

*gää: Dä hèt s em gää* Der hat ihm sein Teil verabreicht (mündlich oder tätlich). *Daas ka s gää* Das kann vorkommen, *was gisch was hèsch* mit allen Kräften, eilends, *S git wider vyyl Häärdèpfel* Kartoffeln sind wieder reichlich vorhanden. *Us em Nòldi git s nie e rächte Dòggter* Arnold wird nie ein rechter Arzt. *Das git emool e zimftige Baumaischter* Aus ihm wird einmal ein tüchtiger Baumeister.

*koo: S Graas kùnnt* (spriesst). *Er isch mer fräch koo* Er wurde frech zu mir. *S kùnnt ere langsaam* Nach und nach dämmert es ihr, geht ihr ein Licht auf. *S kùnnt gò räägne* Regen ist im Anzug. (Vgl. auch **270.**)

*wäärde: Doo wird nyt druus* Das wird missraten, Das kommt nicht in Frage. *Us dääre wird nie èppis Rächts* Sie wird es zu nichts Rechtem bringen. *Wiird s äntlig?.* Ist es endlich so weit?!

<table>
<tr><td>Allgemeine<br>Verben mit<br>festen Zusätzen</td><td>**265**</td><td>*syy: still syy* schweigen, *daub syy* zürnen, *òòrdlig syy zue èpperem* jemanden freundlich, lieb behandeln.</td></tr>
</table>

*haa: gäärn haa* lieben, *Glùscht haa* gelüsten, *langi Zyt haa* sich sehnen, sich langweilen, *haiss haa* schwitzen, *kalt haa* frieren, *èpper ùff der Latte haa* jemanden nicht mögen.

*due: abdue* töten (nur von Tieren), *dùùredue/aabedue* vermiesen, heruntermachen, *s duet ùff* Der Himmel wird klar. *S duet zue* Der Himmel bewölkt sich. *zuedue* anschaffen, *I will der due derfùr* Ich will dir's eintränken, *ùff d Sytte due* zur Seite legen, ersparen, *weedue* verletzen, *dùùrdue* durchstreichen, absprechen, abfällig beurteilen.

*mache: aabemache* heruntermachen, *ùffmache* öffnen, aufhängen (z.B. Bilder), *uusmache* auskernen, verabreden, *yymache* einkochen, zuknöpfen, *zuemache* schliessen, *vermache* vermachen (Vermächtnis), abdichten, *weemache* wehtun, *sich mùttig mache* sich unverschämt gebärden, *dräggig mache* beschmutzen, verschmutzen, *s èpperem dräggig mache* jemanden gemein behandeln, *abmache* loslösen, vereinbaren, *Gluuriauge mache* starr blicken, *der Kòpf mache* schmollen, *Byselibuus mache* flattieren, *fiiremache* genötigter Weise Geld bezahlen, *fiirsi/vòòraa mache* sich beeilen, es zu etwas bringen, *noochemache* nachahmen, *aamache* befestigen, animieren *(s hèt mi aagmacht)*, entfachen, entzünden (vom Licht oder vom Feuer).

*gää: d Schùld gää* beschuldigen (vgl. *dschùld syy*), *Bschaid/Antwòòrt gää* antworten, *abgää* abgeben, geistig/körperlich/beruflich nachlassen, *aagää* angeben (Angabe machen), verpetzen, prahlen, *yynegää* an den gemeinsamen Haushalt beisteuern, *uusegää* sich erbrechen, Wechselgeld herausgeben, *ùmmegää* zurückgeben, maulend antworten.

*koo: draakoo* an die Reihe kommen, *druuskoo* begreifen, verstehen, aus dem Konzept geraten, *us em Hyysli koo* vor Freude verrückt werden, *z Schlaag koo* sich in einer Arbeit/Aufgabe zurechtfinden, *uusekoo* herauskommen, einen (knappen) Überschuss erzielen, *anenanderkoo* aneinander geraten, *verkoo* verkommen, sich (ver)irren, *ùff d Wält koo* geboren werden, *noochekoo* begreifen, beim Trinken Bescheid tun, *hinderenanderkoo* in Streit geraten, *in Wääg koo* hinderlich sein, *in Sinn koo* einfallen, sich erinnern *(S kùnnt mer in Sinn* Ich erinnere mich.), *z arme Daag(e) koo* verarmen.

*wäärde* (häufig statt und neben den einfachen Verben des Werdens): *wach wäärde* erwachen (neben *verwache*), *mied wäärde* ermüden, *alt wäärde* altern, *grau wäärde* ergrauen usw.

# Die Präposition

## Besondere Bedeutungen

**266**  Von den ursprünglichen Präpositionen stimmen die mundartlichen im allgemeinen mit den hochdeutschen überein, weichen von diesen aber in Bedeutung und Gebrauch doch häufig ab.

*a(n):* «bei» : *am Bach, am Aarm nää, sich an der aigene Naase nää;* «auf» : *an ere Sitzig, an der Mäss* (Jahrmarkt), *an Boode falle;* «zu» : *bis an Buuch* bis zum Bauch, *bis an Rand, an en Änd koo,* bis an s *Roothuus lauffe;* «in» : *am Schäärme* im Schutz, *S isch Matteei am lètschte* (eigentlich im letzten Kapitel des Matthäus-Evangeliums) Es ist dem Ende/der Katastrophe nahe; «um»: *am achti* um acht Uhr, ferner bei Datumangaben: *am Samschtig, am èèrschte Mai;* «hinter»: *an d Bèèri goo, sich an d Aarbet mache;* «nach», «gemäss», «entsprechend»: *Em Lytten aa isch s e Kabälle* Dem Geläute nach zu schliessen, ist es eine Kapelle. *miir aa* wenn es nach mir geht, meinetwegen; «dicht nach», «dicht bei»: *ai Auto am andere* ein Auto dicht nach dem andern, *am Huus aa* ganz nahe beim Haus.

*ab:* «von (-weg)»: *ab em Wääg, ab de Schiine, ab der Kèttene, S isch mer e Stai ab em Häärz* Ein Stein ist mir vom Herzen gefallen. *ab em Häärd nää, ab em Blatt spiile* vom Blatt spielen, *ab der Rèère dringge* direkt von der (Brunnen)röhre trinken, *abenander* entzwei, *zää ab èlfi* zehn Minuten nach elf Uhr; «von – her»: *e Maitli ab em Land* ein Mädchen vom Lande; «von – herunter»: *ab em Disch falle, Kiirsi diräggt ab em Baum;* «über», «wegen», «ob»: *ab eme Witz lache, ab èppisem verschrägge;* «vor», «angesichts»: *S gruust mer ab däre Sauerei;* «weit entfernt von»: *Si woone ab der Wält* Sie wohnen weltabgeschieden.

*fir:* «vor»: nur noch im adverbiell erstarrten *fiirsi* «vor sich», vorwärts; «gegen»: *e Mittel fir s Buuchwee* ein Mittel gegen Bauchschmerzen. «im Vergleich zu»: *Er isch rächt groos fir sy Alter;* «im Hinblick auf»: *Fir e Byyroo isch die Stuube zimmlig groos* Im Hinblick auf ihre Verwendung als Büro...; «an Stelle von», «gemessen an»: *Me mues s aint fir s ander nää. Mach duu s fir mii. S isch schaad fir alli Mie* Es ist schade um all die Mühe; «für die Dauer von»: *Er goot fir drei Jòòr ùff Affrikaa.* Ferner pleonastisch: *I haa allerhand fir Gschichte ghèèrt.*

*geege:* «verglichen mit» : *Geege der Maarggreeflerhoof isch der Hòlstainerhoof nùmmen e Hyysli. Das isch grad nyt dergeege!*

*hinder:* «an», «über» : *hinder d Schòggelaade goo* sich über die Schokolade hermachen, *hinder enander groote* in Streit geraten.

*iber:* «nach», «bis in» (zeitlich): *iber s Johr.*

*in:* «während»: *im Verbyygoo, im Lauffe, in Zyt vò drei Dääg;* «ungefähr»: *in de Dausige, in die Hùnderte;* ferner: *im Vergäss* aus Versehen, aus Vergesslichkeit.

*innert:* «innerhalb» (zeitlich): *innert drei Jòòr.*[1]

*noo:* «gemäss»: *S styyrt jeede no sym Vermeege.*

*ùff:* «nach» (örtlich: *Mer fliegen ùff Lònde. I faar ùff Aarau. Er goot ùff Dytschland*[2]*;* ebenso: *Si mues ùff s Byyroo. Si goot ùff d Stèèr* Sie geht ins Kundenhaus arbeiten; «auf - hin»: *Kùmm ùff die Zääne* Komm um zehn Uhr. *dreiviertel ùff säggsi* viertel vor sechs Uhr; «in», «bei»: *Er schafft ùff ere Bangg* Er arbeitet in/bei einer Bank; «auf - aus»: *Si isch ùff em Gäld* Sie ist auf Geld aus, aufs Geld erpicht; «zu»: *Mer kèmmen ùff Bsuech* Wir kommen zu Besuch. *ùff d Wält koo* zur Welt kommen.

*ùm:* «für»: *I gäbt vyyl ùm e Schlùgg* Wasser, *Er wòtt ùm kai Bryys/ùm s Verwòòrge nit fòlge* Er will um keinen Preis gehorchen; «nach» (Reihenfolge): *ais ùm s ander wie z Baryys;* «ungefähr»: *ùm die Nyyne* so um neun Uhr herum, *Er isch ùm die Dryssig* Er ist etwa dreissig Jahre alt; ferner: *S isch mer nit ùm s Lache* Es ist mir nicht nach Lachen zumute; statt hochdeutscher Genitivkonstruktion: *Er nimmt sich ùm ins aa* Er nimmt sich seiner (z.B. des Kindes) an.

*ùnder:* «während»: *ùnderdaags, ùnder der Wùche, ùnder em Jòòr.*

*uus: us em Gwùnder syy* die Neugierde gestillt haben; zur Stoffbezeichnung statt Adjektiv: *e Staatue us Hòlz/Yyse/Stai.*

*vò(n): vò Hand ässe* mit blossen Händen essen, *vònemelai* «von ihm allein», von selbst, *vò sälber* (neben *vòmesälber* und *vòremsälber*) von selbst, automatisch; *vòm Verstand koo* verrückt werden, *vò miir uus* meinetwegen, *vò mòòrn aa/ewägg* ab morgen.

*vòr:* «aus», «wegen»: *vòr Angscht, vòr lutter Gyz, vòr lutter Baim der Wald nit gsee, vòr em sälber* von selbst.

*zue: zuer Hailsarmee goo* der Heilsarmee beitreten; *zuem Lòch uus koo; wie haisst er zuem Vòòrnamme?* Wie heisst er mit Vornamen? Zu *z* geschwächt vor Orts-, Länder- und Erdteilnamen: *Si woone z Baasel* in Basel, *z Ängland* in England, *z Amèèrikaa* in Amerika[3]; ferner: *z Liecht koo* «zum Licht», d.h. nach dem Nachtessen zu Besuch kommen; andere feste Ver-

---

1 Früher entsprach der Präposition *innert* eine heute tote Präposition *ùssert†* ausserhalb, z.B. *ùssert em Huus* ausserhalb des Hauses.
2 Die Entwicklung tendiert heute dahin, *ùff* durch *noo* bzw. *nò(ch)* zu ersetzen.
3 Die Verdrängung durch hochdeutsches «in» ist aber schon stark vorgeschritten, zumal vor Ländernamen. Kaum mehr gebräuchlich sind ferner *zèt Lienert†* zu Sankt Leonhard, *zèt Theooderet†* zu Sankt Theodor usw.

bindungen mit adverbiellem Charakter: *zoobe* «zu Abend», abends, *zmidaag*[1] mittags, nachmittags, *zwääg* (mhd. ze wëge) gesund; *z Faade schloo* etwas (provisorisch) vorbereiten, *zmits* mitten, *zringelùm/zringsùm* rundum.

*zwische: zwische Liecht*† bei einbrechender Dämmerung; mit Verdoppelung: *Der Ùnderschiid zwische diir ùnd zwische miir.*

*dùr* und *wäge* werden in gleicher Bedeutung wie im Hochdeutschen verwendet.


### Lücken und Ersatz

**267** Die nicht ursprünglichen Präpositionen kommen in der Mundart kaum vor, vor allem jene, die im Hochdeutschen den Genitiv regieren, wie «um – willen», «laut», «mittels», «angesichts», «ungeachtet», «oberhalb» usw. Die Mundart verwendet an ihrer Statt:

ursprüngliche Präpositionen, oft mit Adverbien kombiniert: *äänen an der Brùgg* jenseits der Brücke, *ooben am Dòòrf* oberhalb des Dorfes, *ùnden am Dòòrf* unterhalb des Dorfes, *ùssen am Huus* ausserhalb des Hauses, *im Huus inne* innerhalb des Hauses, *nit wyt vò der Stadt* unweit der Stadt, *em Bach noo* dem Bach entlang, *mit ere Schäär* mittels einer Schere, *noon em Gsetz* gemäss dem Gesetz, *wäge de Kinder* um der Kinder willen, *alli bis ùf aine* alle ausser einem, *Er isch wägen/an ere Lùngenentzìndig gstòorbe* Er starb infolge einer Lungenentzündung.

Nebensatz mit Bindewort: *Wil er gschafft ùnd gspaart hèt* durch Arbeit und Sparsamkeit. *I bii mied, aber i mach ainewääg wytter* Trotz meiner Müdigkeit fahre ich fort. *Si sinn alt, aber nò rä---cht bùschber* Ungeachtet ihres Alters sind sie noch recht rüstig.


### Verstärkung durch Adverb

**268** Bei der Angabe der räumlichen und auch der zeitlichen Beziehung ist die Mundart genauer als das Hochdeutsche. So wird die Präposition oft durch ein nachfolgendes Ortsadverb noch verstärkt oder verdeutlicht:

durch lautlich verwandte Adverbien: *ab em Disch aabe falle, an d Diiren aane bòldere, us em Huus uuse koo, ùff der Bäärg ùffe styyge, in s Wasser yyne gùmpe* ins Wasser (hinein) springen, *im Hoof inne, drùff ùffe leege,*

---

1 Pleonastisch: *zuem Zmidaag* zum Mittagessen, ebenso *zuem Zmòòrge* zum Frühstück.

161

*ùnder s Bètt ùndere schòppe, iber der Rhyy iibere schwimme, an s Huus aane*
bis (nahe) zum Haus, *ùm s Dòòrf ùmme, dùr s Jòòr dùùre, bis in d Fèèrien yyne;*

durch bloss sinnverwandte Adverbien: *ùff em Èschtrig oobe* auf dem Dachboden (oben), *im Dalbelòch* (Basler Altstadtteil) *ùnde, im Glaibaasel ääne* usw.

Auch sonst wird die Präposition häufig durch ein Ortsadverb ergänzt: *Zuem Wääg uus* (neben schwächerem *uus em Wääg*) aus dem Weg, *vòr em Fänschter ùsse, am Bach zue* nahe beim Bach.

Bei Ortsveränderungen gibt die Präposition den Ausgangs- und den Endpunkt an: *vòm Käänel* (Dachrinne) *oben aabe, an Himmel ùffe luege, vòm Käller ùnden ùffe styyge, ùffs Land uuse faare, ùff Amèèrikaa iibere raise, ùff Ziiri ùffe, in s Èlsass aabe* usw.

# Das Adverb

## Verstärkung

**269** Wie die Präposition erfährt auch das Ortsadverb häufig eine Verstärkung oder Ergänzung durch ein weiteres Adverb: *zooberscht oobe, zùnderscht ùnde, zhinderscht hinde, zùsserscht ùsse, zvòòrderscht vòòrne, anenander aane, iberenander iibere;* ferner *vòrùsse, näbezue, äänedraa* jenseits, auf der andern Seite, *drin inne, drus uuse* usw.

## Ortsadverbien neben «sein», «haben», «kommen»

**270** Meist im Gegensatz zum Hochdeutschen können Ortsadverbien direkt mit den Verben «sein», «haben» und «kommen» verbunden werden und kriegen dabei oft eine bestimmte Bedeutung (vgl. auch **264**): *Y bii dùss(e)* Ich bin aus dem Spiel. *D Schuel isch uus* Die Schule ist beendet. *Er hèt (d Schuel) uus* Er hat frei. *Jètz isch s dùsse* Jetzt ist es gesagt. *Der Hoosebooden isch dùùre* (durchgescheuert). *Der Brootis isch dùùre* Der Braten ist gar. *D Lyymonaade isch iibere* (vergoren). *Si isch iibere* Sie ist hinüber gegangen, Sie ist verrückt. *Er hèt der Huet ùff* (auf dem Kopf), *Si isch dùnde* Sie ist (physisch oder psychisch) am Rande. *Hèsch e Blätz ab?* Hast du eine Schürfung? *Er isch zue*[1] Er ist nicht ansprechbar (infolge Drogen- oder Alkoholkonsums). *D Spagètti sinn oob* (auf dem Feuer). *Si sind is nooche* Sie haben uns eingeholt, sie sind uns nachgerannt. *Mer sinn aabe/ ùffe* Wir sind hinunter/hinauf gegangen. *Er isch ab* Er ist entwischt, davongelaufen. *S isch niemets ùmme* Niemand ist um die Wege. *S isch nò vòòr/ fiir* Es ist noch mehr als genug vorhanden. *D Mäss isch ùmme* (vorbei), *Si sinn ùndere* Sie sind ins Bett gegangen. *Er isch mer vòòr* Er ist weiter als ich, hat mich überholt. *Er isch drùff wie der Deifel ùff eren aarme Seel* Er ist darauf erpicht. *Si isch ùff* Sie ist (vom Bett) aufgestanden. *S hèt d Auge zue* Es hat die Augen geschlossen. *Er kùnnt hindere* Er kommt ins Gefängnis. *Kùmm aabe!* Komm vom hohen Ross herunter, prahl nicht so! usw.

---

1 Neubildung der 1970er Jahre.

## Verneinung

**271**  Die Verneinungsadverbien lauten:

*nit* nicht. Es steht unbetont: *I kaa nid[1] yyne* und betont: *I wòtt s nitt[1]*. Die Verbindung « noch nicht » ist zu *nooni(g)*, die Verbindung « nicht mehr » zu *nimme[2]* verschmolzen: *Mer sinn noonig esò wyt, Er maag nimme. nooni(g) lang* kürzlich.

*nyt* nichts: *Er isch nyt, ùnd er wiird nyt.*

*niene* nirgends: *Si isch iiberal ùnd niene.*

*nie* nie: *Y haa si nie gsee schaffe.*

*Doppelte Verneinung*

**272**  Gerne werden verneinende Adverbien und Pronomen gehäuft, ohne dass sie sich gegenseitig aufheben müssen: *Er hèt nie nyt Rächts gschafft, Si hänn niemetsem nie nyt z laid doo, S isch niene kai Wasser glòffe.*

Wie im Hochdeutschen ergeben Verneinungen im Haupt- und im Nebensatz zusammen einen bejahenden Sinn: *S isch nit, dass er nit kènnt* Er könnte sehr wohl. *S vergoot z Baasel kai Jòòr, dass es nit e Fèscht git, S git nyt, wo s nit git* Es ist alles möglich.

Trotz wörtlicher oder inhaltlicher Verneinung des im Hauptsatz regierenden Verbs steht gelegentlich nochmals eine Verneinung im abhängigen Nebensatz: *Y loon en nit fùùrt, ooni dass er sich vòòrhäär nit entschùldiget hèt. S isch kaim verbòtte, dass er nit do yyne goot.*

In Ausrufesätzen kann die Verneinung trotz bejahender Bedeutung auftreten: *Nai, was duu nit saisch! Was hämmer nit alles bròbiert! Was dää nit alles verzèllt hèt!*

*Verstärkte Verneinung*

**273**  Die Mundart verstärkt die Verneinungswörter gern, häufig auch in derber Weise:

Verstärkung der Verneinungswörter durch andere Adverbien: *gaar nit, ganz nit, èrscht rächt niene, iberhaupt nie, wiirgglig nit, nyt ùnd wiider nyt, hääl nyt* usw.[3] Auch: *I waiss my Seel nit, waiss Gòtt nit* usw.

Verstärkung von *nit* durch ein Substantiv, das etwas Unbedeutendes bezeichnet: *nit e Hòòr, nit e Spuur, jo kai Spuur! nit e Breesmeli Aastand, nit en Ydee Verstand* kein Funken Verstand.

---

1 Das auslautende *t* wird vor nachfolgender Betonung zu *d* geschwächt, bei Betonung der Verneinung zu *tt* verstärkt; wir verwenden aber stets die Schreibung *t*.
2 Das auslautende *-e* wird oft auch zu *-i* erhöht: *nimmi*.
3 Ähnlich kann auch *niemets* verstärkt oder umschrieben werden: *iberhaupt niemets, ùff der hääle Wält niemets, kai Bai, kai Schwanz, kai Gnòche, kai Seel* usw.

Verstärkung durch bildhafte Umschreibungen: *Das goot en kai Schyss-drägg aa, Si duet kai Wangg* bewegt sich überhaupt nicht, reagiert nicht, *Das Zyyg isch kai roote Santyym* (kupfernes Einrappenstück) *wäärt. Er waiss kai alte Huet. I haa kai Aug zuedoo* Ich konnte überhaupt nicht schlafen.

Verstärkung dadurch, dass *kai* an die Stelle von *nit* tritt: *Hùnger hèt er kaine. E Vatter hèt si kaine mee* Sie hat ihren Vater nicht mehr. *Gäld isch kais doo* Geld ist nicht vorhanden usw.

Die Verneinung kann auch durch den ironischen Ton einer positiven For-mulierung ausgedrückt werden: *Daas isch e Manier! Duu bisch mer e Frint-lige!* usw.

# Die Interjektion

Die Mundart ist reich an Wörtern zum Ausdruck der mannigfachsten Gefühle. Der Form nach kann man die Empfindungswörter – wir führen nur die für die Mundart bezeichnendsten an – in bestimmte Gruppen einteilen:

## Rein vokalische und rein konsonantische Lautgruppen

**274** *a! ä! ää!* zum Ausdruck des Ärgers, der Abweisung, des Überdrusses, des Ekels: *A, i kùmm lieber nit! Ä, jètz haan i s vergässe! ää, wie gruusig!* – Erweiterung von *a: a ba!* geh mir weg damit! *a wa!* was du nicht sagst!

*è!* zum Ausdruck des Unwillens, des Erstaunens und auch der freudigen Überraschung: *è aaber au!* nein, wie kann man auch! *è nai! è, due nit eso dùmm! è du liebi Zyt! è daas isch jètz nätt!* Zum Ausdruck des missbilligenden Erstaunens häufig verdoppelt oder gar verdreifacht: *è, è, è, daas isch jètz dùmm!*

*au!* drückt Schmerz, Enttäuschung, Bewunderung oder Erstaunen aus: *au, my Èllebooge! au wie schaad! Au, das isch fein! au dä Ranze!* welch ein Bauch!

*uu! ui!* Schmerzenslaute.

*schsch! pss!* Ermahnung zu absolutem Stillschweigen.

*t! t! t!* (mit starkem Explosionsgeräusch): Laut des Unwillens.

## Wörter mit h

**275** *hè.* Fragend gebraucht, verlangt es die Wiederholung von Gesagtem, z.B. A: *Bring mer der Hammer!* B: *Hè?* A: *Der Hammer sòllsch bringe!* Dieses nicht sehr höfliche *hè?* steht für hochdeutsches «wie bitte?». Häufig wird *hè* einer Frage, diese derb bis drohend verstärkend, nachgestellt: *Was git s doo z lache, hè?!* Als Ausrufswort dient *hè* zum Ausdruck der Genugtuung oder des Rechthabens: *Gäll hè! So goot s halt, hè!* Ferner tadelnd, ablehnend: *Hè, was fallt der yy?! Hè, jètz längt s aber!* Sodann beschwichtigend: *Hè nimm s dòch nit esò schwäär! hè nù sò dènn!* Schliesslich eine

Verneinung oder eine Bejahung verstärkend oder deren Selbstverständlichkeit ausdrückend: *hè nai! hè joo! Hè s isch dòch wòòr!* Im Sinn von «oder nicht?»: *Isch s nit wòòr, hè?*

*hee!* Zur Weckung der Aufmerksamkeit oder zum Anhalten jemandes, der davoneilt: *Hee, Sii dèèrt! Hee, waart dòch! Hee, nit dèrt ùffe!* Auch zum Ausdruck des erstaunten Unwillens: *Hee, Si drampe mer jò ùff d Fiess!*

*hoo, hò. hoo* dient als ermunternder, Aufmerksamkeit heischender Zuruf: *hoo-hòpp!* (beim gemeinsamen Heben oder Schieben von Lasten). *hòppla!* Achtung! auch Ausdruck der nachträglichen Feststellung von etwas Ungeschicktem. *hòschehoo!*† Ruf vor verschlossener oder unverschlossener Tür zur Erregung der Aufmerksamkeit. (Fragende Antwort dann oft: *Wäär isch doo?*)

*hösch!*[1] Entstanden aus nachdrücklichem «hörst du?» und zu gewöhnlichem, oft fast gedankenlos gesprochenem Ausruf geworden, der am Anfang oder am Ende eines Satzes oder an beiden Orten erscheinen kann: *Hösch, gimmer s Mässer! Mach mi nit staubig, hösch! Hösch, lueg mi nit so blööd aa, hösch!*

*hüü!* Ermunternder Ruf an Zugtiere, gelegentlich auch an Menschen: *Hüü! lauffen e bitzeli gschwinder!*

*hui!* Lebendig nur noch im frohlockenden Ruf *juhui! Juhui, jètz hämmer Fèèrie!*

*aha! ahaa! aaha!* drückt Verständnis, Überraschung oder tadelndes Erstaunen aus: *Aha, jètz bigryff i s. Ahaa, esoo isch daas. Aaha, Si wänn mi aabùmpe!* Auch schadenfroh: *Aha, i haa s jò allewyyl gsait!* – Bedeutungsmässig gehören hieher auch *a wa!* und *a ba!* (siehe **274**).

*ooha!* Ausdruck der unangenehmen Überraschung: *Ooha, das isch fadaal! ooha lätz!* o wie dumm!

*ohaie!* o weh!


### Schallnachahmende Wörter

**276**  Geräusche: *bùmm!* dumpfes Fall- oder Poltergeräusch. *bimbam, bimbambùmm!* Schlagen der Uhr. *bäng, bätsch, rätsch* für helle, rasche Geräusche. *rädäbäng!* das Trommelschlagen nachahmendes Geräusch. *hätschu!* Geräusch des Niesens.

---

1 *hösch* stammt aus der jüngeren Vulgär- und Soldatensprache. Es hat wegen seiner häufigen Verwendung einer bestimmten Abart des Baseldeutschen, die übrigens auch die Entrundung nicht kennt, den Sammelnamen «Höschsprache» eingetragen (vgl. auch Seite 109, Anm. 2).

Tierstimmen: *bää* vom Schaf, *guggu* (und *guggugg*) vom Kuckuck, *quaagg* vom Frosch, *gyggeryggyy* vom Hahn, *mää* von der Ziege, *miau* von der Katze, *muu* von der Kuh, *wauwau* vom Hund usw.

Lockrufe: *busbus!* für Katzen, *bybybyy!* für Hühner u.a.

### Begriffswörter

**277** Bejahung: *joo*, weniger höflich *jä*. Auch verdoppelt als Verstärkung oder Bestätigung: *jo-joo! jä-jä! jä-joo!*[1]

Verneinung: *nai*. Zur Verstärkung verdoppelt: *nai-nai, na- nai, ne-naai!*[1] oder mit *jä* verbunden: *jä nai!*

Diese Wörter können auch durch Adverbien und andere Zusätze verstärkt werden: *jo fryyli(g)! jä nadyyrlig! jä soowisoo! joo brèzyys! nai au! nai aaber au! nai gwiis nit!* Sie können ferner durch andere Wörter oder Wortgruppen mit bejahender oder verneinender Bedeutung ersetzt werden, z.B. statt «ja»: *gwiis, èèrschtnoo, noo sò gäärn, miiraa, allwääg;* statt «nein»: *a ba! jò kai Spuur! ganz nit! im Geegedail!* usw.

*jä, joo* und *nai* werden oft nicht im antwortenden Sinn, sondern als einleitende Verlegenheits- oder Füllwörter verwendet: *Jo i waiss nit rächt. Jä hèsch Mie ghaa? Nai wènn me dänggt!*

*dòch.* Dient als bejahende Antwort auf eine verneinende Frage oder Behauptung. A: *Bisch nit mied?* B: *Dòch.* Dann auch abgeschwächt im Sinn von «bekanntlich», «wie du wissen solltest», «nicht wahr?» *De hättsch dòch sòlle gò Broot hoole. Das isch dòch der Vètter vòm Anni.*

*au.* Neben der Bedeutung «auch», «ebenfalls» auch zum Ausdruck des Erstaunens oder der Ungeduld: *Wo kùnnsch au duu hään? Nimm di dòch au zämme! Wùrùm luege Si au e sò gstòòche? è aaber au!* aber nein doch!

*nù* (hochdeutsch «nun»). Kommt nur in Verbindung mit andern Ausrufwörtern vor: *hènù!* na also, wenn's nicht anders geht! *hènùsòdènn!* also denn, wenn's nicht anders geht!

*aber aber!* (tadelnder Ausruf) nein doch!

### Befehlsformen

**278** Die nachstehenden Befehlsformen haben in der Regel blossen Ausrufcharakter:

*bisch/syg sò guet!* bitte! (auch barsch.) *Gimmer s Salz, syg sò guet! Syg sò guet ùnd nimm di zämme!*

---

1 Unhöfliche oder vulgäre Sprechweise kennt für «ja» auch *öhö!* und für «nein» *hö-ö!* und *nö-ö!*

*dängg/dängge Si!* dient zur Verstärkung einer Aussage: *Dängg, i haa s grooss Loos gwùnne! Dängge Si, i mues nimme schaffe!*

*èxgyysi!* (frz. excusez!) entschuldige bitte/entschuldigen Sie bitte!

*gäll!*[1] nicht wahr! *Gäll, de kènnsch mi nit!* Auch im Plural möglich: *Gälle(n)/Gälte(n), er dien nit dräggle! Gälle Si* (neben *Gälte Si), das hätte Si nit dänggt!* Auch als Drohung und Befehlsverstärkung: *Däs git s dènn nit, gäll!* . . . hast du verstanden!

*gugguus!* «guck aus!» Aufforderung zum Suchen, beim Spiel mit kleinen Kindern, dann auch im Sinn von «Schau da!» Verkleinerungsform: *gugguuseli!*

*halt!* Moment! *Halt, jètz haan i s vergässe! Halt, mer machen èppis anders!*

*loos!* hör zu! Meist sehr abgeschwächt: *Loos, de kènntsch mer èppis vòòrlääse. Loos, i sòtt jètz goo.*

*lueg!* schau! Dient zur Weckung der Aufmerksamkeit oder auch bloss zur Einleitung einer Aussage: *Lueg, i zaig der s graad. Lueg, i bin efangen alt ùnd maag nimme sò rächt.*

*mai!* (eigentlich «meine!»), verdoppelt *mai-mai!* Dient als Mahn- und Drohwort: *Mai(-mai), i sag s em Santiglaus! Mai, wènn de nit fòlgsch!* Auch im Sinn von «ich sage dir/euch»: *Mai, daas isch e Fèscht gsii!*

*maarsch!* (von frz. marche) vorwärts! *Maarsch, in s Bètt!*

*sag!* In der Regel unbetont, dient zur Weckung der Aufmerksamkeit oder als Anrede, meist einer Frage vorausgehend: *Sag, bisch grangg? Sag, hèt s gräägnet? Sage Si, wär hèt dä Hèlge gmoolt?* usw.

*sè!* (eigentlich «sieh!») da nimm! *Sè, dò hèsch e Dääfeli!* (Meist nur in der 2. Person Singular, viel seltener auch in der 2. Person Plural verwendet.)

*waisch* (eigentlich «weisst du?») du musst wissen, meist stark abgeschwächt: *Waisch, i ha jètz nit der Zyt. Waisch, de sòttsch äntlig aafoo.*

*wa(a)rt!* *Wart, i gib der fir s Muule! Waart, i kùmm graad!*


### Anredeformen, Anrufe

**279** Die Namen Gott, Jesus, Heiland, Teufel usw. werden, mit und ohne Beifügung, häufig umgeformt, als formelhafte Ausrufe des Zorns, des Ärgers, der Klage, der Überraschung, der Bestürzung, auch der Freude verwendet und haben oft den Charakter von Fluchwörtern: *Gòtt o Gòtt! Hèrgòtt noo-*

---

1 Wohl aus einer Konjunktivform «es gelte» entstanden.

*nemool! du myyn†[1] Gòtt! Hèèrschaft! Hèèrschaft yyne! Jèsses! Hèrjeemerli! Hèrjeeggerli! Hèèr du Zyt! Hèr du myyn†[1] Drooscht! Hailige Bimbam! Haidebritsch! nùndedie* (frz. nom de Dieu), *nùndebùggel* (frz. nom de bougre=Kerl), *nùndefaane! bòtz* (=Gotts) *dausig! bòtz Blitz! Gòpferdèggel! Gòpferdòòria! Gòpferglèmmi! Gòpfridstùtz! Pfy Teifel! Pfy Teiggeler! Pfy tausig! Pfyt Schinder!*[2]

## Auslassungen

**280** Elliptische Fügungen, das heisst Sätze und Wendungen mit Auslassungen, erscheinen in der gesprochenen Mundart sehr häufig, weil sie, anders als beim geschriebenen Wort, ohne weiteres aus der Situation und Gefühlslage heraus in Gedanken ergänzt werden können.

Befehl, Wunsch: *Uuse! Fùùrt! Ewägg! Nùr yyne!* Herein! *Still! Linggs dùùre! Gsùndhait!* (Zuruf, wenn jemand niest, oder beim Zutrinken) *E guete!* Einen guten Appetit wünsche ich dir/euch/Ihnen! *E guet neis!* (neben *e guet nei Jòòr!*) usw.

Gruss- und Entschuldigungsformen (zum Teil mit Erweiterungen, zum Teil mit weiteren Einsparungen und besonderen Betonungen je nach dem Grad der Freundlichkeit und Höflichkeit): **guete Daag!** (zu ergänzen «wünsche ich dir/euch/Ihnen») **guete Daag! Daag! gueten Oobe! gueten Oobe! Noobe! guet Nacht! Nacht!**[3] *Bhiet di!* Behüt' dich (Gott)!, *Bhiet ich!* Behüt' euch (Gott)! *ùff Wiidersee! aadie!* (frz. adieu!)[4] Gott (befohlen)! *Nyt fir ùnguet!* Nimm nichts für ungut! usw.

Beteuerungs- oder Verwünschungsformeln: *ùf Èèr ùnd Gwisse, ùf Èèr ùnd Säälikait, bigòtt! bigòscht! my Seel! zùm Gugger! zùm Teifel! zùm Deihängger!* Lose schliessen sich dieser Gruppe an: *Koogezyyg! Kaibezyyg!* usw. Dazu die derb-lapidaren Feststellungen, die auch Fluchcharakter annehmen können: *Mischt! Kaabis! Saich! Drägg! Schyssdrägg!* usw.

Derbe Umschreibungen von Abweisung und Unwillen: *schysse! schyssebach! dangg fir Òbscht! pfyffe! Pfyffedèggel!* Ich pfeif drauf! *am Fiidle! am Aarsch! Kaasch mer! Lägg mer!* usw.

1 Es handelt sich wohl um alten Genitiv des Personalpronomens (mhd. mîn) oder um spätere Übernahme von «mein» aus dem Hochdeutschen.
2 Infolge der emphatischen Sprechweise und des starken Nebentones auf «pfui» wurde das anlautende *d* in *Deifel* und *dausig* zu *t* verstärkt (vgl. auch **20**.7) und dann als zu «pfui» gehörend empfunden, so dass es also auch vor *Schinder* erscheint.
3 Das Baseldeutsche kennt die in andern Mundarten verbreiteten Grussformeln *Guete Mòòrge!* und *Grüezi!* von Hause aus nicht. Sie dringen aber immer stärker ein.
4 *Aadie* kann ausser beim Abschied auch bei der Begrüssung verwendet werden: *Aadie, Hans, gsiit me di au wider emool! E adie Luggi* (Luise), *was läbsch als?!* – Als Grussformeln sind ausserdem sehr verbreitet, vor allem bei der Jugend: *saly!/salü* (frz. salut) sowie *tschau* (it. ciao = Sklave), neuerdings auch das vor allem durch das deutsche Fernsehen importierte *tschüss!* als Abschiedsgruss (aus «adieu» über «adjüss» entstanden).

# Vierter Teil:   Die Satzfügung

# Allgemeines

**281** Der einfache Satz ist in der Mundart normalerweise gleich gebaut wie in der Schriftsprache. (Vereinzelte Abweichungen siehe Pronomen **138** und **139**, Verb **194** und Adverb **200**.) Zur freieren Wortfügung am Schluss des selbständigen und des abhängigen Satzes siehe **282** ff. Hingegen ergeben sich grössere Abweichungen im Bereich der Satzverbindung und des Satzgefüges.

Im ganzen bevorzugt die gesprochene Sprache eine einfache und eher lose Satzfügung. Hauptsätze sind häufiger als Nebensätze, das heisst die Beiordnung dominiert über die Unterordnung. Die Beiordnung von logisch und inhaltlich gleichwertigen Hauptsätzen hat die Mundart mit dem Hochdeutschen gemein; im Gegensatz zu dieser kennt sie aber auch die formale Beiordnung von logisch und inhaltlich ungleichwertigen, das heisst untergeordneten Sätzen. Der mundartliche Satzbau hat also vorwiegend beiordnenden Charakter.

# Beiordnung gleichwertiger Sätze

### Beiordnung ohne Bindewörter

**282**  *D Mueter schafft in der Kùchi, s Biebli spiilt in der Stùùbe. S isch ai Dùùren-*
*ander: d Biecher liigen am Boode, d Hèfter faaren ùff de Sässel ùmme,*
*d Dinte dròpft vòm Disch obenaabe.*

Oft wird durch hinweisende Pronomen und Adverbien die Beziehung des
einen Satzes zum andern klargestellt: *Jètz saag i s em Hans, dää wird*
*stuune. Daas isch e Wuube* (Weibsbild), *e soo aini han i no nie gsee. Fräch*
*wiird er au no, do hèèrt dòch au alles ùff.*

*Bindewörter*
*der Anreihung*
*(kopulative*
*Bindewörter)*

*ùnd*

### Beiordnung mit Bindewörtern

Folgende beiordnende Bindewörter sind im Gebrauch:

**283**  Zur Verbindung gleichartiger Sätze verwendet die Mundart fast aus-
schliesslich *ùnd*, und zwar noch viel häufiger als das Hochdeutsche; es kann
geradezu den Charakter eines blossen Füllworts annehmen: *. . . ùnd s hèt*
*gwindet ùnd gschittet ùnd blitzt ùnd dònneret, ùnd mer sinn dùùredùùr nass*
*wòòrde.*

Infolge seiner Farblosigkeit kann *ùnd* die verschiedensten logischen Ver-
hältnisse bezeichnen.

Sehr oft ist es mit andern anreihenden Wörtern verbunden: *ùnd jètz, ùnd*
*èèrschtnoo, ùnd sògaar, ùnd au* usw. Zum Beispiel: *Ùnd jètz mues i au no*
*d Bètter mache.* Ferner mit hinweisenden Pronomen und Adverbien: *S isch*
*is e Hùnd in s Huus glòffen, ùnd dää hèt gstùngge. Mach zèèrscht dy Aarbet,*
*ùnd dernoo wämmer luege.* Mit entgegenstehenden und begründenden Bin-
dewörtern: *Si händ en Auto kauft, ùnd derbyy händ si nit emool rächt z*
*ässe ghaa. De hèsch wider emool nit zuegloost, ùnd dòòrùm mues i die ganzi*
*Gschicht noonemool verzèlle.*

Es kann andere beiordnende Bindewörter ersetzen, z.B. «aber»: *Mit im*
*bisch òòrdlig ùnd mit miir nie.* Häufig erscheint es statt «sondern», wobei
sich die Folge der gegensätzlichen Begriffe umkehrt: *I sag s im Äärnscht*
*ùnd nit zuem Gspass* Ich sage es nicht im Scherz, sondern im Ernst. Es steht
ferner an Stelle von zweigliedrigen Bindewörtern, z.B. von «sowohl – als
auch»: *Gèschtert han i zää Stùnd gschafft ùnd hitten au wider zää Stùnd;*
von «teils-teils»: *Er hèt sy Vermeegen in Aggzien ùnd Òbligazioonen*

*aaglegt* ... teils in Aktien, teils in Obligationen; von «weder – noch»: *S isch nit zuem Hyylen ùnd nit zuem Lache. S längt nit zuem Lääben ùnd nit zuem Stäärbe.* Für die hochdeutschen Wörter «ausserdem», «überdies», «zudem» usw. verwendet das Baseldeutsche entweder blosses *ùnd* oder Verbindungen wie *ùnd èèrschtnoo, ùnd au, ùnd derzue (nò): Das Maitli isch nätt zuem Aabyssen ùnd èèrschtnoo gscheit/ùnd derzue nò gscheit/ ùnd au gscheit derzue* usw.

Zur Verwendung mit unterordnender Bedeutung siehe **301, 302, 303, 313, 316.**

*au*  **284**  *au* (auch) wird wie im Schriftdeutschen verwendet, zudem auch für «gleichfalls», «ebenfalls», «selbst», «sogar» usw.: *Au miir wänn kai Händel* Wir wollen ebenfalls keinen Streit. *Jètz bringt dä au nòn e Katz mit* ..... sogar noch eine Katze. – Abweichend vom Hochdeutschen, unbetont: *Was machsch au so lang?* Was treibst du denn so lange? *Wo isch er au aane koo?* Wohin ist er denn wohl gekommen? *Isch daas au e Kèlti!* Das ist wirklich eine gewaltige Kälte! *Wie hänn er au kènne schlooffe by däm Läärme?* Wie konntet ihr nur schlafen... ? *Daas isch jètz au e Siirmel!* Das ist doch wirklich ein ungehobelter Kerl!

*Bindewörter*  **285**  *aber* ist das am häufigsten gebrauchte Bindewort des Gegensatzes: *S Ässe*
*des Gegensatzes*  *wär guet gsii, aber s hèt niene glängt.* Abgeschwächt erscheint es in Fällen
*(Adversative*  wie: *Kùmm aber joo zuer Zyt! Daas isch jètz aber en Iberraschig!* – Oft
*Bindewörter)*  steht es verstärkend neben *dòch* oder *ainewääg: I haa mi aber dòch nit gidraut. I mècht aber ainewääg mitkoo.* (Verdoppeltes *aber* als Ausrufewort siehe **277.**)

*dòch:* Es ist, abweichend vom Hochdeutschen, nicht einfach Ersatzwort für «aber», sondern kommt meist nur in Aufforderungs- und Fragesätzen vor: *Dien dòch nit esò dùmm! Du kùnnsch dòch au mit is?* Ferner zur Begründung oder zur vermutenden Behauptung: *Er hèt dòch allewyyl Bäch ghaa. Si mues dòch hitte nò verraise.* Schliesslich im Sinn von «bekanntlich»: *S Dòòrf Dùggige lyt dòch im Kanton Bäärn.*

*oder* dient neben der auch im Hochdeutschen üblichen Bezeichnung der Alternative *(Kòpf oder Zaal)* zur Wiedergabe von «widrigenfalls», «andernfalls», «sonst»: *S hänn s alli lùschtig gfùnde, oder i miest mi giirt haa* ... andernfalls habe ich mich geirrt. *Lauff jètz äntlig, oder i mach der Bai! Gimmer z dringge, oder i verdùùrscht!*

Zusammengesetzte Gegensatz-Bindewörter wie «dennoch», «jedoch», «hingegen», «dessenungeachtet», «gleichwohl» sind im Baseldeutschen nicht gebräuchlich, ausgenommen das Wort *ainewääg* im Sinn von «dennoch», «trotzdem»: *Er hèt mer alles ergläärt, (aber) i bii ainewääg nit druuskoo.* Die sprachliche Andeutung des Gegensatzes kann auch unterbleiben: *Me hèt alles bròbiert, ùnd nyt hèt gnützt.*

Den Gebrauch von «sondern» (*sòndere* gesprochen) meidet das Baseldeutsche eher: *Er isch nit gò schwimmen, er isch gò schutte* Er ging nicht schwimmen, sondern Fussball spielen.

*Bindewörter der Begründung (Kausale Bindewörter)*

**286** Zur Einleitung des begründenden Hauptsatzes dient *drùm*, verstärkt *dòòrùm: Sy Frau isch gstòòrbe, drùm/dòòrùm isch er eso druurig.*

Nicht an der Satzspitze, sondern hinter dem Verb stehen erläuternd Wörter *jò, halt, èbe, nämlig, drùm,* die dann konjunktionalen Charakter annehmen: *Dä Hèlge wòtt i nit, das isch jò e Kòpyy. Er isch allewyyl esò duuch* (gedrückt), *er hèt halt e beesi Frau. Die händ vyyl ùff der Sytte, si händ èbe gspaart. Si woone jètz im Bäärner Ooberland, si hänn nämlig d Baasler Lùft nit verdrait* (ertragen). *Si wòtt nit koo, si isch drùm grangg.*

Begründendes «denn» wirkt eher mundartfremd. Es kommt jedoch in der ungeduldigen Frage vor: *Was isch dènn loos? Was wänn er dènn aigetlig nò?* (Siehe auch **342.**)

Nicht gebräuchlich sind ferner die hochdeutschen Wörter «folglich», «demnach», «somit», «mithin», «daher», «deswegen», «deshalb» usw. Die drei letztgenannten gibt die Mumdart mit *wägedäm* wieder: *S Wasser isch als wie dräggiger wòòrde; wägedäm git s fascht kaini Fisch mee im Rhyy.*

Oft bleiben begründende Beziehungen überhaupt unbezeichnet: *Mer geen jètz, mer mien mòòrn wieder frie ùffstoo. Mach d Lääde zue, s kùnnt gò räägne.*

# Beiordnung und Unterordnung
# ungleichrangiger Sätze

**287**  In der Mundart wird die Beiordnung oft auch bei logischer Abhängigkeit der Sätze beibehalten. Der Nebensatz erscheint dann formal als Hauptsatz; an die Stelle der unterordnenden Bindewörter treten *ùnd* sowie *aber*.[1] Daneben kennt die Mundart natürlich auch den untergeordneten Nebensatz. Im folgenden behandeln wir daher die Unterordnung stets im Zusammenhang mit der Beiordnung.

Die Mundart verfügt über alle Nebensatzarten des Hochdeutschen, mit Ausnahme der verkürzten Nebensätze (Infinitiv- und Partizipialsätze). Die nebensatzeinleitenden Bindewörter sind freilich nicht sehr zahlreich, werden aber oft durch Zusätze ergänzt, nämlich durch:

### Korrespondierende Wörter

**288**  Auf den Nebensatz im voraus hinweisend: *Daas han i nie glaubt, dass er gstoole hèt. Esoo hämmer nò nie gschafft, wie mer hitte gschafft händ. Er kaa s nit heeben ùnd nit länge, dass sy Huus aabebrènnt isch* Er kann nicht fassen, dass ...

Auf den Nebensatz nachträglich zurückweisend: *Dass es Ratten im Käller hèt, daas han i schò lang gwisst. Wie dää gfluecht hèt, esoo hèt nò kaine gfluecht.*

**289**  Hinter dem sinntragenden Bindewort steht häufig *dass,* welches klarstellt, dass ein Nebensatz beginnt; man kann beide zusammen als Doppelbindewort auffassen: *Si geen nie haim, èb/bivòòr dass die lètschti Fläsche läär isch. Syt dass er ghyyrooten isch, jasst er nimme. Si hèt alles sälber bruucht, statt dass si e Dail de Kinder gää hèt.* (In diesem Fall ist das *dass* unentbehrlich.) *Je lènger (d)ass i s bschau...* Je länger ich's betrachte...

### Die Nebensätze nach den Bindewörtern

*Bindewörter des Ortes und der Richtung* **290**  *wo* (meist mit korrespondierendem *do* oder *dèrt*): *Wo s Hyyser hèt, do/dèrt git s au Lyt.* Für «wohin» und «woher» verwendet die Mundart die trenn-

---

1 Dieser beiordnende Satzbau wird heute in zunehmendem Masse durch den unterordnenden der Schriftsprache bedroht.

baren *wo-aane* und *wo-häär* (ebenfalls meist mit korrespondierenden Wörtern): *Wo duu aane goosch, dèrt gang au yych aane. Wo dää häär kùnnt, vò dèèrt isch nò nie èpper Rächter koo.*

**291** Beiordnung statt Unterordnung: *Mer geend in Òggse, dèrt isst me so guet* Wir gehen in den «Ochsen», wo man so gut isst. *Si goot ùff Baryys, dèrt läbt si am liebschte.*

*Bindewörter der Zeit*

**292** *bis: Mer waarte nit, bis es z spoot isch.*

*kuum: Kuum macht er s Muul ùff, kùnnt èppis Dùmms uuse.*

*èb, vòr, bivòr* ehe, bevor[1]: *Èb er haim isch, hèt er non en Oobeschòppe gnoo. Mer wänn goo, (bi)vòr s gwitteret.*

*syt* seit(dem): *Syt i mi bsinne maag, hèt s kai sò wieschte Sùmmer gää.*

*sòlang: Sòlang s windet, räägnet s nit.*

*wènn (bis wènn, syt wènn)* wann, wenn: Es bezeichnet zunächst einen bestimmten Zeitpunkt: *I hèèr èrscht ùff, wènn s dùnggel wiird.* Sodann dient es zur Verbindung zweier Ereignisse, die gleichzeitig oder aufeinanderfolgend eintreten (hochdeutsch «jedesmal wenn», «wann immer»): *Wènn s blitzt, dònneret s au.* Auch im Sinn von «während»: *Wènn alli schlooffen, isch s myyslistill im Huus.* Wird es betont, so drückt es Verallgemeinerung aus (hochdeutsch «wann immer»): *Wènn me lyttet, (so) isch niemets dehaim.* – Oft steht im Hauptsatz korrespondierendes *so, no, derno*: *Wènn i emool nimme schaff, dernoo han i s scheen.*

*wie* (meist betont oder durch vorangestelltes *grad* verstärkt) in der Bedeutung von «eben als», «sobald als», «kaum (dass)»: *Wien er hèt wèlle règglamieren, isch s schò z spoot gsii. Grad wie si hèt wèlle fùùrtgoo, hèt e Husierer glitte.*

*wo* in der Bedeutung von «als», «da», «während», «nachdem»: *Won er en gsee hèt, isch er ùff en zuegange. Wo si in de Fèèrie gsii sinn, isch byyn enen yybròòche wòòrde. Wo si gnueg gspaart gha händ, sind si ùff Indie gflooge.*[2]

**293** Beiordnung statt Unterordnung: *Zèèrscht ruume mer ùff, dernoo geemer spaziere* (...bevor wir spazieren gehen). *I haa grad wèlle d Zyttig lääse, do kèmme zwai Hèèren yyne* ...gerade als ich die Zeitung lesen wollte... *Yych spritz d Bluemen, ùnd die andere sòlle jätte* ...während ich die Blumen begiesse...

---

1 *èb* wird heute bedrängt durch *vòr* und vor allem *bivòr*.
2 «als», «da», «während», «nachdem» sind unmundartlich. Dennoch sind *wääre(n)d* und *no(ch)däm* immer häufiger zu hören. «während» kann auch durch *derwyyl* wiedergegeben werden, das im Hauptsatz soviel wie «unterdessen» bedeutet: *Si hèt gschlooffe, derwyyl d Kinder gspiilt händ.*

**294** Gleiche Glieder werden durch *wie* verbunden, häufig in Verbindung mit korrespondierendem *(e)soo: S isch esoo uusekoo, wien i s vòruusgsait haa.* Verbunden mit *wènn: S isch mer, wie wènn i grangg wäär.* Mit *wènn* verbunden kann auch *als* stehen: *Es schmèggt, als wènn s dät brènne.* Schliesslich ist wie im Hochdeutschen blosses *a(l)s* im Sinne von «als ob» möglich: *Si stoot ùmmen, a(l)s hätt si nyt z due.*

**295** Ungleiche Glieder werden durch *a(l)s*[1] verbunden: *Si geend lieber go schwimmen a(l)s go lauffe. Er isch vyl èlter, a(l)s i gmaint haa.* Ferner: *Si diend nyt a(l)s nùmme händle.* Sie streiten sich andauernd. Auch *a(l)s dass* kommt vor: *Lieber verhùngere si, a(l)s dass si ùff d Aarmepflääg giengte.*

**296** Ein proportionales Verhältnis (hochdeutsch je – desto usw.) wird ausgedrückt durch:

*je – je: Je gschwinder de schaffsch, jee gschwinder hèsch frei.*

*je – ùmso: Je mee Spring s Gschiir hèt, ùmso dyyrer verkauft me s ùff em Hääfelimäärt.*

*je – dèschtò: Jee mee d Kinder schreie, dèschtò nyydiger* (massleidiger) *wird d Mueter.*

*wie – wie: Wie lùschtiger s zuegoot, wie speeter wiird s.*

*sò – sò: Sò nätt dä Hèèr isch, sò frintlig isch au sy Frau.*

**297** Beiordnung statt Unterordnung: *Daas isch e Fèscht gsii, i haa kais esoo mee erläbt* ...wie ich keines mehr erlebt habe. *Reede duet er, e Bròfässer kènnt s nit bèsser* ...wie es ein Professor nicht besser könnte.

**298** Von den beiden hochdeutschen Bindewörtern «da» und «weil» gebraucht die Mundart nur «weil», und auch dieses in sehr beschränktem Masse, am ehesten in Antworten, z.B.: A: *Wùrùm lampe die Blueme?* B: *Wil si kai Wasser hänn.* Verstärkung durch *halt* oder *ebe* ist häufig: *wil er halt e Glùnggi isch, wil si eben e Fäägnäscht isch.* – Eine Satzfügung wie *Er isch nit koo, wil er der Zùùg verbasst hèt* wird eher in der Form der Beiordnung (siehe **299**) wiedergegeben.

Statt und neben «weil» steht wie im Hochdeutschen *dass* in Fällen wie: *Er isch en Eesel, dass er nit schwygt. Si duet aim laid, dass si esoo mues hingge. S isch nit, dass i nit kènnt.* Einen sachlichen Grund einführend: *Hèsch Grach mit em, dass den en nit griessisch?*

---

1 Noch bis ins 20. Jahrhundert hinein diente auch im Baseldeutschen, wie heute noch in andern Mundarten, als vergleichende Konjunktion neben *als: wä(ä)der: Èr isch èlter, wäder i glaubt haa.* – *Als* erscheint häufig geschwächt: *as.*

**299** Beiordnung statt Unterordnung: *Der Kèmmifääger isch doo gsii, drùm isch der Booden eso schwaarz. I haan en ùff der Latte, er schwätzt nyt als Blääch. Kùmm, mer geen, do git s jo dòch nyt mee z luege.* – Als Fragesatz beigeordnet: *Jètz isch er ùnder en Auto koo, wùrùm hèt er au nit bèsser ùffbasst?* ...weil er nicht besser aufpasste. *Er hèt sich hinder der Diire verstèggt, esoo hèt er sich gschämmt* ...weil er sich dermassen schämte.

*Bindewörter der Bedingung*

**300** Das gewöhnliche Bindewort des Bedingungssatzes ist *wènn*, oft korrespondierend mit *sò, nò, dernò* im Hauptsatz: *Wènn er will, (nò) kaan er. Wènn i der Zyt ghaa hätt, (nò/dernò/sò) wäär i nò bliibe.* Ausserdem wird gelegentlich *imfal* falls verwendet: *Mach d Diiren ùff, imfal èpper lyttet.* Daneben auch *imfal dass.* – Ungebräuchlich sind die schriftsprachlichen «sofern», «insofern», «wofern», «falls», «insoweit» usw.

**301** Beiordnung statt Unterordnung: Der bedingende Satz kann die Form eines Fragesatzes annehmen: *Wòttsch nit spiile? Nò lòss es halt blyybe.* Oder die Form eines Befehlssatzes: *Mach nùmmen esoo wytter, dernoo erläbsch èppis!* Häufig werden die beigeordneten Sätze durch *ùnd* oder *oder* verbunden: *Iberlèg das nòn emool, ùnd de wiirsch di anderscht bsinne. Leeg èppis Waarms aa, oder de verkèltsch di* ... wenn du nichts Warmes anziehst... Ferner: *Me mues nùmme frintlig syy mit de Lyt, derno kùnnt men iiberaal dùùre.*

Statt des Wenn-Satzes ist wie im Hochdeutschen auch unechter Hauptsatz, oft mit Konditional, möglich: *Hätt s nit eso gschneit, (nò) wääre mer gèschtert schò verraist. Wäär s nit zuem Lache, wäär s zuem Gryyne. Kùnnt er hit nit, nò kùnnt er mòòrn.*

*Bindewörter der Einräumung*

**302** Die hochdeutschen Bindewörter der Einräumung «obgleich», «obwohl», «obschon», «wiewohl», «wenngleich» usw. fehlen der Mundart. Sie verwendet an ihrer Statt:

*wènn* in Verbindung mit *au, schò, nò/noo, ùnd*, zum Teil mit korrespondierendem *dòch* oder *ainewääg* im Hauptsatz: *Au wènn s eich weeduet, sò mues i eich dòch emool d Mainig saage. Wènn er jètz schò nit gäärn e Lèèr macht, sò nùtzt si em speeter ebe dòch. Wènn si sich noo sò fèscht Mie git, kùnnt si ainewääg ùff kai griene Zwyyg. Y mues das Kùmeedli aifach haa, ùnd wènn s noo sò vyyl kòschtet.*

*wo – dòch: Dä verschänggt sy ganz Gäld, woon er dòch sälber fascht nyt z bysse hèt.*

Ähnlich wie im Hochdeutschen werden gebraucht:

*dròtzdäm: Si blyyben ùff, dròtzdäm si mied sinn;*

*òb: Òb de s glaubsch òder nit, i haa nyt als d Wòòret gsait;*

*sò* mit unmittelbar folgendem Adjektiv oder Adverb: *Sò alt er isch, er hèt iberhaupt nyt glèèrt. Sò nätt si reedet, si isch ainewääg en ùnnemietigi Phèrsoon.*

Im Sinn von «es sei denn, dass» steht (bei verneintem Hauptsatz):

*ooni: Me goot nit ins Kònzäärt, ooni me hèt sich aaständig aaglègt.*[1]

*ùsser: I verzyych der nit, ùsser de duesch di entschùldige.*

Selten und eher altertümlich ist die Konstruktion: *De daarfsch nit in d Statt, de käämsch dènn mit ùns.*

Im nachgestellten Hauptsatz ist statt der umgekehrten Wortstellung auch die normale möglich: *Au wènn i mied bii, i mues jètz ainewääg an d Lùft!*

**303** Beiordnung statt Unterordnung. Die Beiordnung geschieht mit Hilfe von:

*aber,* das durch *dòch, ainewääg,* auch korrespondierendes *zwòòr, fryylig* usw. verstärkt wird: *Er hèt (zwòòr) vyyl gschwätzt, aber ainewääg nyt Vernimftigs gsait. Si händ fryylig nit vyyl Gäld ghaa, aber si hätten em jò ùff en anderi Aart kènne hälffe. Der Max hèt sich ganz fèscht Mie gää, er isch aber ainewääg sitze bliibe.*

*ooder* (im Sinn von «es sei denn, dass»): *I mècht nit ùff em Land woone, ooder i hätt en Auto.* – Mit Ellipse des Bedingungssatzes: *Gänn Si mer myni Biecher zrùgg, ooder i zaig Si aa* Geben Sie mir meine Bücher zurück, wenn Sie nicht wollen, dass ich Sie anzeige. Vgl. auch **324.**

*ùnd – dòch: Si händ noonig emool d Schue aa, ùnd (si) sòtte dòch schò lang ùff em Baanhoof syy. Er bringt mer jeedesmool Läggerli mit, ùnd i haa si dòch gaar nit sò gäärn.*

*derbyy: Er isch gò schaffe, derbyy isch er gar nonig gsùnd gsii* ...obschon er noch nicht gesund war.

Die Beiordnung erfolgt ferner durch unechte Hauptsätze: *Isch s dùsse noo sò kalt, er goot dòch jeede Daag gò schwimme. Gang du nùmme gò spaziere, yych blyb dehaim* Auch wenn du spazieren gehst, bleibe ich zuhause.

Schliesslich kann die Beiordnung auch durch Konjunktiv und Bindewort-Ersatz *noo sò* erfolgen: *Syyg eine noo sò schlächt zwääg, er sòtt d Hòffnig nie ùffgää. I drau em nit iber der Wääg, ùnd wäär er noo sò frintlig. Haig er au noo sò vyyl Frind ghaa, jètz isch er ainewääg elai.*

Bindewörter des Zwecks und der Folge siehe **304.**

---

1 Auch der Konjunktiv ist möglich: ...*ooni me haig/heeb sich aaständig aaglègt.*

**304** Das Bindewort *dass*[1] leitet sehr verschiedenartige Nebensätze ein, nämlich:

den Subjekt- und den Objektsatz (das heisst Nebensätze, die das Subjekt oder das Objekt des Hauptsatzes vertreten): *Dass er e Nytnùtz isch, isch kai Ghaimnis mee. Y waiss, dass es dèèrt Frèsch hèt;*

den Attributsatz (zur näheren Bezeichnung eines Substantivs): *Er hèt d Ydee, dass es wider Grieg git;*

den Zwecksatz mit vorangehendem *fir: Mer sitze ganz vòrnen aane, fir dass mer alles bèsser gseend;*[2]

den Folgesatz (mit korrespondierendem *(e)soo* im Hauptsatz): *Si händ esoo miese lache, dass ene der Buch weedoo hèt. S isch esoo finschter gsii, dass me d Hand vòr den Auge nit gsee hèt.*

Infolge seiner grossen Bedeutungsbreite kann das *dass* auch andere Bindewörter vertreten in Fällen wie: *S isch gaar nit lang häär, dass es gäärdbeebnet hèt.* (Vgl. auch **298**.)

**305** Beiordnung statt Unterordnung:

Statt Subjekt- und Objektsatz: *S Glùngen isch, er kaa nit emool rächne* ...dass er nicht einmal rechnen kann. *Y waiss, du liisisch gäärn* ...dass du gern liest.

Statt Attributsatz: *Die Pfanne hèt der Noodail, si isch vyyl z grooss* ...dass sie viel zu gross ist. *Y haan e gueti Uusreed, s isch Bsuech vò ùsswäärts koo* ...dass Besuch gekommen ist.

Statt Zwecksatz (zum Teil auch statt Kausalsatz): *Er lèèrt* (lernt) *flyssig, er mècht d Matuur mache*...um die Matur zu bestehen, weil er die Matur bestehen möchte. *Si faschtet ùnd faschtet, si will zää Kyyloo abnää* ...um zehn Kilo abzunehmen, weil sie ...abnehmen möchte. – Mittels Befehlssatzes: *Iss fèèrtig, nò kènne mer nò gò spiile* ...damit wir noch spielen können. Umschreibung mit «sollen»: *Er schiggt is zmidaag e Mooler, dä sòll der Laade stryyche* ...damit er...streicht.

Statt Folgesatz: *S isch finschter wòòrde, me hèt kuum d Hand vòr den Auge gsee. Daas isch e Drùggete, ain drampt em anderen ùff d Fiess.* Mit *ùnd* angefügt: *Sinn er wiirgglig esoo gschiggt ùnd kènne die Maschiine fligge?* ...dass ihr diese Maschine reparieren könnt.

---

1 Daneben kommt auch die Form *as(s)* vor. Sie erklärt sich daraus, dass beim Sprechen das anlautende *d* zu einem vorausgehenden Konsonanten geschlagen wurde und mit diesem verschmolz: *Witt-d-ass i kùmm?* Beide Formen sind gebräuchlich.

2 *damit, dermit* sind unmundartlich.

**306** Beiordnung herrscht ferner für die im Hochdeutschen mit «indem», «dadurch dass» und ähnlich eingeleiteten Sätze: *Si isch ùff em Kaanebee gsässen ùnd hèt Määrli verzèllt* Indem sie auf dem Sofa sass, erzählte sie Märchen. *Er hèt d Maargge ùff d Haizig glègt ùnd dròggne loo.* Er legte die Marken zum Trocknen auf den Heizkörper. *Si hänn ir Baloon wèlle styyge loo ùnd hänn en mit haisser Lùft gfillt* ... wozu sie ihn mit Heissluft füllten. – Ebenso für den mit «während» eingeleiteten Adversativsatz: *D Mueter fägt ùnd bùtzt, ùnd d Dòchter lyt ùff der fuule Hut* ... während die Tochter hingegen auf der faulen Haut liegt.

**307** Eine Mittelstellung zwischen Bei- und Unterordnung nehmen die Sätze der abhängigen (indirekten) Rede ein, indem sie einerseits die Form des selbständigen Hauptsatzes haben, anderseits die Abhängigkeit durch den Konjunktiv des Verbs zum Ausdruck kommt: *Me verzèllt, er syg grangg ùnd haig nimme lang z lääbe; er wèll aber ainewääg nò kai Thèschtamänt schryybe.*

*Satzeinleitende Pronomen und Adverbien*

**308** Nebensätze werden auch durch relative und fragende Pronomen sowie Frageadverbien eingeleitet: *Wär nyt schafft, (dä) bringt s zue nyt. Was gmacht isch, isch gmacht. Waisch, wò der Wääg zuem Baanhoof isch? Froog mi nit, wùrùm daas esoo isch. I froog mi, wie daas hèt kènne gschee.*[1]

Die relativische Anknüpfung mit «da» (z.B. am Tag, da das Fest stattfand) ist der Mundart fremd; sie braucht stattdessen in örtlicher und zeitlicher Bedeutung *wo: Jètz hèt me s Huus, won i friener gwoont haa, abgrisse. Mer sinn graad in säller Wùche zrùggkoo, wo s eso haiss gsii isch.*

**309** Werden solche satzeinleitende Wörter betont, so bekommen sie einen verallgemeinernden und zum Teil einräumenden Sinn (der im Hochdeutschen durch «immer» oder «immer auch» oder ähnlich wiedergegeben wird): *Wie me s macht, isch s lätz. **Waas** i saag, alles duet me mer dùùre* Was ich auch sage, nichts lässt man gelten. ***Woo** men aaneluegt, isch Ùnfriide. Es vergrootet em alles, er mag mache, **waas** er wòtt* Was er auch unternimmt, missrät ihm. ***Wie** de mainsch!* Ganz wie du meinst!

*Das Relativpronomen wo*[2]

**310** Eine besondere Eigentümlichkeit nicht nur des Baseldeutschen, sondern auch anderer alemannischer Mundarten ist die Anknüpfung des Relativ-

---

1 Zu solchen satzeinleitenden Wörtern kann auch das Fügewort *dass/ass* treten: *I waiss wiirgglig nit, weelen ass de mainsch. I haa kai Aanig, wievyyl Gäld dass si verglèpft hèt* ...durchgebracht hat.

2 Die Verwendung von «wo» war ursprünglich auf den lokalen Bereich beschränkt: Das Haus, wo ich wohnte. – Zur Lautung: Die Relativpartikel «wo» ist gewöhnlich unbetont, daher kurz und eher offen gesprochen; dennoch schreiben wir der Einfachheit halber stets *wo*.

satzes mit *wo,* welches die Funktion des hochdeutschen Relativprono-
mens übernimmt, und zwar für alle Personen, Geschlechter und Fälle.

Nominativ, Akkusativ: *Das isch e Fisch, wo fliegt. S isch s Schlimmscht
basiert, wo basiere kaa. Das Stigg, won i gsee haa, isch myseraabel. Dä,
wo[1] s waiss, sòll ùffstrègge. Isch das alles, won[1] ene ghèèrt?*

Dativ, (umschriebener) Genitiv: Die Unveränderlichkeit von *wo* zwingt
zu etwas umständlichen Fügungen. Der Dativ wird ausgedrückt, indem
der Dativ des Personalpronomens hinzugefügt wird: *dä Maa, won em alles
abverheit* der Mann, dem alles misslingt, *die Kinder, won (i)ene Dääfeli
gää haa* ...welchen ich Bonbons gab, *die aarmi Frau, wo men ere nie
ghùlffe hèt* ...der man nie geholfen hat. – Dem hochdeutschen Genitiv
(dessen, deren) entsprechen dativische Fügungen: *dä Frind, won em d Frau
dervooglòffen isch* dessen Frau, *die Määrtfrau, wo der Salaat vòn ere fuul
gsi isch* deren Salat faul war, *die Schieler, won er d Ùffsètz vòn ene glääse
hèt* deren Aufsätze er las.

Das Besitzverhältnis kann durch das Possessivpronomen verstärkt wer-
den: *dä Witlig, won em vòr zää Jòòr sy Frau gstòòrben isch* der Witwer,
dessen Frau ...*die Kinder, wo iri Mietere der ganz Daag schaffe* deren
Mütter...

**311** Ist das Relativpronomen von Präpositionen abhängig, so wird der Neben-
satz durch *wo* eingeleitet und das Beziehungswort durch das mit der ent-
sprechenden Präposition verbundene Personalpronomen bzw. Pronomi-
naladverb vor oder nach dem Verb aufgenommen:

Bei persönlichem Beziehungswort durch das Personalpronomen: *dä
Schääreschlyffer, wo si e Kind vòn em ghaa hèt* ...von dem sie ein Kind
hatte, *die Lyt, wo mer iber si gschwätzt händ* ...über die wir sprachen, *die
Frind, wo si als mit ene gjasst händ* ...mit denen sie zu jassen pflegten.

Sonst durch Pronominaladverbien: *d Axt, won er s Hòlz dermit gspaltet
hèt,* die Axt, mit der... *sälle See, wo s die groosse Fòrälle drin hèt* ...in wel-
chem es die grossen Forellen hat, *das Ròòr, wo s Wasser dùùre lauft*
...durch welches das Wasser läuft, *das Buech, wo si druus vòòrglääse hèt* ...
aus welchem sie vorlas, *die Rais, won er mer dervo verzèllt hèt* ...von
der er mir erzählte, *das Huus, won er friener drin gwoont händ* ...in dem
ihr früher wohntet.

**312** Verallgemeinerndes «wer/was auch immer» gibt die Mundart mit *jeede wo*
und *alles wo* (neben *alles was*) oder mit stark betontem *wäär* und *waas*
wieder: *Jeede, wo mitkùnnt, zaalt vier Frangge. Alles, won er ghaa hèt, hèt*

---

1 Ausnahmsweise sind hier auch Anknüpfungen mit Pronomen möglich: *Wäär s waiss,
sòll ùffstrègge. Isch das alles, was ene ghèèrt?*

er verschänggt. *Wäär mitmacht, bikùnnt e Bryys. Waas er (au) sait, isch Haafekääs* Er mag sagen, was er will, es ist Unsinn. Auch folgende Umschreibung ist möglich: *Syg s, wär s wèll, i giib em kai Antwòòrt* Wer es auch sei, ich gebe ihm keine Antwort.

«Wer», «derjenige, welcher» usw. werden wiedergegeben durch *dää, wo*: *Dää, wo am maischte Phinggt hèt, hèt gwùnne. Die, wo z spoot sind, bikèmme nyt mee.* Mit Betonung der Ausnahmslosigkeit: *alli, wo z spoot sind, jeede, wo z spoot isch* usw.

**313** Beiordnung statt Unterordnung: *Si händ e ganz en alt Hèlgebuech, es goot schò us em Lyym* Sie besitzen ein ganz altes Bilderbuch, das schon aus dem Leim geht. *Ùff der Scheenmatt hèt e gspässige Maa gwoont, me hèt em der Voogel-Aadam gsait* . . . den man Vogel-Adam nannte. Anfügung mit *ùnd: Im ooberschte Stògg woont en uuralti Frau ùnd striggt der lieb lang Daag* . . . welche den ganzen Tag strickt. *Er isch e Fischer gsii ùnd hèt fascht nyt verdient* . . . der fast nichts verdiente.

## Ersatz des verkürzten Nebensatzes

Infinitivsätze und Partizipialsätze sind der Mundart fremd. Formulierungen wie die folgenden sind also in guter Mundart nicht zulässig: *Mer hòffen, ech glyy byyn is z gsee. Ooni z waarten, isch s Dram abgfaare. Ùff Baasel zrùggkoo, hèt si e Gschäft ùffgmacht.*

*Ersatz des Infinitivsatzes*

**314** Statt des Infinitivsatzes mit «um zu» (verkürzter Zwecksatz) kann der mit *zuem* substantivierte Infinitiv stehen, zu dem auch längere Ergänzungen treten können: *Die Zange bruuch i zuem der Haanen in der Kùchi fligge* . . . um den Hahnen in der Küche zu reparieren. *Dä Lèffel isch zuem d Gräämen uusegää. Das mache si nùmme zuem aim fùggse* . . . um einen zu foppen. – Auch Verdeutlichung mit *fir* ist möglich: *Das Mässer isch fir zuem der Kääs abschnyyde* . . . dient dazu, den Käse abzuschneiden.

Statt Infinitiv mit «um zu» wird auch Infinitiv mit *gò* verwendet: *Si isch ùff Flòränz graist gò die neischte Mòdäll bschaue* . . . um . . . zu besichtigen. Auch hier ist Verdeutlichung möglich, und zwar durch Mischung der Konstruktionen (vgl. auch **322**): *Si sinn in Wald gange fir zuem gò Bèèri ginne* Sie gingen in den Wald, um Beeren zu pflücken.

**315** Der Infinitivsatz mit «zu», «um zu», «ohne zu», «anstatt zu» kann ferner ersetzt werden durch unterordnende Fügungen, meist Nebensätze mit *dass: Er hòfft, dass er dii hitte zoobe drifft* Er hofft dich heute abend zu treffen. *S isch nit aifach, wènn me wòtt e billigi Woonig finde* Es ist nicht einfach, eine billige Wohnung zu finden. *Hèsch nit e Fraid ghaa, wo de s*

*Mässglèggli wider ghèèrt hèsch?* . . . wieder zu hören. *Si hänn jètz en Auto, fir dass si als gschwinder in irem Fèèriehyysli sinn* . . . um jeweils rascher zu ihrem Ferienhäuschen zu gelangen. *Ooni dass er s gmèèrggt hèt, isch er langsam aabegrùtscht* . . . ohne es zu merken. *Statt dass si ùmkèèrt sinn, sinn si wytter glätteret* Statt umzukehren, kletterten sie weiter.

Eine typisch mundartliche Verkürzung stellt schliesslich das mit der Vorsilbe *ùn-* verneinte Partizip Perfekt dar, entsprechend einer hochdeutschen Fügung mit «ohne zu»: *Er hèt ùngässe* («ungegessen») *ins Bètt miese* . . . ohne gegessen zu haben. *Si händ ùnbättet† Zmidaag gässe* . . . ohne das Tischgebet gesprochen zu haben. *Schwätz nit ùngfrògt!* Rede nicht, ohne gefragt worden zu sein! *Si isch ùngschlooffen ùffgstande* . . . ohne geschlafen zu haben.

<table>
<tr><td>

Beiordnung
statt
Unterordnung

</td><td>

**316**

</td><td>

Einfache Nebeneinanderstellung: *Si isch nit yynekoo, si hèt sich nit gidraut* Sie getraute sich nicht hereinzukommen. *I gib der der guet Root: kauff e Huus* Ich gebe dir den guten Rat, ein Haus zu kaufen. *S bèsch isch, mer leen en zaale* Am besten ist es, ihn zahlen zu lassen. *I haa d Ydee, i draum* Ich habe das Gefühl zu träumen.

</td></tr>
</table>

Verbindung mit *ùnd,* vor allem nach Frage- und Befehlssätzen: *Gib der Mie ùnd schaff äntlig emool flyssig* Gib dir Mühe, endlich einmal fleissig zu arbeiten. *Wääre Si sò guet und gäbte Si mer zwai Kyyloo Biire* Hätten Sie die Güte, mir zwei Kilo Birnen zu geben. *Si isch in d Kùchi ùnd hèt s Wasser oobdoo* Sie ging in die Küche, um das Wasser auf den Herd zu stellen.

Zwischen Unterordnung und Beiordnung liegen Konstruktionen wie: *Si händ abgmacht, si wèllen en nie mee yylaade* Sie vereinbarten, ihn nie mehr einzuladen. *Me hèt is empfoole, mer sòlle gnueg Gäld mitnää* . . . genug Geld mitzunehmen. *I haa gmaint, i mies stäärbe* Ich glaubte zu sterben. *Si hòfft, si dèèrf mitmache* Sie hofft mitmachen zu dürfen. *Er het gmaint, er dät fliege* Er glaubte zu fliegen. (Siehe auch abhängige Rede 307.)

<table>
<tr><td>

*Ersatz des
Partizipialsatzes*

</td><td>

**317**

</td><td>

Die auch im Hochdeutschen nicht sehr häufig verwendeten Partizipialsätze ersetzt die gesprochene Sprache entweder durch vollständige Nebensätze oder durch beigeordnete, meist mit *ùnd* verbundene Hauptsätze: *Won er vò Ziiri zrùggkoo isch, hèt er afo studiere. Er isch vò Ziiri zrùggkoo ùnd hèt afo studiere* Von Zürich zurückgekehrt, begann er zu studieren. *Si isch in der kalte Stùùbe gsässen ùnd hèt e Ròmaan glääse* Im kalten Zimmer sitzend, las sie einen Roman.

</td></tr>
</table>

### Mehrgliedrige Satzgefüge

**318** Die Mundart vermeidet im allgemeinen mehrgliedrige Satzgefüge; schon Nebensätze zweiten Grades sind verhältnismässig selten und wirken eher papieren. Immerhin sind Gefüge wie die folgenden noch durchaus üblich: *I kùmm schò, wènn de witt, dass i der hilff. Waisch nò, wie mer glacht händ, wò der Männi in s Wasser gfallen isch? Mer wisse nimmen, in weelem Kaschte dä gääl Sùùri isch, won is d Danten Anni gschänggt hèt.*

### Freie Satzfügungen

Haupt- und Nebensätze fügen sich nicht immer so streng und geordnet zusammen wie in der Schriftsprache. Sie können gelegentlich zu einer untrennbaren Einheit verschmelzen, wobei die Grenzlinien verschwimmen. Dies ist der Fall bei der Satzverschlingung und beim Satzeinschub.

*Satz-*
*verschlingung*

**319** Bei der Satzverschlingung wird das wichtigste Satzglied des Nebensatzes (oft fragend oder hinweisend) in den vorangehenden Hauptsatz genommen, und zwar an die betonte Stelle, an dessen Spitze: *Wievyyl Lyt mainsch dass i sòll yylaade? Ùm weeli Zyt hèt er gsait, dass er kääm? Vòm Ùnggle Fritz hätt i nie dänggt, dass mer èppis däten èèrbe* Ich hätte nie gedacht, dass wir von Onkel Fritz etwas erben würden. *Mit em Hèr Miller isch au guet, dass i nyt abgmacht haa* Es ist wirklich gut, dass ich mit Herrn Müller nichts abgemacht habe. *Mit däne Biecher waiss i wiirgglig nit, was i sòll aafoo* Ich weiss wirklich nicht, was ich mit diesen Büchern anfangen soll. *Mit däne Kinder kènnen er derno luege, wien er z Schlaag kèmme* Ihr könnt dann sehen, wie ihr mit diesen Kindern zu Rande kommt. *Sälli Meebel waiss i my Seel nit, won i si mues aanestèlle* Ich weiss meiner Seel nicht, wohin ich jene Möbel stellen soll. *Ùff weelem Bèèròng hänn si gschriibe, dass si aakääme?* Haben sie geschrieben, auf welchem Bahnsteig sie ankommen? *Wùrùm mainsch, dass er so dùmm duet? Wènn glaubsch, dass de fèèrtig bisch?* Wann bist du nach deiner Meinung fertig? usw.

*Satzeinschub*
*(Parenthese)*

**320** Ein Satz wird ohne jede formale Abgrenzung in einen andern eingeschoben, gleichsam wie eine Klammerbemerkung oder Stellungnahme des Sprechers zu seiner Aussage.

Ganze Mitteilungssätze, durch Sprechpausen abgetrennt: *My Vètter Òtto – er isch au nimme der Jingscht – (dä) mècht noonemool ùff s Wysshòòrn. Die Syygaare – kasch saage, was de witt – sinn allewyyl no die bèschte. Mè sòtt – i haa s schòn emool gsait – jètz äntlig emol s Roosebeet ùmmespatte.*

Kurze Absicherungs- oder Ausrufssätze u.a., teils noch durch Pausen abgetrennt, teils wegen ihres häufigen Gebrauchs zu adverbialen Gliedern verblasst: *Mer sinn glaub* (so glaube ich) *ùff em lätze Wääg. I kaa dängg* (denke ich) *nit ùff alles ùffbasse! Mache bitti* (ich bitt euch) *kaini Ùmständ! Daas isch waiss Gòtt* (Gott weiss es) *en Iberraschig! Dää isch main i* (so meine ich, wirklich) *au nit schyych. Jètz hämmer hool s der Deiggeler die greeschti Sauerei!* Jetzt haben wir, der Teufel soll's holen, die grösste Schweinerei! *Ùnd dernoo isch d Katz was gisch was hèsch eren Amsle noochegrènnt. Si isch mir nyt dir nyt* (wie wenn es nichts wäre) *in Räägen uuse glòffe.* – Gelegentlich auch mit Verschlingung: *Die kòcht waiss yych nit fïr wievyyl Myyler!*

Unkenntlich geworden sind eingeschobene Sätze wie *verdèggel, verglèmmi* (verharmlosende Umgestaltungen des Fluches «Gott verdamm' mich!»), *halt* («ich halte dafür») eben, nun einmal.

*Wechsel der Fügung (Anakoluth)*

**321** Gleichrangige Nebensätze werden in der Regel wie im Hochdeutschen mit *ùnd* bzw. *oder* verbunden, wobei allerdings das Bindewort gern wiederholt wird: *Wil s gräägnet hèt ùnd wil i nit haa wèlle nass wäärde, bin i ùndergstande. I waiss nit rächt, òb mer sòlle goo oder òb mer nò sòlle blyybe.*

Gelegentlich wird aber beim zweiten Nebensatz die untergeordnete Fügung aufgegeben und dieser mit *ùnd* und in der Form eines Hauptsatzes angegliedert (Anakoluth). Dies ist der Fall:

Bei «wenn»-Sätzen: *Wènn s Dach Lècher hèt ùnd s räägnet yyne, dernoo muesch em Dachdègger brichte.* (Statt: *wènn s Dach Lècher hèt ùnd s yneräägnet*). *Wènn er in e frèmdi Stadt kèmmen ùnd er händ kai Gäld mee, dernoo geend er am bèschten ùff s Schwyzer Kònsulaat.* Ebenso: *Si sinn alli verstuunt gsii, dass es dònneret hèt ùnd s isch dòch kai Wilggli am Himmel gsii* usw.

Beim Relativsatz: *S git allewyyl Lyt, wo kai Kinderstùùbe* (Erziehung) *händ ùnd griessen aim nit ùnd frässe wie d Sei. Das Spiilzyyg, wo me mues ùffzie ùnd dernò lauft s vòremsälber* (von selbst), *isch hailoos dyyr.*

Wechsel der Satzfügung ensteht oft auch beim Übergang von indirekter Rede in direkte: *Doo hèt der Maischter sy Lèèrling aagschnauzt ùnd em gsait, er syg e Pfùschi* (Pfuscher) *ùnd wènn das nonemool vòòrkùnnt, dernò kasch luege, was es git!* (statt: *ùnd wènn das nonemool vòòrkääm, dernò kènn er luege, was es gääb*).

*Kreuzung verschiedener Fügungen (Kontamination)*

**322** Zwei Fügungsweisen, die gleichzeitig ins Bewusstsein treten, können sich gewissermassen übers Kreuz vermengen. So kreuzen sich Sätze wie: *Daas ghèert miir* und *Daas isch myy* zu: *Daas ghèert myy* oder *Daas isch miir; Fir s Lääse hämmer nit der Zyt* und *Zuem Lääse hämmer nit der Zyt* zu: *Fir zuem Lääse hämmer nit der Zyt; S git allerhand/aller Gattig Lyt* und *Was fir Lyt s au git!* zu: *S git aller Gattig fir Lyt; S isch gmietlig am Oobe gò kaigle* (kegeln) und *S isch gmietlig am Oobe z kaigle* zu: *S isch gmietlig am Oobe gò z kaigle; Me sòtt soonigi Luusbueben yyspèère* und *S ghèèrti sich, dass me soonigi Luusbuebe dät yyspèère* zu: *Soonigi Luusbuebe ghèèrten* (oder *ghèèren*) *yygspèèrt.*

In der gesprochenen Mundart werden sehr oft ganze Gedanken, die sich aus dem Zusammenhang der Rede ergeben, nicht ausgesprochen. Auf diese Weise werden Haupt- und Nebensätze erspart, die in gepflegter Schriftsprache durchaus ausformuliert werden müssten. Die Ellipse, wie man eine solche Auslassung nennt, ist ein wesentliches Merkmal jeder gesprochenen Sprache.

Ersparung
des Hauptsatzes

**323** Der Hauptsatz kann vor oder nach Nebensätzen fehlen, nämlich:

1. Vor oder nach einem Objektsatz, der von einem mit dem Hauptsatz ersparten Verb des Befehlens, Wünschens, Hoffens, Fragens, Denkens, Vermutens usw. abhängt: *Dass de mer nit wider dèrt aane goosch!* (In Gedanken zu ergänzen: *I will nit, i verbiet der* u.ä.) *Dass er joo nit z spoot kèmme!* (Zu ergänzen: *I hòff, I mècht* u.ä.) *Òb s in däm Winter ächt Schnee git?* (Zu ergänzen: *I froog mi.*) *Dass grad iinen esoo èppis basiere* (passieren) *mues!* (Zu ergänzen: *das hätte mer nit dänggt.*) *Was duu doo bringsch!* (Zu ergänzen: *das hätt i nie erwartet* u.ä.)

2. Vor oder nach einem Subjektsatz: *Was dää fir e Mischt verzèllt!* (Zu ergänzen: *das goot ùff kai Kuehut* Kuhhaut u.ä. In einem solchen Fall ist auch fehlender Objektsatz denkbar, z.B. *kènne mer kuum glaube* u.ä.) *Was iir au fir Gschichte mache!* (Zu ergänzen: *isch wiirgglig iberdriibe* u.ä.) *Dass er esoo jùng hèt miese stäärbe!* (Zu ergänzen: *isch aarg druurig* u.ä.)

3. Vor oder nach Zwecksatz: *Dass de s ai fir allimool waisch!* (Zu ergänzen ein Hauptsatz wie: *I sag der s jètz dytlig.*)

4. Vor oder nach irrealem Bedingungssatz: *Wènn me daas schò vòòrhäär gwisst hätt!* (Zu ergänzen: *nò wäär me nit dryydrampt* u.ä.) *Wènn er nùmmen au kènnte zueloose!* (Zu ergänzen: *dernoo kènnt i bèsser wytter verzèlle* u.ä.) Solche Bedingungssätze drücken in der Regel einen meist unerfüllbaren Wunsch aus.

5. Vor indirekter Rede und vor indirektem Fragesatz: *De sygsch wider emool z Bäärn gsii.* (Zu ergänzen ein Hauptsatz wie: *I haa ghèèrt, mè verzèllt* usw.) A: *Wie goot s au em Hèr Wyss?* B: *Nit guet, er miech am Stäärben ùmme* ... er laboriere am Sterben herum. (Zu ergänzen: *Me sait* u.ä.)

Reste des Hauptsatzes können gelegentlich erhalten bleiben: *Nùmme, dass de s grad waisch!* (Ich sage es) nur, damit du es gerade weisst! *Nit dass i wisst!* (Es ist) nicht, dass ich wüsste!

Aus den angeführten Beispielen erhellt, dass die Nebensätze bloss der Form nach Nebensätze, dem Inhalt nach aber eigentlich Hauptsätze sind. Ausserdem weisen sie zumeist einen mehr oder weniger starken Ausrufcharakter auf.

Der Hauptsatz kann ferner auch fehlen als Ergänzung eines anderen

Hauptsatzes, der eine Drohung aussprechen würde: *Dää sòll nò aimool ùmmemuule!* (Zu ergänzen ein zweiter Hauptsatz wie: *dernò kaan er èppis erlääbe!* u.ä.) *Die mien nùmme dääwääg wytter mache!* (Zu ergänzen: *dernò nimmt s e bees Änd mit ene!* u.ä.)

Schliesslich fehlt der Hauptsatz häufig im Dialog, besonders in Antworten: A: *Wùrùm hèsch s Buech nit mitbròcht?* B: *Wil i s vergässe ha.* (Zu ergänzen: *I haa s nit mitbròcht.*)

<table>
<tr><td>Ersparung<br>des Nebensatzes</td><td>**324**</td><td>Im Bedingungssatzgefüge bleibt die Bedingung, weil ohnehin meist ziemlich verblasst, häufig unausgesprochen: *Daas wär fein! Daas sòtt men aigetlig wisse! Daas hätt i nie erwaartet. Däm däät i fir s Bschysse. Soo, s dääts jètz!* So, jetzt wär's genug! *S wäär mer e Strooff.* (Zu ergänzen: «wenn ich das tun müsste».) Oft handelt es sich in solche Fällen um den blossen Konditional der Höflichkeit: *Wääre Si sò guet ùnd miechte d Diire zue!* (Zu ergänzen: «wenn ich Sie bitten dürfte».)</td></tr>
</table>

Der Vergleichssatz kann nach Komparativen fehlen: *Mer geend jètz lieber haim.* (Zu ergänzen «als dass wir noch hier bleiben».) *I wùùrd das Gäld eenter ùff d Bangg due.* (Zu ergänzen: «als es daheim zu behalten», «als es auszugeben» u.ä.)

Gedanklich leicht zu ergänzende Partien fallen oft weg: *Èxgyysi, do inne stinggt s* Entschuldigt, (dass ich es sage:) hier drinnen stinkt's. *Duu wiirsch no èppis erlääbe!* (Zu ergänzen: «falls du das tust».)

Gerne wird die abhängige, mit «ob» eingeleitete Frage syntaktisch frei verbunden (vgl. auch **323**.1): *E scheene Gruess vò der Mamme ùnd òb Si gschwind iibere kääme* (zu ergänzen «lässt fragen»). *Der Ùnggle schiggt mi, òb s schò glyy Kiirsi gääb. E heefligi Empfäälig vò den Èlteren ùnd am säggsi mies i wider dehaim syy.*

Manchmal werden Haupt- und Nebensatz zu einem einzigen Satz zusammengezogen: *D Dante liess vyylmool dangge* Die Tante lässt ausrichten, sie danke vielmals.

# Die Wortfolge im Satz

**325** Die Wortfolge im mundartlichen Satz deckt sich zwar im grossen und ganzen mit derjenigen der hochdeutschen Umgangssprache, der Unterschied zur eigentlichen Schriftsprache besteht aber darin, dass die Mundart die grossen Spannbögen vermeidet, also gewissermassen kurzatmiger ist, und dass sie aussageträchtige Satzglieder gerne an rhythmisch bevorzugte Stelle rückt. Zum Beispiel: *Jètz haan i gnueg vò däm eewige Gschwätz!* und nicht: *Jètz haan i vò däm eewige Gschwätz gnueg. Dien er wider händle midenander?!* und nicht: *Dien er wider midenander händle?!* Dieser Sachverhalt gilt für selbständige Sätze (Hauptsätze) und für unselbständige Sätze (Nebensätze).

**326** Selbständiger Satz: *S hèt vyyl Lyt ghaa im Theaater gèschtert zoobe.* Die Adverbialien werden in der Art einer Anreihung hinter die Satzaussage gestellt; die Wortgruppe *vyyl Lyt* bekommt das Hauptgewicht. Es vermindert sich, wenn die Adverbialien an den Satzanfang rücken, also ihrerseits gewichtiger werden: *Gèschtert zooben im Theaater hèt s vyyl Lyt ghaa.* Möglich, mit leicht veränderter Nuance, ist auch: *Gèschtert zoobe hèt s vyyl Lyt ghaa im Theaater.* Eher mundartfern sind die hochdeutsch korrekten Abfolgen: *Gèschtert zoobe hèt s im Theaater vyyl Lyt ghaa* sowie *S hèt gèschtert zooben im Theaater vyyl Lyt ghaa.* Hier reicht der Spannbogen vom Verb bis zum zugehörigen Partizip. – *S hèt staarg gräägnet in der Nacht* Es hat in der Nacht stark geregnet. Das Bedeutungsgewicht liegt auf *staargg gräägnet.* – *Me kaa dòch kai Fyyr aamache mit däm nasse Hòlz* Man kann doch mit diesem nassen Holz kein Feuer machen. *Mer händ en zuem Brèsydänt gweelt an der Generaalversammlig* Wir haben ihn an der Generalversammlung zum Präsidenten gewählt. *Me wiird als esò gspässig aagluegt vò de Lyt* Man wird jeweilen von den Leuten so merkwürdig angesehen usw.

**327** Unselbständiger Satz: *Wissen er, wo der Wääg dùùregoot zuem Neibaad? Er isch ùnder d Reeder koo, wil er nyt Rächts glèèrt ghaa hèt in der Jùùged. Si hèt is gfrògt, òb mer nòmmee wèlle vò dàre Daarte. Dä kurioos Dyssi, wo my Groossvatter als verzèllt hèt vòn em.* (Vgl. auch **311**.)

**328** Von zwei mit «und» oder «oder» verbundenen Satzgliedern kann das zweite, besonders wenn es lang ist, hinter das Verb treten: *Dernoo hèt er e Schèppli drùnggen oder zwai. Am Mòòrgestraich hämmer Ziibelewaaie* *gässen ùnd e Däller Määlsùppe. Woo s Broot dyyr wòrden isch ùnd s Gäld raar.*

Längere Vergleichsglieder treten an den Satzschluss. Man beachte den Unterschied in den folgenden Satzpaaren: *Si hèt lut gschraue | Si hèt gschraue wie am Spiess. Er isch gschwind dervoo grènnt | Er isch dervoo grènnt wie s Byysiwätter. Si hänn guet ùffbasst | Si hänn ùffbasst wien e Häftlimacher.* Auch kürzere Vergleichsglieder sind oft am Satzschluss anzutreffen: *Er hèt gschafft wie verrùggt.*

Zum nachgestellten abhängigen Infinitiv wie in *I haa nit kènne schlooffe* siehe **167**.

Fünfter Teil:  **Die Wortbildung**

Die Zusammensetzung selbständiger Wörter erfolgt praktisch gleich wie im Hochdeutschen. Dagegen zeigt die Wortableitung, das heisst die Bildung neuer Wörter mittels Ableitungssilben, zahlreiche Besonderheiten.

## Zusammengesetzte Wörter

### Substantive und Adjektive

*Eigentliche*
*Zusammen-*
*setzung*

**329** Die Wörter treten unverändert zusammen: *Liechtstògg* Kerzenstock, *Aarmbanduur, Saggladäärne* Taschenlampe, *Yyskaschte* Kühlschrank, *Fischmässer, Wasserstai* Spültrog in der Küche, *Sùmmervoogel* Schmetterling, *Gaschtstùube* Gästezimmer, *Ròssbòlle* Pferdeapfel, *wysshòòrig, haarthèlzig* harthölzern usw.;

*Uneigentliche*
*Zusammen-*
*setzung*

**330** Bei Substantiven zeigt das erste Glied:

1. ursprüngliche Fallendungen (die zum Teil nur bindende Funktion haben): *Wiirtslyt, Gwaltsmaarsch, Kindskòpf, Uuremacher* Uhrmacher, *Frauenaarbet, Stierenaug* Spiegelei, *Katzepfeetli, Hienerfueter, Kinderstùùbe* usw. – Dasselbe Bestimmungswort kann in verschiedenen Formen erscheinen: *Kindbèttere, Kinderstùùbe, Kindsblootere* Windpocken, *Kalbflaisch, Kälbermäärt, Kalbskòpf*, ferner *Baaselstaab, Baasler Strooss, Ziirisee* Zürichsee, *Züürcherstrooss* usw.;

2. Wechsel im Stammausgang: Das erste Glied endigt auf *-i: Nyydibùtz* übellauniger Mensch, *Hänggiflaisch* Fleisch, das in den Zähnen hängen bleibt, *Lùùgihùnd* notorischer Lügner (grob), *Glèttimaa* Bügelbrett. – Das erste Glied endigt auf *-el* (von Verben auf *-le*): *Bättelvògt* (von *bättle*), *Drampeldier (drample), Gwaggelkòpf* «Wackelkopf», Dummkopf *(gwaggle), Ziggelfritz* Mensch, der gern hänselt *(ziggle);*

3. Umlaut (im Baseldeutschen selten): *Seiblootere* Schweinsblase, *Seiglògge* (neben *Sauglògge*), *Häntsche* Handschuh;

4. keinen Zwischenvokal (Fugenelement), wenn das erste Glied ein Verb ist: *Äss-stùùbe, Fliessblatt* (Löschblatt), *Schlyffstai, Zindschnuer;* ferner bei gewissen weiblichen Substantiven als erstem Glied: *Naasduech* Taschentuch, *Lynduech* Leintuch, *Rääbluus* Reblaus.

**331** Das erste oder das zweite Glied ist unkenntlich oder als Einzelwort ungebräuchlich geworden: *Noochber* («Nachbauer»), *Witfrau* Witwe, *Fiirduech†* «Vortuch», Schürze, *Mùmpfel* Mundvoll, *Hampfle* Handvoll. Substantiven, die als Einzelwörter nicht mehr recht verständlich sind, wird manchmal die Gattungsbezeichnung in pleonastischer Weise nachgestellt: *Rùnggelriebe, Stääldieb* (nur kindersprachlich), auch *Katzebuusi* Kätzchen.

**332** Die Zusammensetzung der Adjektive erfolgt nach denselben Bildungs-weisen wie diejenige der Substantive: *stairyych, gòldgääl, altbache* alt-backen, *saggvòll* schwer betrunken, *stinggfräch;* ferner mit *-s* und *-e: mòòrdsguet, hùndsmyseraabel, wättersflingg* rasch wie der Wind, *dooteblaich, stùndelang, sindewiescht.* Beliebt sind also Zusammensetzungen mit ver-stärkendem erstem Glied.

Seltener als im Hochdeutschen sind hingegen Bildungen mit den Endungen -los, -voll, -reich, -frei, -artig, -widrig usw. wie z.B. in freudlos, massvoll, volkreich, keimfrei, andersartig, gesetzwidrig. Ferner sind aus Partizipien gebildete Adjektive selten, zumal wenn sie noch eine Ergänzung zu sich nehmen; mundartliche Fügungen, entsprechend «die während des Ge-sprächs auftauchende Frage», «das vom Präsidenten gegebene Verspre-chen» siehe **225**.

### Verben

*Trennbare und untrennbare Zusammen-setzungen*

**333** Untrennbar sind die Zusammensetzungen mit den Vorwörtern *ùnder/ùnter, iber, hinder/hinter, ùm, wider,* wenn diese Glieder unbetont wie Vorsilben sind: *ùnderschloo,* er *ùnderschloot,* hèt *ùnderschlaage,* er *iberlègt, hinder-loot, ùmaarmt, widerhoolt.*

Trennbar, mit einzuschiebendem «ge-» im Partizip Perfekt, sind die obigen Zusammensetzungen, wenn das erste Glied betont wird: *ùntergoo/ s Schiff goot ùnter, ùmschloo/s Wätter schloot ùm* sowie alle übrigen Zu-sammensetzungen: *aabegmacht* heruntergemacht, *yyluege* beim Spiel (Ver-stecken) die Augen schliessen, den Kürzeren ziehen.

Trennbare und untrennbare Bildungen mit jeweils verschiedener Bedeu-tung können auch nebeneinander vorkommen, z.B. *ùmfaare* durch Fahren zu Fall bringen, *ùmfaare* darum herum fahren (ausserdem noch *ùmme-faare* umherfahren).

*Zur Form des ersten Gliedes*

**334** Die Mundart gebraucht, wo die Schriftsprache einfaches durch-, um-, hin-usw. aufweist, oft das die räumliche Beziehung stärker ausdrückende *dùùre-, ùmme-, aane-, yyne-* usw.: *dùùredängge* durchdenken, *dùùrebriigle* durchprügeln, *ùmmeluege* sich umsehen, *aanesitze* sich hinsetzen, *nooche-lauffe* nachlaufen, *noochekoo* «nachkommen», begreifen.

Zusammensetzungen wie *uusrysse* und *uuserysse* unterscheiden sich meist in der Weise, dass die erste den Ausgangs- oder Endpunkt des Vor-gangs, die zweite zugleich auch die Bewegung zwischen Ausgangs- und Endpunkt bezeichnet: *e Dischtlen uusrysse* ausreissen, *e Dischtlen uuserysse* herausreissen. Ebenso verhalten sich *abbrènne* und *aabebrènne, yystègge* und *yynestègge, abschiesse* und *aabeschiesse.* Meist sind aber die Bedeu-

195

tungen stärker unterschieden: *uuskoo* auskommen, *uusekoo* herauskommen, *ùmstoo* absterben, krepieren, *ùmmestoo* herumstehen.

## Adverbien

Die meisten Adverbien (ausser den einfachen wie *gaar, jètz, hitte* heute usw.) sind isolierte Verbindungen aus verschiedenen Wortarten, teils eigentliche Zusammensetzungen, teils nur Zusammenrückungen.

*Genitivische*
*Verbindungen*

**335** *hittigsdaags, aiswägs* plötzlich, *efangs/efange* nachgerade, *linggerhand, rächterhand, sälbetsmool* damals, *ùnderwägs, ùnderhänds* «unter Händen», in Arbeit, *zmits* mitten, *zmits drin* mitten drin, *vergääbets, aisdails, wytters* (neben *wytter*), *hinderrùggs* hinterrücks usw. – Hieher müssen als Analogiebildungen, nicht als ursprüngliche Genitive, gerechnet werden die Richtungsadverbien *aabeszue* abwärts, hinunter, *ùffeszue* aufwärts, hinauf, *yyneszue* einwärts, *uuseszue* nach aussen, *hindereszue* nach hinten, *fiireszue* nach vorn, *haimeszue* (neben *haimzue* und *haim*) heimwärts.

Dagegen sind der Mundart fremd genitivische Adverbien wie abends, morgens, sonntags, anfangs usw. Ebenso die meisten Zusammensetzungen mit -mals (einstmals), -seits (diesseits), -dings (schlechterdings), -falls (keinesfalls), -massen (dermassen), -orten (allerorten), -orts (manchenorts) usw. Dafür setzt die Mundart: *am Oobe, zoobe, am Mòòrge, demòòrge, am Sùnntig, noonemool, ùff dääre Sytte, ùff der äänere Sytte, ùff kai Fal, iiberaal* usw. – Aus der Schriftsprache sind aber eingedrungen und heimisch geworden: *doomools* (neben häufigerem *sälbetsmool*), *myynersyts, dyynersyts, allersyts, allerdings, jeedefalls, allefalls* u.a.

*Präpositionale*
*Verbindungen*

**336** *iibermòòrn* übermorgen, *vòòrgèschtert, vòòrewägg* vorzu, der Reihe nach, *ùnderdèsse* (gleichzeitig auch genitivische Verbindung), *ùmmesùscht* umsonst, *ùfaimool* plötzlich, *ùffsmool* zugleich, *emänd/amänd* «am Ende», vielleicht. – Bildungen mit *z* (zu): *zooberscht, zùnderscht, zvòòrderscht, zhinderscht, zämme* zusammen, *zwääg* zurecht, *zrùgg* zurück, *zringelùm* ringsum, *zùnderòbsi* durcheinander, *zlieb, zlaid, znacht* nachts.

Lockerere Verbindungen: *ùff der Stèll* sofort, *mit Flyss* absichtlich, *zlètschtamänd* schliesslich, letzten Endes.

*Pronominale*
*Verbindungen*

**337** *dääwääg* auf diese Weise, so, *ainewääg* gleichwohl, dennoch, *allwääg* gewiss, *derwääge* deswegen, *wägedäm* deswegen, *derwyyl/ùnderdèsse* inzwischen, unterdessen, *allibòtt* immer wieder, *allewyyl* (neben seltenerem *alliwyyl*) immer. Mit dem Reflexivpronomen sind gebildet: *òbsi* aufwärts, *nidsi* abwärts, *hinderzi(g)* «hinter sich» rückwärts; mit dem Pronomen der Gegenseitigkeit: *mitenander, abenander, ùffenander, bynenander* usw.

| | |
|---|---|
| *Adverbiale*<br>*Verbindungen* | **338** Die Ortsadverbien *oobe, ùnde, hinde, vòòrne* usw. können sich mit andern Orts- oder mit Richtungsadverbien verbinden: *oobedraa, ùndedraa, oobedryy, hindedryy* (auch mit zeitlicher Bedeutung), *vòrnenaabe, hindenùffe, ùndenyyne, drùfaabe* darauf (nur zeitlich), *hindefiire, oobenuuse, ùndeninne, hindenùsse, ùssedùùre* usw. |

Andere adverbiale Verbindungen: *noonemool* nochmals, *èppenemool* hie und da, *faschtgar* beinahe, *èèrschtnoo* ausserdem, überdies.

Verschiedene Betonung und gleichzeitig verschiedene Bedeutung haben: *zùm vooruus* im voraus, *vòruusluege* nach vorne schauen, *hindenùmme* hinten herum, hinten durch, *hindenùmme* heimlich.

<table>
<tr>
<td>Formelhaft<br>gepaarte<br>Adverbien</td>
<td>339 drùff ùnd drùff in einem fort, ùff ùnd fùùrt auf und davon, ab ùnd zue bisweilen, hii ùnd doo gelegentlich, hiin ùnd hää̀r, nootynoo (neben noodisnoo†) nach und nach, drùff ùnd draa nahe daran (etwas zu tun), dùùredùùr durch und durch, hinden ùnd vòòrne in jeder Beziehung.</td>
</tr>
</table>

| | |
|---|---|
| *Erstarrte Zu-*<br>*sammensetzungen* | Infolge Schwächung der Glieder werden die folgenden Zusammensetzungen kaum mehr als solche empfunden. |

| | |
|---|---|
| Zusammen-<br>setzungen<br>mit «dar-, da-,<br>durch-, vor-» | **340** Diese Wörter erscheinen geschwächt in: *derfiir* dafür, *dervòòr, derhäär, dermit, derbyy, derdùùr* dadurch, *dergeege, dernoo* da(r)nach, *draa* daran, *drab, drùff, dryy* darein, *drùnder* darunter, *driiber, drùm* (betont jedoch *dòòrùm*), *dehaim* daheim, *dinne* «da innen», drinnen, *doobe* droben, oben, *dùnde, dùsse, dääne* drüben; *dùrab* hinunter, *dùruus, dùraanet†* überall; *verbyy* vorbei. |

Nicht zusammengesetzt hingegen werden: *do oobe, do ùnde, dert ääne* dort drüben, *dèrt inne* usw.

| | |
|---|---|
| Zusammen-<br>setzungen<br>mit «hin» und<br>«her» | **341** In Richtungsadverbien bilden «hin» und «her» im Gegensatz zum Hochdeutschen nicht das erste, sondern das zweite Glied der Zusammensetzungen. Beide sind zu blossem *e* geschwächt, so dass zum Beispiel *aabe* («abhin») sowohl hochdeutschem «hinab» als auch hochdeutschem «herab» entspricht. Ebenso verhält es sich mit: *ùffe* hinauf, herauf, *yyne* hinein, herein, *uuse* hinaus, heraus, *iibere* hinüber, herüber, *aane* hin, her, *ùndere* «unterhin», unter (auf die Frage «wohin?»), *fiire* hervor, *hindere* nach hinten, *dùùre* hindurch, vorbei, *ùmme* umher, herum. |

Etwas weniger geschwächt sind «hin» und «her» in den Zeitadverbien: *vòòrhär* vorher, *lètscht(h)i* «letzthin», kürzlich, *siider/syyder*[1] seither.

---

[1] *siider/syyder* wird unter hochdeutschem Einfluss immer mehr durch *sythäär* und fälschlich so gebildetes *zythäär* bedrängt. Daneben finden sich auch die pleonastischen Bildungen *syyterhäär* und *syyderhäär*.

In Verbindung mit Lokaladverbien entspricht hd. nachgestelltem «hin» und «her» in der Mundart *aane* «anhin»: *naimenaane* irgendwohin, *woaane* wohin, *dèrtaane* dorthin, *nienenaane* nirgendwohin, *doaane* hieher.

Neben *Woaane goosch?* steht, mit Hervorhebung des Endpunktes der Bewegung: *Wo goosch aane?* Ebenso neben *Wohäär kùnnsch?* mit Betonung des Ausgangspunktes: *Wo kùnnsch häär?* Neben *wodiùùre goot s?* mit Betonung der Richtung: *Wo goot s diùùre?*


## Nuancierungswörter

**342**  Die folgenden Zusammensetzungen (ergänzt durch ein paar Einzelwörter) geben gedankliche Nuancen wieder, die oft schwer ins Hochdeutsche zu übersetzen sind, zumal dann, wenn sie infolge häufigen Gebrauchs den Charakter von blossen Füllseln angenommen haben.

*ächt* (in Fragesätzen) wohl, etwa, vielleicht: *Kùnnt s ächt go räägne? Isch er ächt grangg?*

*ainewääg*[1] «einen Weg», dennoch, trotzdem. *Si hèt gschafft ùnd gschafft ùnd isch ainewääg nit ùff e griene Zwyyg koo. S hèt ainewääg kai Sinn mee* Es hat doch keinen Sinn mehr.

*als* (betont) immerzu, in einem fort: *Er hèt **als** gschwätzt;* (unbetont) jeweilen, bei (jeder) Gelegenheit: *Im Sùmmer geemer als in Ryy go schwimme. S Wasser hänn si als am Brùnnen vòr em Huus ghoolt.*

*amme*[2] jeweilen: *Am Sùnntig hämmer amme d Groossmueter bsuecht. Si händ amme langi Zyt, wènn si eso elai sind.*

*ämmel*[3] wenigstens, immerhin, jedenfalls: *Ämmel yych waiss nyt dervoo* Ich jedenfalls ... *Er hèt ämmel der guet Wille zaigt* (immerhin).

*au* auch siehe **277** und **284**.

*dènn* (in ungeduldigen Fragen): *Was wänn er dènn mache?!* Was wollt ihr eigentlich machen?!

*ebe* eben, nämlich: *Er isch ebe lang im Ùssland gsii.* Betont *eebe:* A: *Die hänn dòch e Huffe Gäld!* B: *eebe nit!* nein, eben gerade nicht!

*efange/efanges*[4] nachgerade, einstweilen, bereits: *Das dùmm Gschwätz git mer efangen ùff d Näärve* (nachgerade). *Si bauen e Huus, s Fùndemänt stoot efange* (bereits). *Geend nùmmen efange!* Geht nur schon!

---

1 *ainewääg* wird heute stark bedrängt durch *dròtzdäm* und *glyych,* letzteres gestützt durch andere Mundarten.
2 Entstanden aus «allwegen».
3 Entstanden aus *aimool/emool.*
4 Ältere Nebenform: *afet.*

*emänd/amänd* «am Ende», vielleicht, wohl, möglicherweise: *Emänd hèt si dä Brieff gaar nit bikoo. Sinn Si amänd mit is verwandt?*

*èppe* vielleicht, wohl, ungefähr, etwa: *De bisch dòch nit èppe grangg? Wänn er èppe mitkoo?* Wollt Ihr möglicherweise mitkommen? *S sinn èppe dryssig Lyt gsii* (ungefähr).

*gra(a)d* eben gerade, ausgerechnet: *Er isch nit grad der Gscheitscht. Graad im Mòmänt han i wèlle fuùrtgoo.*

*halt* eben, wie gesagt, wie man weiss (mit leise entschuldigender oder erklärender Färbung): *Er hèt halt allewyyl Mie ghaa. Si isch halt e Schweebene* ...eine Deutsche. *S Dram macht halt wiider e Deefyzyt* (wie nicht anders zu erwarten war).

*ytem*[1] wie dem auch sei, jedenfalls (bedeutungsmässig stark abgeschwächt, stets in Spitzenstellung, zur Anknüpfung eines neuen Gedankens): *Au hitte no mòòrde d Mèntschen ùnd stäälen ùnd liege – ytem, d Wält isch nit bèsser wòòrde.*

*naimedùùre* «irgendwohindurch», irgendwie: *De hèsch naimedùùre rächt* In gewisser Beziehung hast du recht. *Naimedùùre duurt er mi* Irgendwie tut er mir leid.

*wäärli/wääger*† wahrlich, wirklich: *S isch wäärli bald jètz Zyt. Er wòtt wääger allewyyl der èèrscht syy.*

## Zu Wörtern verschmolzene Wortgruppen und Sätze

**343** Aus Wortgruppen und Sätzen zusammengewachsene Wörter kommen meist nur in gefühlsbetonter, häufig scherzhafter Rede vor. Hieher gehören u.a.: *Gheiminitdrùm* (aus *i ghei mi nit drùm*) sorgloser, leichtsinniger Mensch, *Nytnùtz* Nichtsnutz, Taugenichts, *Fèèrchtibùtz* («fürchtet den Butz», d.h. einen Maskierten, ein Gespenst) Angsthase, *e Hoolmerùndlängmer* einer, der alles tun muss, *e gòldig Nytteli ùnd e silbrige/lange Dänggdraa* (Antwort auf die Kinderfrage *Was bikùmm i zuer Wienacht* usw.) rein nichts, *Ùffùndzuekaib* Handorgel. Ferner: *Ùffeszuewääg* Weg hinauf, aufwärts führender Weg, *Zwanzigabachtimuul* mürrischer Gesichtsausdruck (herabgezogene Mundwinkel wie Uhrzeigerstellung 20 Minuten nach acht Uhr), *läggmeramaarschig* (aus «Leck mir am Arsch») gleichgültig, nachlässig (grob), *Bùtschhämmeli* «stoss, kleiner Hammel!» in *Bùtschhämmeli mache* (kindersprachlich) Köpfe zusammenstossen, *wäärwaise* (aus «wer weiss?») hin- und herberaten, Vermutungen anstellen. Hieher gehört ursprungsmässig auch *naime* (aus «nicht weiss ich wo») irgendwo.[2]

---

1 Auch *ytäm,* von lateinisch item = ebenso.
2 Hieher kann auch gerechnet werden: *S isch mer e Mues* Es ist mir ein «Muss», ich tue es nur, weil ich muss.

# Abgeleitete Wörter

## Substantivische Bildungen

*Diminutive*
*auf -li, -eli, -i*

Die Tendenz zur Verkleinerung ist in den Mundarten viel stärker ausgeprägt als in der Schriftsprache. Verkleinerungssubstantive werden mit den Nachsilben *-li, -eli* und *-i* gebildet.[1]

Wörter
auf *-li* und *-eli*

**344** Häufigstes Mittel zur Verkleinerung sind die Ableitungssilben *-li* und *-eli*. Dabei wird auch der Umlaut, wo immer möglich, mitbenutzt. Die Bildungen haben stets sächliches Geschlecht; zur Biegung siehe **99.3**.

Der Umlaut von *a, aa* lautet *ä, ää, è* ooder *ee: Händli, Bäärtli, Sèggli* Säckchen, *Neegeli* kleiner Nagel. Der Umlaut von *oo* lautet *ee: Reesli* Röslein, *Geebli* (Grundwort *Goob*) kleine Gabe. Der Umlaut von *ò, òò* lautet *è, èè: Rèssli* Rösslein, *Kèpfli* Köpfchen, *Wèèrtli* Wörtchen, *Hèèrli* (Grundwort *Hòòr*) Härchen. Der Umlaut von *ù, ùù* lautet *i, ii: Brinneli (Brùnne), Wiirschtli (Wùùrscht)*. Der Umlaut von *u, uu* lautet *y, yy: Brytli (Brut* Braut), *Hyysli (Huus)*. Der Umlaut von *au* lautet *ai* bzw. *ei: Baimli (Baum), Seili (Sau)*. Der Umlaut von *ue* lautet *ie: Schieli (Schue* Schuh). (Zum Umlaut in Substantiven vgl. auch **100–102**).

Verteilung von *-li* und *-eli*

**345** *-li* erscheint bei den einsilbigen Substantiven: *Bäärgli, Schätzli, Èèrtli* Örtchen, *Kindli*[2]; bei den Substantiven auf *-l* ohne Verdoppelung des *l*[3]: *Meeli* kleines Mahl, *Stieli* Stühlchen, *Sääli* Sälchen; ebenso bei den zweisilbigen Substantiven auf *-el: Meedeli* (von *Moodel* Gebäckform), *Ängeli, Fliigeli*.

Bei den weiblichen Substantiven auf *-le* erscheint *-eli: Gääbeli* (Grundwort *Gaable*), *Needeli (Noodle), Nyydeli (Nuudle)*; ebenso bei den Substantiven auf *-i: Kicheli* (Grundwort *Kùchi*), *Mùùneli (Mùùni* Stier), *Bùscheli (Bùschi* Säugling).

Bei den Substantiven auf *-e* gilt ohne bestimmte Regel bald *-li*, bald *-eli. Bäggli (Bagge), Eefeli (Oofe), Däschli (Däsche* Tasche), *Stiibli*

---

1 Die hochdeutsche Ableitungssilbe -chen wie in hochdeutsch «Märchen», «Bübchen» kommt in der Mundart nicht vor.
2 Neben *Kindli* hat sich für den Plural die Verkleinerungsform *Kinderli* herausgebildet, dadurch dass die Verkleinerungssilbe an die Pluralendung *-er* trat.
3 Diese können auch als Diminutive auf *-i* aufgefasst werden (siehe **348**).

*(Stùùbe), Schääleli (Schaale)*. Verschiedene Bedeutung haben *Läädeli* kleiner Laden und *Läädli* kleine Schachtel.

Bedeutung der Ableitungssilben

**346** An und für sich besteht kein Bedeutungsunterschied zwischen den Ableitungen auf *-li* und *-eli*, sofern sie durch die Form des Grundworts (siehe **345**) bedingt sind. Treten aber beim gleichen Grundwort beide Ableitungen auf, so hat diejenige mit *-eli* einen stärker verkleinernden Charakter, ein *Maiteli* ist also kleiner als ein *Maitli*, ein *Hèmmeli* kleiner als ein *Hèmli* Hemdchen.

*-eli* hat weiteste Verbreitung in der Sprache, die Erwachsene kleinen Kindern gegenüber brauchen; den so gebildeten Verkleinerungen haftet etwas Zärtlich-Läppisches an: *Hèt s Kindeli jètz wider waarmi Fiesseli? Kùmm, mer dien em Hanseli d Zeeneli bùtze*. Durch das Ausbleiben des Umlauts wird dieser eher unbaslerische Gefühlsgehalt noch verstärkt: *Jee, s Schatzeli hèt kalti Handeli!* Vgl. auch das Kindergedicht *Jòggeli wòtt go Biirli schittle: Do schiggt der Maischter s Hùndeli uuse, s sòll go Jòggeli bysse*.

Wie *-eli* kann auch das Suffix *-li* einen stärkeren Gefühlston tragen, namentlich, das Gebiet des Kleinen verlassend, im Bereich der Vornamen, wo die Verkleinerungsform häufig auch für Erwachsene von der Kindheit her übernommen wird: *der Fritzli*[1], *der Hansli*[1] usw., oder aber zur Bezeichnung von erwachsenen Menschen, die liebevolle bis verächtliche Zuneigung geniessen: *Sandmännli* Mann, der einst den Fegsand in die Häuser brachte, *Määrtwyybli* (neben *Määrtfraueli*), *alti Lytli, Bappeli, Mammeli* usw. Von hier aus ist auch die Herkunft von Geschlechtsnamen wie *Yyseli* Iselin, *Zääsli* Zaeslin usw. zu verstehen. – Die familiäre Zugehörigkeit kann ebenfalls durch *-li* ausgedrückt werden: *s Millerli* die Tochter der Familie Müller, *d Millerli* die Kinder der Familie Müller.

Die Verkleinerungssilben werden ferner angewendet auch bei Sachen, Begriffen usw., zu denen man eine affektive Beziehung hat: *e Schèppli* Schoppen Wein, *e Wyy(n)li, e Syygarètli* eine Zigarette, *Stübli* gemütliche Stube, *e Midaagsschleeffli* (älter *Mèèrydiènnli*), *e nätt Eebeli* ein netter Abend, *my Äärbetli* meine (geliebte) Arbeit usw.

Negative Begriffe sowie Schimpfwörter können durch die Verkleinerungssilben verharmlost, ja ins Gegenteil (z.B. versteckte Bewunderung) verkehrt werden: *Kaibli, Grètli* Krötchen, *Deifeli, Gwitterli, Schleegli* Schlaganfall[2], *Dùùbeli, Siechli, Ryschli* (kleiner) Rausch usw. Ferner: *e Zytli* ziemlich lange Zeit.

1 Bei Männern wird das Geschlecht in solchen Fällen männlich, bei Frauen bleibt es sächlich: *s Beetli* Elisabethchen, *s Anneli* usw. (Vgl. auch **201**.)
2 Ein schwacher Schlaganfall hingegen wird *Birierig* «Berührung» genannt.

Anderseits kann mit der Verkleinerungsendung auch blosse Geringschätzung ausgedrückt werden: *Sy Leenli* (Löhnlein) *längt au nit wyt, Däämli, Gschäftli, Ämtli* usw.

Mit *-li* und *-eli* können auch Verkleinerungen von andern Wortarten gebildet werden: *Nytteli* «Nichtslein», mickeriges Menschlein, kleinste Kleinigkeit, *Busbuuseli* Kätzlein, *Wauwauli* Hündchen, *Läggerli* spezielles Basler Honiggebäck, *waaseli?* was? *soodeli/sooli* so, das wär's (mit beruhigt-befriedigtem Nebenton), *ääli/Ääli* anschmiegendes Kosen (und entsprechendes Ausrufewort).–Verkleinerungen von Verben siehe **384** ff.

Isolierte Diminutive auf *-li, -eli*

**347**  Manche Diminutive bezeichnen an sich kleine Dinge, wobei aber der Verkleinerungscharakter nicht oder kaum mehr empfunden wird; es fehlt dann meist auch die Grundform, oder sie hat eine andere Bedeutung: *Byppeli* Küken, *Faasnachtskiechli* dünne, in Fett gebackene runde Fladen, *Mischtgratzerli* Brathähnchen, *Schweebli* zweigeteiltes, rundes Brötchen, *Wèggli* «kleiner Wecken», (Hefe-)Brötchen, *Schlùmbäärgerli* besonderes kleines rundes Brötchen, *Veie(d)li* Veilchen, *Maieryysli* «Maienreis», Maiglöckchen, *gääli Riebli* kleine Karotten, *Gnèpfli* Mz. bestimmte Mehlspeise, *Meeli* Mahl (meist eines Vereins, einer Gesellschaft usw., z.B. *Gryffemeeli, Vòòrgsètzte-Meeli, Heebelmeeli* jährliches Essen in Hausen im Wiesental zur Erinnerung an J. P. Hebels Geburtstag am 10. Mai), *Faadespieli* Fadenspule, *Glämmerli* Wäscheklammer, *Lyybli* Unterleibchen, *Dääleli*[1] (von frz. taille) Leibchen und Unterhose in einem Stück, vor allem bei Kindern, *Bòschètli* kleines Taschentuch in der Brusttasche, *Fazeneetli†* Taschentuch, *Hyysli* Abtritt, *Èèrtli* «Örtchen», Abtritt, *Grälleli* Glasperle zum Aufreihen, sodann Weihnachtskleingebäck wie *Bruunsli, Mailänderli, Dootebainli, Äänisbreetli* u.a.m., *Ställi/Stääli†* «kleiner Stall», (zusammenlegbares) Laufgitter, *Bèttmimpfeli* kleine Leckerei vor dem Zubettgehen.

Diminutive auf *-i*

**348**  Älter als die Bildung mit der Verkleinerungsendung *-(e)li* ist diejenige mit *-i*. Sie ist heute ausser in der Kindersprache (z.B. *Schnitti* für *Schnittli* kleine Brotschnitte) nicht mehr sprachwirksam, hat sich aber in zahlreichen Resten erhalten; ihr verkleinernder Charakter wird nur noch zum Teil empfunden. (Zur Biegung siehe **99.3**.)–Die Verkleinerungswörter auf *-i* bezeichnen:

Tiere, Pflanzen u.ä.: *Wäschpi* Wespe, *Imbi* Biene (neben jüngerem *Imbli* und *Imli*), *Buusi/Byysi* Katze (auch pleonastisch *Katzebuusi*), *Byppi* Huhn (mit zusätzlicher Verkleinerung *Byppeli* Küken), *Bèèri* Beere, *Iirbsi* Kern-

---

1 Ähnliche Bedeutung hat das aus andern Mundarten übernommene *Gstältli*.

gehäuse (beim Kernobst), *Èpfelbiirzi*† Kerngehäuse des Apfels[1], *Ääri* Ähre, *Wuuri* das Weiche vom Brot;

Körperteile: *Hiirni, Kiini* Kinn;

Geräte, Dinge, Personen: *Dipfi* kleiner (meist eiserner) Deckeltopf, übertragen auch für zimperlich-dämliches Frauenzimmer, *Bappedipfi* verzärteltes Kind, *Ändi*[2] Ende einer Schnur, eines Tuchstücks usw., *Ditti* Puppe, *Dùnti* schwachbegabter Mensch, Trottel. Ferner sind hier zu nennen die Lehnwörter *Kissi* Kissen, *Bèggi* Becken, *Kèmmi* Kamin, *Kiirsi* Kirsche.

Meistens ist eine zusätzliche Verkleinerung möglich: *Bèèreli, Ditteli, Dùnteli, Bèggeli* usw.

Bei *Bääsi* w.† Kusine, überhaupt jede entferntere Verwandte hat sich das natürliche Geschlecht durchgesetzt.

| | | |
|---|---|---|
| Kurznamen auf -*i* | **349** | Zu vielen Taufnamen werden Kurznamen auf -*i* gebildet, ohne aber speziell verkleinernde Bedeutung zu bekommen. Die männlichen Namen behalten dabei männliches Geschlecht: *Roobi* Robert, *Otti*, *Dèlfi* Adolf, *Bäärti* Albert, *Hairi* Heinrich, *Ruedi* Rudolf, *Fèèrdi* Ferdinand, *Ueli*, *Eedi*, *Keebi* Jakob, *Niggi* usw. Hieher gehören auch Tiernamen wie *Waldi* und *Baari* für Hunde, *Hansi* für Vögel oder Kater. – Die weiblichen Namen sind, gemäss dem grammatischen Geschlecht, sächlich: *s Èmmi* «die» Emilie, *Druudi* Gertrud, *Lyysi, Anni, Roosi* usw.[3] |

Erweiterte Bildungssilbe -*ggi* erscheint in *Haiggi* Heinrich, *Luggi* Luise, *Schuggi* s. Julie, *Myggi* s. Marie/Emilie, gelegentlich auch für Emil, dann aber männlich (neben derberem *Mygger*).

Wirklich verkleinernden Sinn haben nur die Bildungen auf -*(e)li: s Fritzli*, *s Èmmeli, s Reesli* usw.

| | | |
|---|---|---|
| Kurzwörter auf -*i* | **350** | Analog werden stark gefühlsbetonte, meist sächliche Kurzformen gebildet: |

in der Kindersprache für Familienangehörige: *Mammi, Bappi* m., *Danti*; ferner in gleicher Weise *Fùùdi* Hintern, *Gutzi* süsses Kleingebäck u.a.m;[4]

in der Schülersprache; dabei richtet sich das Geschlecht meist nach dem

---

1 Heute meist ersetzt durch *Èpfelbùtze* m. Einfaches *Bùrzi* wird noch verwendet in der Bedeutung von Chignon, Hinterteil des Federviehs.

2 Heute meist ersetzt durch *Änd*, jedoch noch fest in der Zusammensetzung *Ändifùngge* m.Pl. aus Stoffresten gefertigte Hausschuhe.

3 Das sächliche Geschlecht wird gerne, vor allem im familiären Bereich, auch auf nicht verkleinerte weibliche Namen übertragen: *s Maariann, s Heeleen, s Baarbara* usw. (vgl. auch **111**).

4 Diese Bildungsweise ist im Baseldeutschen, im Gegensatz zu andern Mundarten, nicht sehr verbreitet.

Ausgangswort: *Handi* Handarbeit, *Geegi* Geographie, *Latti* Lateinisch, *Stènni* Stenographie, *Franzi* Französisch, *Baadi*† Badeanstalt, *Flùùgi* m. Flugzeug, *Auti* Auto, *Schòggi* Schokolade, *Allschi* Allschwilerwald, *Kunschti* Kunsteisbahn, *Pfaadi* Pfadfinder, *Lòggi* Lokomotive; mit erweitertem Suffix: *Ùffzgi* Aufgaben, *Zinzgi* Zündhölzchen, *Länzgi*† Landjäger, Polizist.

<table>
<tr><td>Männliche<br>Substantive<br><br>Wörter auf -er</td><td>351</td><td></td></tr>
</table>

**Männliche Substantive**

**Wörter auf -er**

**351** Die Ableitung männlicher Substantive mit *-er* ist wie im Hochdeutschen sehr häufig: *Schnyyder, Haigùmper* Heuschrecke, *Batzeglèmmer* Geizhals, *Dipflischysser* Pedant. Diese Bildung dient auch zur Bezeichnung bestimmter Übel (vgl. auch **355.4**): *Hyyler* Heuler, *Schysser* (derb) Durchfall, *Verlaider,* dann auch für Sachen: *Blòcher* Bohner, Bohnerbürste, *Fluumer* Flaumwischer mit Wollquasten, *Ooperegùgger* Opernglas, *Raasemaaier* Rasenmäher, auch *Widerhooliger* (militärischer) Wiederholungskurs. – Als Herkunftsbezeichnung: *Schwyzer, Bäärner* usw.; abweichend: *Badänser* einer aus dem Land Baden.

Aus Grundzahlen werden in der gleichen Weise gebildet: Namen von Geld- und Masseinheiten, von Spielkarten und Dominosteinen usw.: *Zääner, Fimfer, Dausiger* Tausendernote, *Zwaier* 2 dl Wein, *der dòpplet Nùller.* Ferner: *Ùff Rieche nämme mer der Säggser* ...Tramlinie Nr. 6. *Er hèt e Dreier gschòsse* (beim Scheibenschiessen). Vgl. auch **125**.

**Wörter auf -ler und -eler**

**352** Häufig kommt zur Berufs-, Eigenschafts- oder Herkunftsbezeichnung die Erweiterung auf *-ler* und *-eler* bzw. Ableitung von Verben auf *-(e)le* vor, oft mit verkleinernd-abschätziger Bedeutung: *Hèggeler* Wirtshaushocker, *Bäscheler* Bastler, *Heeseler* ängstlicher Mensch, *Bäänler* Bahnbeamter oder -arbeiter, *Bèschtler* «Pöstler», *Drämler* Tramführer, *Thämperänzler* Abstinent, *Stindeler* Sektenangehöriger; ohne abschätziger Bedeutung: *Neidèèrfler* eines aus Neudorf, *Airäppler* Einrappenstück, *Fränggler* Frankenstück.

Die Bildungen auf *-eler* wirken im ganzen abschätziger als diejenigen auf *-ler,* es besteht also ein leichter Unterschied zwischen *Hèggeler* und *Hèggler, Bèschteler* und *Bèschtler.*

**Erweiterung zu -(e)mer und -lemer**

**353** Die zu *-(e)mer* und *-lemer* erweiterte Endung *-er* dient hauptsächlich zur topographischen Herkunftsbezeichnung: *Spaalemer* einer aus dem Spalenquartier, *Riechemer* einer aus Riehen, *Häägemer*[1] einer aus Hegenheim, *Auggemer* einer aus *Auggen,* Auggener Wein, *Stainlemer* einer aus

---

1 Hier liegt eigentlich normale Bildung auf *-er* zu Grunde, und zwar aus dem Grundwort *Häägeme* Hegenheim.

der Steinenvorstadt, *Dalbemer/Dalblemer*[1] einer aus dem St. Alban-Quartier.

Bildung auf *-ner* liegt vor z.B. in *Waagner, Gùtschner* Kutscher.

**Wörter auf -*lig***   **354**   Die Substantive dieser Gruppe sind als Bezeichnung männlicher Personen bis auf *Witlig* Witwer verschwunden. Als Sachbezeichnung indessen sind sie noch in grösserer Zahl lebendig: *Neetlig* «Nähtling», soviel Faden, wie man aufs Mal einfädelt, *Sètzlig, Speetlig* Herbst, *Frielig*[2], *Stègglig* Steckling, *Vierlig* Viertel (eines Pfundes), *Waidlig* besondere Art von Flussnachen u.a.

**Wörter auf -*i***   **355**   Die männlichen Wörter auf -*i* bezeichnen in erster Linie Personen mit bestimmten Eigenschaften, dann auch anomale Zustände, selten Sachen.

1. Ableitungen von Verben, die meist negativen, tadelnden Charakter haben, sich auf schlechte Gewohnheiten und Eigenschaften beziehen: *Pfùschi* Pfuscher, *Hauderi* liederlich arbeitender Mensch, *Laaferi* Laffe, *Braudli* fahriger Mensch, *Drueli* unsauberer Esser, der sich bekleckert, *Glùnggi* trölender, nachlässig gekleideter Mensch, *Glùschti* Möchtegern, *Schliirggi* schlechter Maler, Schmierer, *Schwauderi/Blauderi* Schwätzer, *Stuuni* Träumer, *Zwängi* einer, der (immer) etwas erzwingen will, *Schnùùderi* Rotzbube, *Gaiferi* Geiferer usw.

2. Ableitung von Substantiven (meist Fremdwörtern): *Blagèèri* (frz. blagueur) Aufschneider, *Tschooli* (it. ciola) einfältiger Mensch, *Gooli* (von engl. goal) Torwärter, *Schangi* (frz. Jean) Kerl, *Dyssi* (elsässisch *Schampedyss* aus frz. Jean-Baptiste) Kerl, lustiger Geselle.

3. Isolierte Bildungen: *Gleezi* Kerl, *Mùtti* gutmütiger dicker Kerl, *Drimpi* schwachbegabter Mensch, *Lappi* (zu «lappen» = Zunge heraushängen lassen) Tropf, *Schluufi* lahmer Kerl, *Stryzi* Lausbub.

4. Ableitungen von Verben zur Bezeichnung von Dingen, Zuständen, Übeln: *Nùggi* Schnuller, *Sùùri* Kreisel (Ableitung *Boodesùùri* kleiner Mensch jeden Geschlechts), *Schlòtteri* Schlotter, *Zitteri* Zittern, *Frässi* Fressucht, *Glùggsi* Schluckauf, *Schnùùrepflùtteri* Schwatzsucht usw.

**Wörter auf -*el***   **356**   Die männlichen Wörter auf -*el*, teils von Substantiven abgeleitet, teils von Verben gebildet, entsprechen einerseits hochdeutschen Wörtern auf -er, andererseits solchen auf -el wie z.B. Klöppel. Einige von ihnen hatten einst Diminutivcharakter, doch ist dieser heute ganz verschwunden. Die

---

1 Daneben späteres, ursprünglich scherzhaft gemeintes *Dalbanees* (analog zu Chinese usw.).
2 *Frielig* hat früher allgemein gebrauchtes *Friejòòr* fast verdrängt.

Wörter auf -el bezeichnen Personen mit bestimmten Eigenheiten (z.T. von Sachen übertragen) und Sachen.

Bezeichnung von Personen: *Gischpel, Zwaschpel, Wischpel* unruhiger, zappliger Mensch, *Siffel* Säufer, *Siirmel* flegelhafter Mensch, *Diùbel* Dummkopf, *Tschùmpel* gutmütig-trottelhafter Mensch. Sinngemäss lassen sich hier auch einordnen: *Sauniggel* (neben etwas milderem *Seiniggel*) Schweinigel, *Schòòreniggel* kurzgeschorener Mensch, Fruchtansatz der Kirschen, *Zòòrniggel* jähzorniger Mensch, *Manòggel* kleiner (meist von Kindern gezeichneter) Mann.

Bezeichnung von Sachen: *Bändel* (Seiden-) Band, *Sèggel, Stängel, Gèèrtel* Messer zum Reisigmachen, *Graaiel* dreizinkiger Karst, *Mèèrsel*† Mörser, *Èèrggel*† Erker, *Dryybel* Traube (*dùmme Dryybel* dummer Kerl), *Hänggel* Henkel, *Grääbel* Kratzer, *Kaigel* Kegel, *Dyychel*† Teuchel, Teilstück einer hölzernen Wasserleitung, *Grattel* Einbildung, Hochmut, *Rùndùmmel* runde Scheibe, runder Körper, *Bùggel* Buckel.

Neben bzw. statt männlichen Ableitungen auf -el bildet die Mundart weibliche auf -(e)le; *Bùschle* Büschel, *Zòtzle* Quaste, *Fòtzle* herabhängender Fetzen, *Stiigele* hochaufgeschossene weibliche Person, *Gaagle* aufgeschossenes, ungelenkes Mädchen, *Bachbùmmele* Bachbummel; die Sachbezeichnungen entsprechen sehr oft hochdeutschen weiblichen Wörtern auf -el: *Schissle* Schüssel, *Schindle, Amsle, Sichle* usw.

<table>
<tr><td>Wörter auf -jee</td><td>357</td><td>Zahlreiche Fremd- und Lehnwörter stammen aus dem Französischen (siehe 399), so auch männliche Substantive auf -ier: Banggjee (banquier) Bankier, Bùmpjee (pompier) Feuerwehrmann, Wyyljee† (huilier) Öl- und Essigflaschengestell u.a.m. Diese Bildungsweise hat das Baseldeutsche in kleinerem, vor allem schülersprachlichem Bereich, übernommen: Syydjee† (seidener) Zylinderhut; Aarschjee, Buuchjee, Kòpfjee (entsprechende Sprünge ins Wasser, heute meist Äärschli, Byychli, Kèpfli).</td></tr>
</table>

**Wörter auf -jee**    **357**    Zahlreiche Fremd- und Lehnwörter stammen aus dem Französischen (siehe **399**), so auch männliche Substantive auf -ier: *Banggjee* (banquier) Bankier, *Bùmpjee* (pompier) Feuerwehrmann, *Wyyljee*† (huilier) Öl- und Essigflaschengestell u.a.m. Diese Bildungsweise hat das Baseldeutsche in kleinerem, vor allem schülersprachlichem Bereich, übernommen: *Syydjee*† (seidener) Zylinderhut; *Aarschjee, Buuchjee, Kòpfjee* (entsprechende Sprünge ins Wasser, heute meist *Äärschli, Byychli, Kèpfli*).

**Wörter auf -is**    **358**    Isoliert steht die typisch baseldeutsche Gruppe von männlichen Sachbezeichnungen mit der Endung -is, die wohl von Formen des Partizips Perfekt stammen: *Bachis* «Gebackenes», Zusammengebackenes, Angebranntes, *Brootis* «Gebratenes», Braten, *Bhaltis* «Behaltenes», was man in einer Tüte von einem festlichen Essen mitnehmen darf; die Bildung erstreckt sich auch auf schwache Verben: *Dòòrggis* (von *dòòrgge* weiche Masse kneten) weiche Süssspeise, *Dùnggis* in Getränk oder Sauce eingetunktes Brot oder anderes Gebäck, also auch *Soossedùnggis, Schliirggis* verschmierter Fleck von Farbe oder Tinte; die gleiche Endung zeigen auch: *Beeggis* getrockneter Rotz, *Myggis* Hafenkäse, *Giggernillis* Krimskrams, *Binggis* kleiner Kerl, *Dämpis* Räuschlein u.a.[1]

| | | |
|---|---|---|
| Wörter,<br>heute ohne<br>Ableitungssilbe,<br>als Personen-<br>bezeichnungen | **359** | Ohne *-er,* nur mit dem Stamm sind bestimmte Berufsbezeichnungen ge-bildet: *Bègg* Bäcker, *Bùtz* Putzer u.a. Endungslose Ableitungen (Rück-bildungen) von Adjektiven, zum Teil mit rückgängig gemachtem Um-laut bezeichnen Menschen mit unangenehmen Eigenschaften oder An-lagen: *Aidoon* wortkarger Mensch (von «eintönig»), *Iibelhòòr* Schwer-höriger, *Haimdùgg* heimtückischer Mensch, *Langwuur* langweiliger Mensch, *Ùnnemuet* unangenehmer Mensch, *Ùnmoog†* Mensch, den man nicht mag, unmöglicher Mensch. |

Ableitung von einem Verb liegt vielleicht vor in: *Hautsch* ungeschickter, unsorgfältiger Mensch, *Pflùntsch* dicker, fauler Mensch.

| | | |
|---|---|---|
| Einsilbige<br>Wörter zu<br>entsprechenden<br>Verben | **360** | Zu manchen Verben gibt es seit jeher einsilbige männliche Substantive. Sie bezeichnen ursprünglich einen einmaligen Vorgang: *Bùff* Stoss, *Bùtsch* Stoss, *Gòòrps* Rülpser, *Gruess* Gruss, *Gùmp* Sprung, *Gùtsch* Schwall Flüssigkeit, *Lùpf* (z.B. *Hooselùpf*) «Lüpfen» eines Menschen, *Schlägg* «Schleckerei» (z.B. *Das isch kai Schlägg* Das ist sehr unangenehm), *Schlooff* Schlaf, *Schlùgg* Schluck, *Schnuuf/Schnuff* Atem, Atemzug, *Schwùmm* (ein einmaliges Schwimmen)[2], *Schùpf* Stoss, *Sprùtz* Wasser-spritzer, *Wangg* Bewegung (z.B. *Er macht kai Wangg* Er bewegt sich überhaupt nicht). |

Sachbezeichnungen sind geworden: *Bùgg* Einbeulung, *Gùùrt* Gürtel, *Rangg* Strassen-/ Wegkrümmung, *Schnùùrpf* schlecht/hässlich genähte Stelle, *Schranz/Schlänz* Riss im Kleid, *Sprùng* Riss im Glas/im Geschirr. (Zu den persönlichen Bildungen wie *Bègg* siehe **359**.)

| | | |
|---|---|---|
| *Weibliche*<br>*Substantive*<br><br>Wörter auf *-i* | **361** | Eine grosse Gruppe der Wörter auf *-i* ist aus einsilbigen Adjektiven her-vorgegangen; entsprechende Neubildungen sind auch heute noch mög-lich. Diese Wörter sind meist umgelautet, weiblichen Geschlechts und bilden den Plural auf *-ene,* vgl. *hooch-Heechi-Heechene* hoch-Höhe-Höhen. Ebenso: *Kèlti* Kälte, *Nèssi, Lèngi, Greedi* Geradheit, *Schwèchi, Stèèrggi, Hèèrti, Wèèrmi, Frèmdi, Schyychi* Scheu, *Fyychti* Feuchtigkeit, *Daibi* Zorn, *Breevi* «Bravheit», *Stilli, Kiirzi* Kürze, *Reeti* Röte, *Schwèèrzi, Gieti* Güte, *Miedi* Müdigkeit usw. Es handelt sich also vorwiegend um Eigen-schaftsbezeichnungen. |

---

1 *Bachis, Bhaltis, Brootis* scheinen von der Bedeutung her substantivierte Partizipien zu sein («Gebackenes, Behaltenes, Gebratenes»), doch sind die lautliche Entwicklung (*-es* zu *-is*) und das männliche Geschlecht merkwürdig. Mindestens für *Beeggis, Myggis* usw. muss man mit einer andern Bildungsweise rechnen.
2 Kam erst im 20. Jahrhundert auf.

**362** Von Verben leiten sich ab als Bezeichnung der betreffenden Tätigkeit oder des Mittels, der Vorrichtung, des Ortes usw.: *Dauffi* Taufe, *Glèmmi* Klemme, *Suechi* Suche, *Luegi* Anblick, *Ùffrichti* Aufrichtefest, *Huusraiki* «Hausräucherung», Hauseinweihungsfest, *Dèggi* Decke, *Salbi, Schmiiri* (meist nur in der Zusammensetzung *Waageschmiiri*) Schmierfett, *Bschitti* Jauche, *Schwètti* Schwall Wasser, *Säägi, Schlyffi* künstlich geglättete Eisspur, *Gyygampfi* (am Boden befestigte) Wippe, *Rytti* (an Seilen hängende) Schaukel, *Schiffländi* Schiffsanlegestelle, *Byygi* «Beige», Stapel, *Wèschhänggi* Wäscheaufhängevorrichtung, *Kòpfabhaini*† «Kopfabhau-Stätte», Richtplatz vor dem ehemaligen Steinentor (heute Parkplatz Zoologischer Garten), *Figgi* (nur in der Redensart *Figgi ùnd Miili haa* doppelte Möglichkeit haben).

**363** Ursprüngliche Substantive sind: *Biini* Bühne, Zimmerdecke, *Bùùrdi* Bürde; alte Lehnwörter: *Miili* Mühle, *Kùchi*. Hieher zu rechnen sind auch die schülersprachlich-volkstümlichen Ableitungen wie *Spyysi* Speiseanstalt, *Gaasi* Gasfabrik, *Baadi* Badeanstalt, *Kùnschti* Kunsteisbahn usw. (vgl. auch **350**).

Wörter auf -*ere* und -*ene*

**364** Zur Berufs-, Eigenschafts- oder Herkunftsbezeichnung weiblicher Personen dienen die Suffixe -*ere* und -*ene*[1]: *Schnyydere* Schneiderin, *Naaiere* Näherin, *Gäärtnere* Gärtnerin, *Moolere* Malerin, *Wäschere* Wäscherin, *Schwätzere* Schwätzerin, *Glùggere* Gluckhenne[2], überbesorgte Mutter; *Byyrene* Bäuerin, *Wiirtene* Wirtin, *Abwaartene* Abwartin, Abwartsfrau, *Schweebene* (abschätzig) Deutsche, *Tschinggene* (abschätzig) Italienerin usw. – Weibliche Personenbezeichnungen auf -*(e)le* siehe **356**, letzter Absatz.

Auch mit bestimmtem Artikel verbundene Geschlechtsnamen können die Suffixe -*ere* und -*ene* zu sich nehmen und bezeichnen dann in heute etwas derb-ironisch wirkender Weise die (meist verheirateten) Trägerinnen dieser Namen: *d Huebere* die Frau Huber, *d Maiere, d Millere, d Vischere* usw., *d Lùtzene* die Frau Lutz, *d Òttene* die Frau Ott usw.[3]

Wörter auf -*ede*

**365** Die Wörter auf -*ede* leiten sich in der Regel von Verben ab. Sie bezeichnen:

1 -*ere* ist die Entsprechung zum männlichen Suffix -*er* (siehe **351**) und kann im Plural zu -*eryyne* erweitert werden: *Schnyyderyyne, Mooleryyne* Malerinnen, Schneiderinnen. -*ene* ist ursprünglich die abgeschwächte Pluralform des Suffixes -in (in andern Mundarten -*i,* z.B. *Wirti* Wirtin), die im Baseldeutschen nun auch für die Singularbildung verwendet wird.
2 Anderer Herkunft (Analogiebildungen) sind die gleich ausgehenden Wörter *Tschättere* hässliche, unangenehme (alte) Frauensperson und *Gùttere* Flasche (lat. guttarium = Tropfenglas).
3 Die Bildung mit -*ene* wird gelegentlich auch bei Namen auf -i verwendet, wobei das -i im Suffix aufgeht: *d Määlene* die Frau Mähly, *d Mänzene* die Frau Menzi usw.

ein sich wiederholendes, meist unangebrachtes Tun und haben dann einen eher missbilligenden Sinn, ähnlich wie zum Teil die Wörter auf *-erei* (siehe **366**): *Schwätzede, Rätschede* Tratscherei, *Suffede* Sauferei, *Sègglede* Rennerei, *Siirpflede* Schlürferei, *Droolede* Hinunterpurzeln, *Ǜmmegheiede* Herumtreiberei, *Drùggede* Gedränge, *Kääsede* enges Gedränge, *Gstùnggede* sehr starkes Gedränge, dichtes Aufeinander; ohne abschätzigen Sinn: *Ziiglede* Wohnungswechsel, *Friejòòrsbùtzede, Danzede* Tanzerei, Tanzanlass, *Verloosede* Verlosung usw.;

Gegenständliches, z.B. die für einen Vorgang notwendige Menge oder ein sich ergebendes Quantum: *Kòchede* (neben der Bedeutung «Kocherei») bestimmte Menge eines im Kochen befindlichen Gerichts, *Wischede* mit dem Besen Zusammengekehrtes, *Pfannegratzede* angebrannter Rest aus der Pfanne (auch ein bestimmtes Gericht bezeichnend), *Brääglede* Portion Gebratenes, in Mengen Herunterfallendes, *Striggede* Strickarbeit, *Heegglede* Häkelarbeit; dann auch *Wiirlede* Durcheinander von Wollfäden, Wirrwarr.

Substantivische Ableitungen sind selten: *z Kòpfede, z Fuessede* am Kopfende, Fussende des Bettes. *Liechtede†* abendlicher Besuch (wenn man *z Liecht* geht bzw. kommt).

| | | |
|---|---|---|
| Wörter auf *-erei* | **366** | Die Wörter auf *-erei* bezeichnen ebenfalls einen andauernden oder sich wiederholenden Vorgang, gelegentlich das Ergebnis des Vorgangs; auch sie haben in der Regel einen missbilligenden oder abschätzigen Nebensinn: *Bùtzerei, Singerei, Fleetlerei, Gnyyblerei* Klauberei, mühselige Kleinarbeit, *Pfyfferei, Hueschterei* usw. Eher den Tatbestand oder das Ergebnis bezeichnen: *Schweinerei, Sauerei* (grob), *Kaiberei* Bubenstück, *Kalberei* dummer Streich. |

Keine tadelnde Bedeutung haben die zu den männlichen Berufsbezeichnungen auf *-er* gehörenden Bildungen wie *Mètzgerei, Bèggerei, Schryynerei, Fäärberei.*[1]

| | | |
|---|---|---|
| Wörter auf «-heit», «-keit», «-schaft», «-ung» usw. | **367** | Diese abstrakten Bildungen sind im Grunde eher mundartfremd und daher lange nicht so häufig wie im Hochdeutschen, dringen aber in stets stärkerem Masse ein, so dass einige von ihnen schon zum festen Bestand der Mundart gehören. |

Bodenständig sind seit langem die Bildungen mit *-ed* -heit: *Gwooned* Gewohnheit, *Grangged* Krankheit, *Wòòred* Wahrheit sowie mit *-gged* -keit *Fuulgged* Faulheit und mit *-schaft: Wiirtschaft* Wirtschaft (allgemein

---

1 Direkte Ableitungen mit *-ei* (analog französisch *-ie*, z.B. *Bartei* frz. partie) sind selten: *Arm(u)etei†* Armut, meist in irgendwie kollektiver Bedeutung, *Ziegelei, Bùùrgvògtei, Stämpeneie mache* Geschichten machen. – Wörter auf *-elei* sind schriftsprachlicher Herkunft: *Bättelei, Eeselei, Fleegelei.*

ökonomisch oder speziell Wirtshaus), *Kùndschaft* Kundsame, *Macheschaft, Liebschaft*. – Die Wörter auf *-ig* -ung bezeichnen in der Regel etwas Konkretes oder sonstwie Prägnantes: *Woonig, Huushaltig, Rächnig, Zaichnig, Gattig (Das hèt e Gattig* Das sieht nach etwas aus), *Hòffnig, Abdanggig* Trauerfeier, *Zyttig*[1], *Aanig*[1].

Entlehnungen aus der Schriftsprache haben ungeschwächte Ableitungssilben: *Gläägehait, Freihait, G(i)rächtikait* usw., auch *Ryychdùm, Aigedùm, Zyygnis, Glyychnis* und viele andere, zum Beispiel auch die altertümlichen *Grèpnùs*† Begräbnis, *Bidriebnùs*† Betrübnis u.a.

<table>
<tr><td>

*Sächliche Substantive*

Wörter mit «Ge-»

</td><td>

**368**

</td><td>

Die Vorsilbe *G(i)-* gibt einen kollektiven Sinn; die Ableitungen von Verben bezeichnen eine fortgesetzte oder sich wiederholende Tätigkeit, diejenigen von Substantiven bezeichnen Sammelbegriffe.

</td></tr>
</table>

Die Tätigkeitsbezeichnungen haben wie die häufigeren Bildungen mit *-ede* und *-erei* einen leicht bis stark abschätzigen Sinn: *Glaiff* «Geläufe», *Gjoomer* Gejammer, *Gspräng* Sprengerei, Hasterei, *Gfluech, Gschäär* Scherereien, *Gständ* Herumstehen vieler Leute oder Sachen, *Gfroog* (neben *Froogerei*), *Gschyss* «Gescheisse», Umstände, Geschichten, *Gikäär* Schimpferei, Quengelei, *Gidrampel*.

Sachbezeichnungen dieser Bildungsgruppe haben meist keinen besonderen Gefühlston, wenn ihn nicht schon das Grundwort aufweist: *(Winter-) Gfrischt* Frostbeulen, *Gfrääs* Fresse, Gesicht, *Gseem* Sämerei, Pöbel, *Gschwei*† Schwiegertochter, *Gnischt* «Geneste», alte Häusergruppe, altes Haus, *Gstryych* Gesträuch, *Ghiirscht* Dickicht, Gestrüpp, *Gschyych* ungestalter Gegenstand, ungestalter Mensch.

Männlich geworden sind *Gääder* «Geäder» im Fleisch, *Glùscht* Gelüste.

Im Unterschied zum Hochdeutschen fehlt die Vorsilbe: *Hiirni* Gehirn, *Simse* m. Gesims; nicht erkennbar ist sie in *Biis* Gebiss, *Dääfer* Getäfel.

<table>
<tr><td>

Wörter auf *-(l)is*

</td><td>

**369**

</td><td>

Zur Bezeichnung von (Kinder-)Spielen, meist mit den Verben *mache* oder *spiile* verbunden, dienen Ableitungen von Verben mit der Endung *-is* und *-lis*[2], ursprünglich wohl adverbiale Genitive von Infinitiven (vgl. auch **205**), heute als sächliche Substantive empfunden: *Fangis* «Fangens», *Jääglis* «Jagens», *Balleschiggis/Balleschiggerlis* Ballspiel, *Indiaanerlis* Indianerspielen, *Mieterlis* «Mutterspielen», *Raiberlis* Räuberspielen usw. Neubildungen sind möglich: *Hitlerlis spiile, Dèggterlis mache, Saniteetlis spiile, Fyyrwèèrlis* usw. – Hieher gehören auch *Duuzis/Schmòllis* Du-Sagen.

</td></tr>
</table>

1 Im älteren Baseldeutschen (noch im 19. Jahrhundert) ist auch die Endung *-ung* belegt: *Zyttùng, Aanùng*. Dies deutet darauf hin, dass diese Bildungen noch als Entlehnungen aus der Schriftsprache empfunden wurden.
2 Die Ableitungen auf *-lis* stammen in der Regel von Verkleinerungsverben wie *indiaanerle, raiberle* usw.

*Bùmpis* Schläge auf den Hintern, *Hoosespannis*[1] Prügel, *Schimpfis* Schelte u.a. werden stets ohne Artikel und ohne Adjektive, höchstens mit Adverb zusammen verwendet: *Si hèt em fèscht Bùmpis gää. Er hèt Schimpfis bikoo.* Diese Wörter werden daher als gewissermassen geschlechtslos empfunden.

**Substantivierter Infinitiv** 370 Der substantivierte Infinitiv ist in der Mundart häufiger als in der Schriftsprache. Er dient vor allem als Ersatz für abstrakte Substantive und kann ohne weiteres auch Ergänzungen zu sich nehmen: *s Lèère vòn ere Sprooch* Die Erlernung einer Sprache, *Mit em der Dùùbel mache längt s jètz. S Verkauffe vò däm Huus isch son e Sach* Der Verkauf dieses Hauses ist gar keine so einfache Sache usw.

## Adjektivische Bildungen

**Wörter des Typus «gemasert»** 371 Die Adjektive mit (zum Teil verschmolzener) Vorsilbe *g-* und Ableitungssilbe *-et* sind meist von verkleinerten Substantiven abgeleitet und bezeichnen ein Ähnlichsein: *dipflet* mit Tupfen besetzt, *bliemlet* geblümt, *ghyyslet* kariert, *glèchlet* mit Löchern versehen, *gspriggelet* gesprenkelt, *diigeret* getigert, *gmaaseret* gemasert.

**Wörter auf -lächt** 372 Mit *-lächt* sind Adjektive gebildet, die zum Grundwort hinzu noch die Bedeutung von «-artig», «in der Art von» haben: *grooblächt* etwas grob, grob, *grienlächt* grünlich, *kiel-lächt* etwas kühl, *siesslächt* süsslich, *suurlächt* säuerlich u.a.[2]

**Wörter auf -ig** 373 Zu der grossen Gruppe der Adjektive auf *-ig* gehören einmal die von Substantiven abgeleiteten Stoffbezeichnungen, die hochdeutschen Bildungen auf *-ern* und *-en* entsprechen: *bapyyrig* papieren, *bleiig* bleiern, *gleesig* gläsern, *gòldig* (neben *gòlde*†) golden, *hèlzig* hölzern, *yysig* eisern, *strauig* aus Stroh usw. Alle diese Wörter können auch wie die hochdeutschen Entsprechungen auf *-ig* die Ähnlichkeit mit dem betreffenden Stoff bezeichnen; so kann beispielsweise *gleesig* «gläsern» und «glasig» bedeuten.

Zahlreiche Wörter auf *-ig* haben die Bedeutung «in der Art von»; sie gehören teils zu Substantiven, teils zu Verben, teils auch zu andern Wortarten: *bòggig* «bockig, störrisch, *grèftig* kräftig, *gspässig* (zu *Gspass*) merkwürdig, eigenartig, komisch, *gwùndrig* (zu *Gwùnder*) neugierig, *hässig* verdriesslich, *nyydig* verdrossen, unwirsch, übellaunig (also nicht «neidisch»), *zimftig* «zunftgerecht», währschaft, stark, wacker; *dryybig* betriebsam, emsig, *glùnggig* (zu *glùngge*) trödlerisch, nachlässig, *gschämmig*

---

1 Dasselbe Grundwort findet sich auch in der Bezeichnung einer bestimmten Art von Marmelspiel: *Bètschli mit Spannis* (Handspanne als Mass).
2 Meist ersetzt durch Bildungen mit *-lig: syyrlig* säuerlich (vgl. **374**).

beschämend; *nyttig* (zu *nyt*) «nichtsig», mickerig, *appig*† (zu *ab*) abgebrochen, *zuenig* (zu *zue*) geschlossen, *dònnerschiessig* (zum Fluch *Dònnerschiess!*) ungemein. – Mehr oder weniger isoliert stehen *fèèr(t)ig* fertig, *dippig* schwül, *drimmlig* schwindlig, *wùùrmäässig* wurmstichig.

Manche Bildungen auf *-ig* entsprechen sodann hochdeutschem Partizip Präsens: *abgändig*† «abgehend», noch zu haben, abgelegt (von Kleidern), *glänzig* glänzend, *kòchig* kochend, *sittig* siedend, *wuerelig* modrig, nach Wuhr riechend, *zitterig* zitternd usw. (siehe auch **163**).

Gelegentlich kann das Suffix *-ig* zur Erweiterung eines Grundadjektivs dienen: *gfrässig* (neben *gfrääss*), *maischterloosig* verschleckt, ungezogen, *naggedig*† nackt usw.[1]

**374** Die Wörter auf *-lig* entsprechen den hochdeutschen Bildungen auf -lich und dienen der Bezeichnung des Ähnelns, der Art und Weise: *gfäärlig, glyychlig, frintlig, gmietlig, lieblig* usw.

Die Erweiterung von Adjektiven mit *-tschelig* dient ebenfalls zur Bezeichnung der Ähnlichkeit (fast bedeutungsgleich mit *-lächt* (siehe **372**): *bryyntschelig* bräunlich, *blaaitschelig* bläulich, *grientschelig* grünlich, *reetschelig* rötlich, *graaitschelig* gräulich, *gäältschelig, kòmuuntschelig* eher kommun. Hieher gehört auch *fyynzelig* (neben *fyynsgelig*†) dünn, zart, knifflig.

**375** Alte Bildungen: *kèl(t)sch*† kölnisch, *wältsch* welsch, *mèltsch* (vom Obst) zerquetscht, angefault; mit voller Bildungssilbe *-isch: kadoolisch, braggtisch, neimoodisch, luunisch, koomisch, mylioonisch* ungeheuer.

**376** Diese Wörter sind im Baseldeutschen nicht sehr stark vertreten. Die alte mundartliche Lautform *-ber* ist nur noch in *kòschber* kostbar erhalten[2], sonst herrscht die volle Nachsilbe *-baar: wùnderbaar, fùùrchbaar* usw. Auch die Suffixe *-saam* und *-haft* erscheinen in ihrer vollen Form: *miesaam, bräschthaft* mit Gebrechen behaftet. Im allgemeinen wirken diese Suffixe aber eher mundartfremd. – Bildungen auf *-aabel, -yybel* siehe **399**, letzter Absatz.

**377** Die den Gegensatz ausdrückende Vorsilbe *ùn-* hat dieselbe Form wie im Hochdeutschen: *ùndòll* unpassend, unerfreulich, *ùnkùmmlig* unpraktisch, *ùngschuef* unförmlich, unbeholfen, ungeschlacht, *ùnnemietig* «unanmutig», unangenehm, *ùnbache* unreif (von Menschen).

---

1 Umgekehrt heisst es *niider* niedrig, *dimber* dämmerig.
2 Nur scheinbar liegt geschwächtes «-bar» vor in *bùschber* rüstig, wohlauf.

## Adverbiale Bildungen

Wörter auf -*s*  **378** Die Adverbien sind zum Teil erstarrte Fallformen anderer Wörter. Erkennbar sind noch die Genitivbildungen auf -*s: linggs, rächts, wytters, zmitts (drin)* mittendrin, *bsùnders, lätz*[1] falsch, *ändsalleränds* schliesslich, *aafangs.* Der schriftdeutschen Form nachgebildet sind Wörter wie *mindeschtens, èèrschtens, maischtens.*

Wörter auf *(e) li*  **379** Auf -*li*[2], entsprechend hochdeutsch -lich, gehen aus: *fryyli* freilich, *wäärli* «wahrlich», allerdings, *wäägerli* «wahrlich, allerdings, *dryyli*† «treulich»[3], *waidli* rasch, flink, *gryysli* «grauslich», gar sehr. Auf -*eli,* den Adjektivbildungen auf -*lig* (siehe **374**) entsprechend, gehen aus: *hibscheli* leise sacht, *òòrdeli* ziemlich, gehörig usw.

Wörter auf -*lige*  **380** Adverbien auf -*lige* sind von Substantiven und noch häufiger von Verben gebildet; sie entsprechen den hochdeutschen Bildungen mit -lings (z.B. ärschlings): *byychlige* mit dem Bauch voran, *kèpflige* mit dem Kopf voran, *stäntlige* im Stehen, *sitzlige* im Sitzen, *iberwintlige* «überwindlings» (Nähweise, bei der die Stoffkante vom Faden umwunden wird), *verglyychlige* vergleichsweise.


## Verbale Bildungen

*Vorsilben*
Vorsilbe ge-  **381** Die Vorsilbe *gi-,* reduziert auf *g-,* hat sich bei einer Anzahl Verben als Rest eines früheren Sprachgebrauchs erhalten. Ihre Bedeutung «bis ans Ziel, ans Ende» ist noch mehr oder weniger spürbar: *gsee* sehen, erblicken, *gluure* «lauern», angestrengt starren, schauen, *gspyyre* spüren, *gschmègge* munden, *glyysle* (neben *lyysle*) flüstern, *gräschele* «rascheln machen», in etwas herumwühlen, *gwaggle* wackeln, *gschwaige* zum Schweigen bringen, *gnaage* nagen, *gnäägge* (neben *näägge*) quengeln (meist von Kindern), *gwènne* (neben *gweene*) gewöhnen, *glùschte* gelüsten, *gheie*[4] grob werfen, schmeissen, *ginne* «gewinnen», lesen pflücken (vor allem Obst), *gschände*† ausschimpfen, vergeuden. Bereits aus dem Grundwort stammt die Vorsilbe in *gspasse* spassen (*Gspass* Spass, Scherz). Im Gegensatz dazu

---

1 Auch als Adjektiv mit Beugung verwendbar: *die lätze Lyt* usw.
2 Diese Bildung fällt heute häufig zusammen mit derjenigen auf -*lig;* man hört also meist *fryylig, wäärlig* usw., wenn überhaupt diese doch eher veraltet wirkenden Adverbien noch gebraucht werden.
3 *dryyli* ist praktisch höchstens noch in der ausrufenden Wendung *Bhiet is dryyli!* Behüte uns (Gott) treulich! erhalten.
4 *gheie* stammt von mhd. gehîwen sich paaren. Das Präfix wird nicht mehr als solches empfunden, so dass man ohne weiteres auch *keie* schreiben kann.

fehlt sie in *maane* gemahnen, erinnern tr., z.B. *Er maant mi ganz an Groossvatter,* ferner in *bruuche* im Sinn von «gebrauchen».

| | |
|---|---|
| Vorsilben<br>be-, ent-, er- | **382** Die Vorsilben *bi-, ent-, er-* sind in der Mundart nicht besonders häufig. Vollständig fehlt zer-, das stets durch *ver-* wiedergegeben wird. |

*b(i)-* fehlt fast ganz, da die Mundart das einfache Verb (mit anderer Konstruktion) bevorzugt: *strooffe* bestrafen, *vò èpperem èèrbe* jemanden beerim *ene Huus woone* ein Haus bewohnen, oder Umschreibungen verwendet: *als Loon gää* belohnen. Wo die Vorsilbe vorhanden ist, ist sie (nach **74**) meist zu *b-* verkürzt: *bsueche* besuchen, *bschaue* betrachten, *bschitte* «beschütten» mit Jauche begiessen, *bhalte* behalten; vor gewissen Lauten erscheint sie als *bi-; biweege* bewegen, *bikoo, biduure, bigraabe* usw. Die Vorsilbe wird nicht oder kaum mehr als solche empfunden in Verben wie: *braiche* (gut) treffen, *bschiesse* gut ausreichen, *bschysse* betrügen.

*ent-* erscheint in dieser Form nur in jungen Entlehnungen aus der Schriftsprache, wie *entschliesse, entsètze, entaigne* usw., sonst als *et-* in *etwènne*† entwöhnen und, unter Vorantritt der Vorsilbe *ver-*, zu *-t-* abgeschwächt in: *vertwitsche* entwischen, *vertleene* entleihen, *vertschlipfe* aus-, entgleiten, *vertlauffe* entlaufen.

*er-* dient zum Ausdruck des gründlichen Vollzugs einer Tätigkeit oder des Ergebnisses. Diese Bildung wirkt heute eher veraltet: *erlänge*† «erlangen», mit Anstrengung erreichen; formelhaft in *erheit ùnd erlooge* erstunken und erlogen, *erhuuse*† durch sorgfältiges Haushalten auf die Seite bringen, *sich erlùschtiere*† sich erlustieren, erlaben, *erbaschge*† durch Anstrengung erreichen, *erzwänge* durch Quengeln erzwingen, *ergattere* durch List oder Raffinement zu etwas kommen.

Zum Teil bedient sich die Mundart vom Hochdeutschen abweichender, stärker wirkender Vorsilben: *zuedègge* bedecken, *aamoole* bemalen, *aaliege* belügen, *abschlägge* belecken, *verzèlle* erzählen usw.

| | |
|---|---|
| Vorsilbe ver- | **383** Die häufige Vorsilbe *ver-* bezeichnet zunächst ein bis zur Vollendung oder gar bis zur Zerstörung gehendes Machen oder Werden: *vermòschte, verwùùrschte, vermuese* zu Most, Wurst, Mus machen, *verfuule, verrääble* langsam und qualvoll sterben, *versäärble* absterben, *verjääse* vergären. Sodann kann durch *ver-* die räumliche Ausbreitung bis zur Auflösung im Sinn von hochdeutsch zer- ausgedrückt werden: *verdue, verstäche, verryybe, verseemle* wie Samen verstreuen; entsprechend hochdeutsch zu-: *verschòppe* zustopfen, *vermuure* zumauern, *vermache* abdichten; dann auch verkehrtes Tun, häufig mit unguter Wirkung: *sich verluege* sich verschauen, sich versehen, *sich verloose* falsch hören, *sich verschnäpfe* durch Schwatzen etwas verraten, sich versprechen, *verleege* an einen falschen Ort legen, *verheie* kaputt machen, *verdùùble* durch Dummheit verlieren, |

zunichte machen, *verkaibe, versaue, verbleeterle* verschwenden, durchbringen, in ähnlicher Bedeutung auch *verblämpere, verbrùmbèèrle* usw.

Ganz allgemein ersetzt *ver-* die hochdeutschen Vorsilben zer-, miss-, er-: *vergratze* zerkratzen, *verrùmpfle* zerknittern, zerknüllen, *verbysse* zerbeissen, *verschnyyde* zerschneiden, *vergroote* missraten, misslingen, *vergùnne* missgönnen (also nicht «vergönnen»); *verfriere* erfrieren, *verschrägge* erschrecken, *verzèlle* erzählen, *verroote* erraten, *verwache* erwachen usw.[1]

<table>
<tr><td>*Verben auf*<br>*-le und -ele*</td><td>**384**</td><td>Besonders lebenskräftig und zum Teil fast unbegrenzt möglich ist die Ableitung intransitiver Verben mit Hilfe der Nachsilben *-le* und *-ele* von Substantiven oder Verben, seltener von andern Wortarten. Dadurch wird über eine Tätigkeit – teils mehr begrifflich, teils mehr gefühlsmässig – ausgesagt, dass sie schwächer, leiser, feiner als normal sei oder sich auf kleine Dinge beziehe, dass sie von Kindern ausgeführt oder von Erwachsenen freundlich-herablassend bewertet werde, dass sie nur spielerischen oder dilettantischen Charakter habe oder (zum Teil für andere lästig) wiederholt werde, dass sie schliesslich abschätzig beurteilt oder vom Sprecher mildernd verhüllt werde. Dabei können sich die einzelnen Vorstellungen überdecken und überschneiden.</td></tr>
</table>

In der Regel wird bei dieser Bildung der Umlaut mitbenützt.

<table>
<tr><td>Verteilung von<br>*-le* und *-ele*</td><td>**385**</td><td>*-le* wird verwendet für Ableitung von Substantiven auf *-li* und Verben: *auteele (Auteeli* kleines Spielauto) mit Autos spielen, *bainle (Bainli)* rasch mit kleinen Schritten gehen, laufen, *dyschle (dusche* tauschen) spielerisch, in kleinem Masstab tauschen[2], *breeble* allerlei (z.T. nutzlose) Versuche anstellen; ferner für Ableitungen von Substantiven auf *-er: dèggterle* Doktor spielen, ärztlich pfuschen, *hämmerle* schwach hämmern. – In Analogie zu solchen Bildungen kann das *-r-* auch verstärkend vor das Suffix *-le* von Verkleinerungsverben treten: *kècherle* tr. und intr. spielerisch kochen, leicht kochen, *gimperle* kleine Sprünge *(Gimpli)* machen, *drämperle* (neben *drämpele)* trippeln, *schwätzerle, blaiderle* kindlich plaudern.</td></tr>
</table>

*-ele* erscheint zur Hauptsache in Ableitungen von Substantiven auf *-eli* und von Verben: *bällele (Bälleli)* mit kleinen Bällen spielen, *käffele (Käffeli)* gemütlich und ausgiebig Kaffee trinken, *sändele/sandele* mit Sand spielen, *säägele* mit kleiner Säge (z.B. Laubsäge) oder zimperlich sägen, *räägele* leicht regnen, *dittele*[2] *(Ditteli)* mit Puppen spielen; als gelegentliche Erweiterung von Verkleinerungsverben auf *-le, z.B. bainle-bainele,*

---

1 Das Zusammenfallen von ver- und er- bewirkt beim selben Verb verschiedene Bedeutungen, z.B. *verroote* erraten, verraten, *verdraage* ertragen, austragen (z.B. Post), *sich verdraage* miteinander auskommen, ausserdem (seltener) *verdraage* an einen falschen Ort tragen; *verdringge/versuffe* ertrinken/ersaufen, vertrinken/versaufen (z.B. sein Geld); *verzèlle* erzählen, *sich verzèlle* sich verzählen usw.

2 Die verkleinernde Bedeutung ist nicht mehr besonders stark spürbar.

*gròple-grèppele* kriechen, krabbeln, *zeechle-zeechele*[1] auf die Zehenspitzen stehen, auf Zehenspitzen gehen, *giggele* (aus *giggle†*) verstohlen gucken. – Ableitung von Adjektiven: *daibele*[1] *(daub)* sich zornig gebärden, trotzen, toben, *blittle*[1] *(blùtt)* nackt oder halbnackt herumliegen. Vom Adverb *dùrenander* leitet sich ab: *dùrenänderle* Verschiedenes durcheinander essen oder trinken.

| | |
|---|---|
| Bedeutungs-unterschiede zwischen *-le* und *-ele* | **386** Soweit sich *-le* und *-ele* nicht nach den Möglichkeiten der Ableitung vom Grundwort richten, drückt *-le* eher die gewöhnliche Verkleinerung aus, *-ele* hingegen nachdrücklichere Verkleinerung oder stärkere Gefühlsbetontheit; *-ele* ist in der Kindersprache fast unbegrenzt verwendbar (vgl. auch **346**). |

Blosse Verkleinerung liegt vor z.B. in: *dräggle* mit Dreck spielen (tadelnde Verkleinerung aber in *dräggele* üble Machenschaften anzetteln, obszön reden), *fyyrle* spielerisch mit Feuer hantieren, mit kleinem Feuer spielen, *theääterle, brinnele* urinieren (meist von Kindern). Verkleinerung mit stärkerer Gefühlsbetonung und verächtlichem Nebensinn liegt etwa vor in: *lètterle* häufig dem Lotteriespiel frönen, *meelele/meelerle* trödlerisch malen, *schäffele/schäfferle* sehr reduziert oder spielerisch arbeiten, *spää-rerle* kleinlich sparen usw.[2]

Einige Ableitungen auf *-le* können die verkleinernde Bedeutung fast ganz verlieren und ohne wesentlichen Bedeutungsunterschied neben dem Grundverb verwendet werden: *verblämperle/verblämpere* (Geld oder Zeit) vergeuden, *gnyyble (gnuuble)/gnuube†* klauben, *mischle/mische, schnaarch-le* schnarchen.

| | |
|---|---|
| Isolierte Verben auf *-le* und *-ele* | **387** Isoliert erscheinen infolge Verschwindens oder Bedeutungsveränderung des Grundworts z.B.: *kèèrble* sich erbrechen, *siirpfle* schlürfen, *kyyderle* (einem) schön tun, *fiiserle* leicht regnen, nieseln, *verzwatzle* vor Ungeduld vergehen, *spienzle* lockend vorspiegeln, *brittle* anzetteln, im geheimen ab-machen, *brùttle* brummeln, *bäschele* «basteln», spielerisch an etwas arbei-ten, *mänggele* beim Essen trödeln, unlustig essen, *giigele* kichern, lachen, *mèpperle* (Bubenspiel im Freien), *staggle* stottern, *dyysele* leise auf den Zehen gehen, *ziggle* hänseln, reizen, necken. Bei den meisten dieser Ver-ben ist die verkleinernde Bedeutung verloren gegangen. |

| | |
|---|---|
| Verben des Ähnelns auf *-ele* | **388** Eine zumeist von Substantiven, zum kleineren Teil auch von andern Wort-arten abgeleitete Sondergruppe bilden jene intransitiven Verben auf *-ele* (nie |

---

1 Die verkleinernde Bedeutung ist nicht mehr stark spürbar.
2 Bei den Ableitungen von Substantiven auf *-el* und *-le* hingegen handelt es sich trotz gleichem Lautbild nicht um Verkleinerungen: *haagle* (von *Haagel*), *bùggle (Bùggel)* mühsam auf dem Rücken tragen, *kaigle (Kaigel)* kegeln, *bischele (Bùschle* Büschel) «büscheln», (Blumenstrauss) ordnen, fein säuberlich zurechtmachen usw.

auf blosses *-le*), welche die Bedeutung von «nach etwas riechen, schmekken» u.ä. haben, also keine Verkleinerung ausdrücken; sie werden fast immer mit Umlaut gebildet: *änggele* nach Butter riechen oder schmecken, *bèggele* nach Ziegen- oder Schafbock riechen, *bedreelele* nach Petrol riechen, *benzyynele, bränzele/bränsele* nach «Brand», Feuer, stark Angebratenem riechen, *dubäggele* nach Tabak riechen, *fischele, fyylele* faulig riechen oder schmecken, *gääsele, gniegele* «nach genug riechen», nachgerade genug sein, *kääsele, saichele* nach Harn riechen, *schwaissele* nach Schweiss riechen, *sèggele* nach Säcken riechen, *spidäälele* nach Spital riechen, *wuerele* nach Wuhr, feucht, modrig riechen, *wyynele* nach Wein riechen, *zäpfele* nach Flaschenkork riechen oder schmecken; ebenso *wyttele* nur von weitem gut aussehen. Isoliert steht *niechtele* abgestanden, muffig riechen.

Übertragen, im Sinn von «an etwas gemahnen», werden gebraucht: *aahaimele* an Heimatliches erinnern, *gryysele* nach Krise aussehen, *hèèrbschtele* herbstlich werden, *jiidele* wie ein Jude feilschen, *mèntschele* zu- und hergehen, wie es eben unter Menschen üblich ist, *schäärbele* nach gesprungenem Glas oder Geschirr tönen, *schweebele* mit schwäbischem/ deutschem Akzent reden, *wienächtele* «weihnachten» usw.

<table>
<tr><td>Verben der<br>Wiederholung<br>auf *-le* und *-ele*</td><td>**389**</td><td>Eine grosse Zahl von Verben, die mit *-le* und *-ele* abgeleitet sind, bezeichnen weniger eine Verkleinerung als das Hin und Her oder die häufige Wiederholung einer Tätigkeit: *dèèrle* Tür ständig auf- und zumachen, *fällele* Türfallen ständig auf- und abbewegen, *riible/rùùble* (Grundwort *ryybe*) stark reiben, *bamp(e)le* baumeln, *dreierle* ständig einen Dreier Wein trinken, *händele* immer wieder kleinen Handel treiben, Geschäftlein machen (daneben aber *händle* streiten), *bybääpele* gehörig verwöhnen (wahrscheinlich von *Bappe* Brei).</td></tr>
</table>

<table>
<tr><td>*Verben auf -ere*</td><td>**390**</td><td>Mit *-ere* sind vor allem Verben abgeleitet, die Bewegungen und oft auch die sie begleitenden Geräusche bezeichnen: *baiggere* (neben *bainle*) mit kleinen Schritten emsig gehen, *blootere* Blasen aufwerfen, *fùttere* schimpfen, *gläppere* scheppern, *glùggere* mit Marmeln spielen, *haudere* pfuschen, hastig und unsorgfältig arbeiten, *hòppere* holpern, *hòttere* holpern, *kittere* kichern, *kòldere* Schleim lösen, schimpfen, *koodere* Schleim lösen, *laafere* wie ein Laffe tun, müssig herumstehen oder -schwatzen, *luschtere* angestrengt horchen, *pflättere* planschen, platschen, *pflùttere* undeutlich daherreden, *schnäädere* «schnattern», drauflos schwatzen, *schwaudere* schwafeln, *styppere* abspriessen, *sùttere* (hinunter-) sausen, *tschättere* scheppern usw.</td></tr>
</table>

<table>
<tr><td>*Verben mit<br>Konsonanten-<br>verstärkung*</td><td>**391**</td><td>Aus älteren Verstärkungssilben (wie althochdeutsch -assen bzw. -azzen) erklären sich Bildungen wie die folgenden: *gaggse* stottern, *glùggse* den Schluckauf haben, aufstossen, *grùchse* stöhnen, ächzen, klagen, *gyggse*</td></tr>
</table>

217

schrille Schreie ausstossen, *muggse* mucken, *kòtze* (Grundverb *koodere*) sich erbrechen (grob), *ripse* stark reiben. – Ausgestossen ist stammauslautendes *g, gg* vor *(t)z* in: *schlètze* (von «schlagen») Tür zuschlagen, verschwenderisch Geld ausgeben, *schwanze/ùmmeschwanze* (zu «schwanken») herumstreichen. – Verstärkend ist *g* eingetreten in *bäffzge* bellen, *juchzge* jauchzen, *syffzge* seufzen. *g* ist zu *gg* verstärkt in *figge* (Grundverb *fääge*) stark reiben, unruhig sitzen, *mänggele* («Mangel») unlustig essen, *syggele* (Grundverb *suuge*) lutschen.

<table>
<tr><td>

*Abgeleitete Verben auf -e*

Verben des Werdens

</td><td>**392**</td><td>

Mittels -*e* werden von Adjektiven Verben abgeleitet mit der Bedeutung: zu dem werden, was das Grundwort bezeichnet. Diese Gruppe ist im heutigen Baseldeutschen stark zusammengeschmolzen. Noch lebendig sind u.a.: *dimbere* dämmerig werden, dämmern, *dròggne* intr. trocken werden, *frèmde* scheu werden (von Kindern), *haile* intr. heil werden, ausheilen, *iible* «übel werden», eitern, *schyyche* scheu werden (z.B. von Pferden).

</td></tr>
</table>

Verben des Bewirkens **393** Ableitungen auf -*e* können anderseits bedeuten: zu dem machen, was das Grundwort ausdrückt: *blaiche, deede* «tot machen», töten, *drängge* «trinken machen», tränken, *fèlle* fällen, *glètte* «glatt machen», bügeln, *kiele* kühlen, *kinde* «kund tun», kündigen, *kiirze* kürzen, *kèlte* kälten, *stègge* tr. stecken, *wètze* (Grundwort *watz†* scharf) wetzen; mit alter Verstärkung des Stammlautes: *baize* (Grundwort *bysse*), *haize, hängge* hängen, *nètze* nass machen, *rùpfe* (von «raufen»), *schwängge* «schwingen machen», schwenken usw.

Verben auf -*e* aus Substantiven **394** Verben auf -*e* können noch häufiger als in der Schriftsprache von Personen- und Gegenstandsbezeichnungen abgeleitet werden, wobei sich die Handlung in verschiedener Art auf das Substantiv bezieht: *buure* als Bauer arbeiten, *wiirte, schlòssere, schryynere, zaane* Zähne bekommen, *fuschte* «Faust machen» schimpfen, *rambasse* sich wie ein *Rambass* Bauer, grober Mensch benehmen, *sande* Sand streuen, *blääche* zahlen, *hòlze* Holz fällen, grob ins Zeug gehen, *ùffgaable* zufällig auffinden, *aagschiire* anspannen, sich (nicht eben schick) anziehen, *mòschte* Most machen, zusammendrücken, *häärdèpfle* Kartoffeln ernten, *lùfte* winden, *sich sùnntige* sich sonntäglich anziehen, *hienere* sich wie Hühner gebärden, ungeschickt oder fahrig arbeiten, *schnoogge* «wie eine Schnake unruhig sein», (herum-) kriechen, *bògge* sich bockig, störrisch verhalten, *fäägnäschte* unruhig hin- und herrutschen usw.

Gelegentlich werden solche Verben auch von andern Wortarten gebildet, z.B. *vernytte* (neben *vernyttige*) heruntermachen, als wertlos bezeichnen, *juchaie* frohlocken.

**395** Lautmalerische Bildungen sind oder werden als solche empfunden: *aapfùùre* beschimpfen, *brätsche/dätsche* geräuschvoll fallen, aufschlagen, *glùggse* aufstossen, *gnätsche* zusammendrücken, *gòòrpse* rülpsen, *quaagge* quaken, *gyyre* knarren, knirschen (z.B. von Türangeln), *lùùdere* in gierigen Zügen trinken, *miaue* miauen, *muue* «muhen» (von Kühen), *mueme* undeutlich sprechen, gemütlich plaudern, tratschen, *pfùùre* rasch davoneilen, herumschiessen, *pfuuse* mit Geräusch Luft oder Dampf ablassen, tief schlafen, *rääre/lòòrge* das typische Basler *r* sehr markant aussprechen, *rätsche* tratschen.

**396** Die Verben auf *-iere* haben meist fremde, häufig lateinische oder französische Wortstämme, deren Lautung aber im allgemeinen der Mundart angepasst wurde: *bariere* gehorchen, *brèsiere* pressieren, *bròbiere* versuchen, kosten (von Speisen, Getränken), anprobieren (von Kleidern), *dèlifòniere* telephonieren, *dischbidiere* disputieren, *dischgerieret* sich unterhalten, *sich drùmpiere* (frz. se tromper) sich irren, sich täuschen, *èschtymiere* (wert-) schätzen, *sich futiere* (frz. se foutre) sich nicht kümmern, *kujòniere* schikanieren, quälen, *laggiere* lackieren (*laggiert* in Verlegenheit), *mòleschtiere* behelligen, *nòtiere, schiniere* (frz. gêner) stören, *sich schiniere* sich schämen, *sèggiere* (it. seccare) plagen, quälen, *spaziere, studiere* usw.

## Umgebildete Wörter

Zahlreiche, besonders aus andern Sprachen entlehnte Wörter werden im Bestreben, sie sinnmässig verständlicher oder besser sprechbar zu machen, in der Mundart mehr oder weniger umgestaltet. Es handelt sich um den gleichen Vorgang, dank welchem im Hochdeutschen beispielsweise aus «Eicher» Eichhorn und aus «valise» Felleisen wurde.

**397** *Landjeeger* Polizist ( in dieser Bedeutung bereits veraltet), geräucherte Presswurst (von *lang diiget* lang getrocknet), *stiere* starr blicken (von «stirren», Nebenform von starren), *Ääphait* Efeu, *Häärdèpfel* Kartoffel (von «Erdapfel»), *Millereeseli* Kellerassel, *Nachtheil* (Nacht-)Eule (angeglichen an *Heil* struppiges Haar[1]), *Rägghòlder* Wacholder (in Angleichung an *Hòlder* Holunder), *Bògghitz* starke Hitze (Neubildung aus *Bèggehitz*, d.h. Hitze vom Backofen des Bäckers), *Spinnbùppele* Spinnwebe, Spinnennetz (aus «Spinnwupp»), *Dùmmbeeter/Dùmme Beeter* bestimmtes Rokoko-Fasnachtskostüm (aus *Drùmbeeter* Trompeter), *Niele* Waldrebe (althochdeutsch liela) usw.

---

1 Schon im Mittelhochdeutschen findet sich neben iuwel auch hiuwel (hüüwel gesprochen).

**398** Aus dem Lateinischen stammen u.a.: *Waggis* Elsässer (leicht abschätzig, möglicherweise von vagus=Vagant), *Rèquysyt* gebasteltes fasnächtliches Gebilde (requisitum), *odioos* widerlich, lästig (odiosus = hassenswert, verhasst), *Fyysigugger* Ausspäher, Besserwisser (physicus), *Phèrbendiggel* Pendel (perpendiculum), *Fysymatänte mache* Schwierigkeiten machen, Widerstand leisten (visae patentes = ordnungsgemäss erworbene Patente und visament überflüssige Zierat), *hòränd* schreckeinflössend, enorm (horrendus).

Italienischer, allenfalls französischer Herkunft sind u.a.: *Gùggùmmere* Gurke (cocomero), *Ùùrseli* kleiner Abszess am Augenlid (orzaiuolo, frz. orgelet), *Tschingg* Italiener (abschätzig, von «cinque la mora», Ruf beim Mora-Spiel), *Spaargemänte(r)* Schwierigkeiten, Umstände, Komplimente (spargimento), *Baiass* Hanswurst (bajazzo und frz. paillasse), *Fazeneetli†* Taschentuch (fazzoletto).

Aus dem Englischen stammen u.a. *schutte* Fussball spielen (shoot) und andere Ausdrücke aus dem Sportbereich, *Glaun* (clown), *Brègg* offener Pferdewagen mit Bänken (break), *Ròssbyff* (roastbeef).

**399** Besonders zahlreich sind die Anleihen der Mundart bei der französischen Sprache, deren Beherrschung im 18. und im 19. Jahrhundert zum guten Ton gehörte und zur Übernahme vieler Wörter vor allem im Bereich der Kleider- und Hauskultur führte. Im folgenden geben wir lediglich einige lautlich relativ stark veränderte Entlehnungen wieder.

Substantive: *Aamelòppe* Briefumschlag (enveloppe), *Ammedyysli* Pulswärmer (amadis = kurzer Ärmel[1]), *Ammelètte* (omelette), *Baareblyy* (Regen-) Schirm, *Baaresòl†* Sonnenschirm (parasol), *Blòng* mit Bleischrot gefülltes Nadel- oder Stickkissen (plomb), *Bòtschamber* Nachttopf (pot de chambre) *Bùmmedäppi†* roter Weihnachtsapfel (pomme d'Api = «Apfel des Appius», Apfelsorte), *Dääleli†* Unterwäschestück mit zusammenhängendem Ober- und Unterteil (taille), *Dyssi* nicht ernstzunehmender Kerl (aus *Schampedyss* = Jean-Baptiste, häufiger Name im benachbarten Elsass und daher auch scherzhafte Bezeichnung für Elsässer, Synonym zu *Waggis*), *Èllastygg* Gummiband (élastique), *Eewangdaliet†* Fächer (éventail), *Fimflyyber* Fünffrankenstück (5 livres), *Gatschu* Gummi (caoutchouc), *Gèllerètli†* Taschenuhr («quelle heure est-il?»), *Gùùferekischtli* Waffeln-, Gebäckdose (gaufre = Waffel), *Kaanefass* Gitterleinwand zum Sticken (canevas), *Kittenebaate* w. Konfekt aus Quittenpaste (pâte), *Lamperyy* Verkleidung der untern Wandteile (lambris), *Niesse* Nichte (nièce), *Stòòrzenääri†* Schwarzwurzeln (scorsonère, Anlehnung an *Stòòrze* Strunk und *Ääri* Ähre) u.a.m. – Bildungen auf *-jee* siehe **357**.

---

1 Die auch schon vorgeschlagene Herleitung von «à mains douces» ist in keiner Weise zwingend.

Andere Wortarten: *ampètiere* langweilen, stören (embêter) *blagiere* auf-
schneiden, grosssprechen (blaguer), *fladiere*/*flattiere* schmeicheln (flatter),
*kujòniere* plagen, schikanieren (coïonner)[1], *boofer* ärmlich, armselig,
schofel (pauvre), *schèneroos* grosszügig (généreux, auch lat. generosus),
*bytwaiaabel* erbarmenswürdig (pitoyable), *abòmynaabel*† verabscheuungs-
würdig, schrecklich (abominable) *blamaabel* beschämend (blamable), *hò-
ryybel* schrecklich (horrible), *phènyybel* peinlich (pénible), *èxgyysi!*[2] Ent-
schuldigung! (excusez; davon abgeleitetes Substantiv *Èxgyysi*, z.B. *en Èx-
gyysi haa* eine Entschuldigung oder Ausrede haben), *nùndedie!* (au nom de
Dieu), *nùndebùggel!* (nom de bougre = Kerl); ursprünglich französische
Namen: *Ralliaar* Raillard, *Bassewang* Passavant, *Fùùrget* Forcart, *Mee-
wyyl*† Miville, *Jètti*/*Jètteli* Henriette u.a.m.

*Laut- und Wort-*
*spielereien*

**400** Scherzhafte Veränderungen liegen vor z.B. in Fällen wie: *Ladättere*
Laterne (statt *Ladäärne*), *Zylaschter* Zylinderhut, schülersprachlich *Strò-
fyzge* Strafklasse, Nachsitzen, *nùggedeetisch* allerliebst (Erweiterung von
*nùggisch*); ferner in kindersprachlichen Bildungen, Reimen und Abzähl-
versen, z.B. *lyyrùm laarùm Lèffelstiil, äänige bäänige Dintefass, äänige
bäänige dùùbeldee dychel dachel doomynee, èllerli bèllerli riibedi raa, riibedi
raabedi bòlle* usw., *Hailigi Feeziaa*† Helvetia, schliesslich in den lautlich
verhüllten Flüchen und Fluchwörtern, wie: *Bòtz* (Gotts), *Gòttelètte*
(Gott...) *Jeeminee*/*Hèrjeeggerli* (Jesus), *Saprischtyy, Sapperlòtt* (Sakra-
ment), *Deiggeler*/*Deihängger* (Teufel), *Hèèrschaft!* (Herrgott!) usw. (vgl.
auch **279**).

---

1 Vgl. auch **394**. Solche Verbalbildungen sind vor allem in der elsässischen Nachbar-
schaft sehr verbreitet: *èxgüsiere, schwasiere* (choisir) usw.
2 Heute wird *èxgyysi* immer stärker von «pardon» und sogar «Entschuldigung» ver-
drängt.

# Wörterverzeichnis

Das Wörterverzeichnis enthält längst nicht alle in der Baseldeutsch-Grammatik vorkommenden Wörter, sondern zur Hauptsache besonders charakteristische, das heisst solche, die sich in Lautung und Formen, in Verwendung und Bedeutung vom Hochdeutschen unterscheiden. Es will und kann also nicht ein eigentliches Wörterbuch ersetzen.

Die Anordnung der Wörter ist zwar alphabetisch, folgende Besonderheiten sind aber zu beachten:

1. Lange (doppelt geschriebene) Vokale sind wie einfache behandelt; es folgen einander demnach: *Maa, mache, Maarti, Matte.*

2. Alle i-Laute (*i, ii, y, yy*) sind unterschiedslos unter *i* eingereiht; es folgen einander demnach: *myy-Midaag-myyde-Mie, wyss-wyyse-wisse, fyyn-finde-fiiserle. j* folgt auf *i.*

3. *ä* und *ö* werden wie *a* und *o* behandelt; es folgen einander demnach: *Määrt-Maarti-Mäss, Noodle-Noot-Növöö.*

4. Umlaute von *o, u, au* findet man unter *e, i/y, ai/ei: Eel* Öl, *èppis* etwas, *nyt* nichts, *lipfe* lüpfen, *blaitschelig* bläulich, *Sei* Säue. *eu* ist unter *ai* oder *ei* zu suchen: *Fraid* Freude, *nei* neu.

5. Doppelt geschriebene Konsonanten (mit Ausnahme von *gg*) sind wie einfache behandelt; es folgen einander demnach: *Bètt-Beeter-Beetli, nass-Naase.*

6. *gg* (unbehauchter k-Laut) wird als besonderer Laut, also nicht als verdoppeltes *g* behandelt; es folgt in der alphabetischen Reihenfolge auf *g: saage-Säägi-säggs.*

7. *schp-* ist unter *sp-, scht-* unter *st-* zu finden.

Die Mehrzahl-, Steigerungs-, Verkleinerungs-, Verbalformen usw. sind in der Regel unter dem Grundwort zu finden. Zusammengesetzte Wörter figurieren als Zusammensetzungen: *abschloo, uusmache* (sind also nicht unter *schloo, mache* zu suchen).

Die Zahlen hinter jedem Wort bezeichnen die Buchseiten, auf denen es vorkommt (die Anmerkungen eingeschlossen).

dèschtò 178
dyy 93, 137, 146
Dyych 50
dyyche 116
Dyychel 206
die, d 73, 128, 129
Dieggsle siehe Daiggsle
Dienschte 79
diigeret 211
dimber 45, 212
dimbere 45, 218
dinne 64, 124
dyynersyts 94, 196
dinge 116
Dipfi 77, 81
dipflet 211
Dipflischysser 204
dippig 212
Düre 33
dyschbediere 66, 219
dyschgeriere 61, 219
dyschle 215
dyysele 216
Dyssi 205, 220
dittele 36, 106, 215
Ditti 40, 203
dytsch 65
doo, dò 57, 69, 124, 125
doobe 38, 64, 124
dòch 168, 174, 180
Dòchter 78
dood 60
Dòggter 66
dòll 39, 83
doomools 196
Dònnerschiess 42, 212
dònnerschiessig 212
Dònnschtig 60, 63
Dònnschtigskäärli 139
Doope 38, 57, 59
dòòrgge 206
Dòòrggis 206
dòòrùm, drùm 147
Dootebainli 202

dooteblaich 195
Dòtsch 39
Dòtzed 57, 62
draa 147
Drächter 57
dräffe 108, 116
draage 34, 37, 107, 108
dräggele 216
dräggle 216
draaie, drille 52
drampe 116
dräsche siehe drèsche
drätte 116
draume 55
drei 37, 51, 84, 138
Dreier(li) 87, 134
drèsche 116
dryy drein 64
dryy drei 51
Dryyangel, Dreiangel 51, 86
dryybe 116
Dryybel 79, 80, 206
dryybig 68, 211
driege 116
drille siehe draaie
dryyli 213
drimmlig 140, 212
Drimpi 77, 205
dringe 116
dringge 116
dryssig 51
dryzää 50
drògge 82
droon 125
Dròtschge 46
dròtz 124
dròtzdäm 179, 198
Druube 79
Druudi 203
Drueli 205
drùff 147, 163
drùfaabe 197

drùgge 55
Drùggede 36, 209
drùm, siehe auch dòòrùm 147, 175
Drùmmle 56, 65
drùmpiere 219
druurig 59
druuskoo 158
dschùld 139
duu, du, de 66, 69, 89, 137, 144
Duubagg 37, 56
dubäggele 217
Dùùbel 42, 201, 206
duuch 175
due 104, 106, 108 ff., 111, 145, 151, 157
Duuge, Fassduuge 62
dùmm 134
Dùmmbeeter 219
dùmmle 65
dùnde 124, 163
Dùnggis 206
Dùnti 77, 203
dùpfeglyych 141
Duur 65
dùùr 123, 124, 161
dùrab 197
dùraane 197
dùùre 58, 124, 163, 197
dùùredùùr 197
dùrenander 58
dùrenänderle 216
dùsse 64, 124, 163
Duuzis 210


# E

e (Artikel) 75, 129
Ee 65
èb (bevor) 62, 177
e baar 100
e(e)be 175, 198

*fùrchbaar* 212
*Fùùre* 58, 63
*Fùùrg(g)et* 56, 221
*fùùrt* 124, 197
*Fùschle* 55
*Fuscht* 33
*fuschte* 218
*fùttere* 105
*futiere* 219

# G

*gää* 110 f., 117, 157, 158
*gääch* 61
*Gääder* 210
*Gaagle* 206
*gaagle* 105
*gaifere* 65
*Gaiferi* 205
*gaine* 57
*gääl* 58, 63, 135, 140
*gäll, gälle, gälte* 63, 169
*Galèèri* 44, 62
*gälte* 108, 117
*gäältschelig* 212
*Gamfer* 61
*Gant* 64
*ganz* (Adv.) 125, 126
*gaar* 125, 126, 196
*gäärn* 125
*Gaarte* 35
*Gaas* 35
*Gass* 35
*Gaschtstùùbe* 194
*Gaasi* 208
*Gattig* 210
*Gatschu* 220
*geege* 123, 124, 159
*Gèllerètli* 220
*Geeni* 64
*Gèèrtel* 206
*gèschtert* 46, 62, 124
*Gètti* 54, 73

*gfalle* 116
*Gfòòr* 57
*Gfrääs* 210
*gfrääss* 140, 212
*Gfrischt* 210
*Ghaggts* 134
*gheie* 121, 213
*Gheiminitdrùm* 199
*ghyyr* 140
*Ghiirscht* 210
*ghyyslet* 134, 211
*ghuftig* 141
*gidraue* 185
*Gieti* 207
*gietig* 51
*Gyygampfi* 208
*giigele* 216
*giggele* 103
*Giggernillis* 207
*gyggse* 217
*Gikäär* 210
*ginne* 63, 117, 184, 213
*Gyyraff* 80
*gyyre* 219
*Gyyregaarte* 52
*Gischpel* 206
*gyttig* 61
*Glaiff* 210
*Glämmerli* 202
*glänzig* 68, 103, 140, 212
*Gläppere* 55
*(g)läppere* 145, 217
*glaar* 37
*glättere* 109
*glaub* 186
*Glaun* 220
*glèchlet* 211
*Glèmmi* 208
*Gleepe* 79
*gleesig* 55, 140, 211
*glètte* 218
*Glèttere* 65, 208
*Glèttimaa* 194
*Gleezi* 205

*glyy, glyyner, glyynscht* 45, 63, 83, 124, 125
*glyyble* 44
*glyych* 63
*glyychlig* 212
*Glyychnùs* 66
*glieig* 103
*(g)lyysle* 213
*Glòòregraabe* 57
*Glòòryys* 57
*gluube* 44
*Glùggere* 208
*glùggere* 217
*glùggse* 217, 219
*Glùggsi* 205
*Glùnggi* 77, 205
*glùnggig* 211
*gluure* 213
*Glùscht* 55, 64, 80, 210
*glùschte* 213
*Glùschti* 77, 205
*Gmäch* 63
*gmaaseret* 211
*Gmies* 51
*gnaage* 213
*(g)näägge* 213
*Gnei* 34, 37, 59
*gneie* 52
*Gnèpfli* 202
*gnyyble* 44, 55, 216
*Gnyyblerei* 209
*Gniempi* 77, 144
*Gnischt* 210
*Gnoode* 38, 60
*Gnòpf* 34
*gnòòrze* 106
*Gnòòrzi* 77
*gnuuble, gnyyble* 62, 216
*gnueg* 126
*Gnùngele* 44, 65, 80
*goo* 57, 109 ff., 117, 150
*Goob* 57, 200
*gòge* 150
*gòldig, gòlde* 211

mòòrndemòòrge 128
mòòrndrig 44
Moos Mass 57
Moose 54, 55
Muelte 51, 60
mueme 219
Mues Müssen 199
Mueter 37, 78
mùffle 69
Mùgg 55, 78
muggse 218
Muul 36, 50, 132
Mùlle 55
Mùmpfel 39, 44, 69, 194
Mùùni 200
Mùùrbs 55
Muurer 79
Mùschgetnùss 61


## N

nää 104, 110 ff., 118
näbezue 163
nächt(e) 124
Nachtheiel 47, 52, 80, 219
Nääger 53
naggedig 212
Näggte 79
na(a)i 37, 168
naaie 52
Naaiere 208
naime 69, 199
naimedùùre 199
Namme 58, 77
nämlig 175
näärsch 64
Naasduech 194
Neechi 61
Needeli 57
Nèffer 64
nei 34
Nèssi 143, 207
Neetlig 57, 205

niider 212
Nyydibùtz 194
nyydig 211
nidsi 196
nidsigänd 103
nie 164
niechtele 217
niechter 51, 62
Niele 219
niele 62
niemets 99, 139
niene 124, 164
Niesse 220
niesse 118
Niggi 203
nimme, nimmi 68, 164
ninnele 55
Niirebäärg 46
nit 36, 164
nyt 34, 36, 99, 164
Nytteli 199, 202
nyttig 212
Nytnùtz 199
noo (Präp.) 123, 124,
   160
noo, nò (Adv.) 125
nooch 38, 57
Noochber 69
Noodle 57
noonemool 196, 197
nooni(g) 164
noo sò 180
Noot Naht 57
noota beeni 68
nootynoo 68, 197
Nöwöö 36
Nùggi 205
nùggisch, nùggedeetisch
   221
Nùller 87
nùmme 125
nùndebùggel 170, 221
nùndedie 170
Nùnn(e) 56

Nùnni 55
Nùss 55, 79
nùtze 55


## O

oob, òb 163, 179
oobdue 185
Oobe 77
oobe 33, 124, 197
Òbs(cht) 58, 63
òbsi 196
òbsigänd 103
oder 174, 179, 180, 187
Oodere 57
odioos 220
Oofe 33
ooha 167
ooni 68, 180
Ooperegùgger 204
òòrd(e)li 63, 213
Òòrgele 65
Òòrnig 47
Ooschtere 79


## P

Pfannegratzede 209
Pfèèrsig 61
Pfyffe 33
pfyffe 118
Pfingschte 79
pfytausig 59, 170
pflättere 217
Pflùntsch 80, 207
pflùttere 217
Pfool 39
Pfruend 39, 55
Pfùschi 187
pfuuse 219
phagge 35
phènyybel 221
phèrsee 54

# Q

q siehe auch *gw*
*quèlle* 118

# R

Raach 59
*rächt* (Adv.) 126
*rächterhand* 131, 196
*rächts* 125, 213
*Rääf* 58
*Rägghòlder* 219
*räggta* 54, 125
*Raiberlis* 67, 210
*Raigel* 44, 62
*Ralliar* 40, 221
*Rambass* 218
*rambasse* 218
*Ramse* 69
*Raane* 79
*Ranze* 77
*rääre* 219
*Räätig, Rättig* 61
*rätsche* 106, 219
*rau* 57
*rausle* 52
*Reed* 35
*reie* 118
*Rèquysyt* 220
*reetschelig* 212
*rèwòlutz(g)e* 46
*ryybe* 118
*riible, rùùble* 217
*ryych* 50
*Riebli* 202
*rieche* 118
*Riechemer* 204
*rieffe* 118, 151
*riere* 34
*ryff* 50
*Ryffe* 58, 129
*rinde* 44, 118
*ringe* 118

*Ripp* 81
*ripse* 218
*Ryssblei* 51, 80
*rysse* 118
*rytte* 118
*Rytti* 68, 208
*Rooni* 64
*Ròssbyff* 220
*Ròssbòlle* 194
*Root* 57
*roote* 118
*rùùble* siehe *riible*
*rueig* 51
*rùùgele* 106
*Ruum* 57
*ruume* 55
*Rùndùmmel* 206
*Rùnggelriebe* 194
*Rusch* 50

# S

*Saabel* 55, 77
*Saffere* 46
*saage* 107, 151
*Säägi* 208
*Saggladäärne* 194
*saaie* 37, 52
*sälbdritt* 87
*sälbe, sälle* 63, 95, 96, 137,
   146, 147
*sälber* 93
*sälbetsmool, sälletsmool,
   sällmool* 96, 196
*Salbi* 78, 208
*sälle* siehe *sälbe*
*Saalemee* 66
*saly, salü* 170
*säälig* 36, 53
*salze* 118
*Sammet* 66
*Sämf* 44, 45
*samt* 124

*sande* 218
*Sandmännli* 201
*Santyym* 165
*Saaresyy* 47, 62
*Sau* 37, 77
*Sauerei* 51, 209
*Sauglògge* 128
*saume* 55
*Sauniggel, Seiniggel* 206
*schaad* 139
*Schaiche* 52
*schaide* 118
*Schaidògge* 55
*schämme* 58
*Schampedyss* 205, 220
*Schämpis, Tschämpis* 46
*Schangi* 205
*Schäärbe* 80
*schääre* 118
*Schäärme* 159
*Schaubdègge* 121
*scheeffig* 134
*scheen* 34
*schèneroos* 221
*schyych* 50, 61
*Schyychi* 207
*schiebe* 118
*Schiepe* 79
*schier* 125
*schiesse* 118
*Schyyfeli* 54, 77
*Schifflän di* 54, 208
*schimpfe* 118
*schinde* 118
*Schindle* 206
*schyyne* 119
*schiniere* 68, 104, 219
*Schyyre* 36, 62
*schysse* 119
*Schysser* 204
*Schissle* 206
*Schytt* 79
*Schkandaal* 61
*Schlägg* 207

# Anhang: Zur Schreibung der Basler Mundart in der Praxis

# Allgemeines

Eine Mundart schriftlich wiederzugeben, verursacht uns vor allem deswegen Mühe, weil ihre Orthographie nicht normiert ist. Mancher Mundartschreiber übernimmt Elemente der hochdeutschen Rechtschreibung, um sich möglichst wenig von dem jedermann vertrauten Schriftbild zu entfernen. Das Ungenügen dieser Methode wird jedoch spätestens dann empfunden, wenn man nach einer solchen Wiedergabe eine fremde Mundart richtig sprechen möchte.

Darum sollten wir uns vom hochdeutschen Schriftbild frei machen und versuchen, möglichst lautgetreu zu schreiben, damit auch der mit unserer Mundart weniger Vertraute sie einigermassen korrekt lesen kann. Ein besonderes Alphabet würde allerdings den Leser abschrecken; wir behelfen uns also mit den Buchstaben des uns vertrauten Alphabets und einigen auf jeder Schreibmaschine vorhandenen Hilfszeichen und halten uns weitgehend an die Regeln, die Eugen Dieth in seinem Leitfaden «Schwyzertütschi Dialäktschrift»[1] vorgeschlagen hat und die sich bisher im grossen und ganzen bewährt haben. Die Prinzipien von Dieths Orthographie sind in **4** zusammengefasst; Qualität, Quantität und Schreibung der einzelnen baseldeutschen Laute sind in **5 – 18** dargestellt.

Die strengere oder weniger strenge Befolgung der nachstehenden Schreibregeln sei dem einzelnen Mundartschreiber überlassen. In jedem Fall empfiehlt sich stets dann eine möglichst genaue Wiedergabe, wenn der Text auch für Nichtbasler bestimmt ist.

---

1 Schwyzertütschi Dialäktschrift, Leitfaden einer einheitlichen Schreibweise für alle Dialekte, von Eugen Dieth, Zürich 1938; zu beziehen bei der Sprachstelle des Bundes Schwyzertütsch, 8700 Küsnacht ZH.

# Die Generalregeln

*Schreibe, wie du dich hörst.* Mache dabei aber dem Leser das Lesen so leicht wie möglich. Unterscheide also klar zwischen langen und kurzen Vokalen, zwischen starken bzw. scharfen und schwachen bzw. weichen Konsonanten. Schreibe alle gleich lautenden Laute mit den gleichen Zeichen; es gibt keine Unterschiede wie zum Beispiel zwischen den hochdeutschen Wörtern Miene, Mine, zieht, ihn, wo ein und derselbe Laut auf vier verschiedene Arten wiedergegeben ist.

Halte dich in der Satzzeichensetzung an die gleichen Vorschriften, die für das Hochdeutsche gelten. Hingegen vermeide den das Schriftbild verunklärenden Gebrauch von Apostroph (') und Bindestrich (-). Setze also keinen Apostroph statt scheinbar ausgefallener Laute und schreibe: *d Frau* (die Frau), *s Kind* (das Kind), *s duet s* («es tut es», es reicht). Das gesprochene Binde-*n* (siehe **31**) zwischen zwei Wörtern wird ohne Bindestrich an das erste Wort angehängt; schreibe also: *en Eesel* (ein Esel), *hiin ùnd häär* (hin und her), *lääsen er?* (lest ihr?), also nicht *e-n Eesel* oder gar *e-n-Eesel, hii-n-und häär, lääse-n er?*

# Die einzelnen Laute

## Die einfachen Vokale

Jeder lange Vokal wird durch Doppelsetzung gekennzeichnet.

*a* kommt kurz und lang vor: *Hass* (Hass), *Haas* (Hase).

*ä* kommt kurz und lang vor: *mässe* (messen), *Bääse* (Besen).

*è* (offenes e) kommt kurz und lang vor: *hèt* (hat), *Mèèr* (Meer).

*e* (geschlossenes e) kommt nur lang vor: *mee* (mehr).

*e* (farbloses e) kommt nur kurz und in unbetonter Stellung vor: *Verstand* (Verstand), *maine* (meinen).

*i* (offenes i) kommt kurz und lang vor: *mit* (mit), *Kiini* (Kinn).

*y* (geschlossenes i) kommt kurz und lang vor: *wyt* (weit), *Ryys* (Reis).

*o* (geschlossenes o) kommt in der Regel nur lang vor: *Loon* (Lohn), *esoo* (so). Kurz erscheint es höchstens im Sprechzusammenhang in unbetonter Stellung: *wo s gräägnet hèt* (als es regnete).

*ò* (offenes o) kommt kurz und lang vor: *Kòpf* (Kopf), *Wòòrt* (Wort).

*u* (geschlossenes u) kommt kurz und lang vor: *Fuscht* (Faust), *Huus* (Haus).

*ù* (offenes u) kommt kurz und lang vor: *Brùnne* (Brunnen), *fùùrt* (fort).

Wer nur für Basler schreibt, kann auf die zusätzlichen Zeichen *è, ò, ù* verzichten und statt *yy* nur *y* schreiben.

Dehnungs-h, kann, wenn es im entsprechenden hochdeutschen Wort vorkommt, als Bezeichnung der Vokallänge beibehalten werden: *Bahn* (Bahn) *gseh* (gesehen), *ihre* (ihr). – Langes, im Hochdeutschen mit ie bezeichnetes i hingegen darf nicht mit *ie* wiedergegeben werden. Dieses bezeichnet in der Mundart einen Zwielaut.

Wer in seiner Mundart statt der entrundeten Vokale (siehe **3.5**) die gerundeten spricht, darf sie auch schreiben, also: *Löön* statt *Leen* (Löhne), *nüt* statt *nyt* (nichts).

## Die Zwielaute

Die Zwielaute mit Ausnahme von *ai* weisen keine unterschiedlichen Längen auf.

*ai* kommt kurz und lang vor: *Maie* (Blumenstrauss), *maaie* (mähen).

*au: Baum* (Baum), *Frau* (Frau).

*ei: fein* (fein), *frei* (frei), *Sei* (Säue).

*ie: zie* (ziehen), *nie* (nie), *frie* (früh).

*ue: Muet* (Mut), *zue* (zu).

Wer in seiner Mundart statt der entrundeten Zwielaute (siehe **3**.5) die gerundeten spricht, darf sie auch schreiben: *Bäum* statt *Baim* (Bäume), *Freud* statt *Fraid* (Freude), *füere* statt *fiere* (führen).

## Die Verschlusslaute

Die Verschlusslaute p, t, k kommen schwach und stark sowie stark und behaucht vor:

*b, d, g* (schwach): *bald* (bald), *Bracht* (Pracht), *duu* (du), *Daig, Guusyyne* (Kusine), *Grach* (Krach).

*p, t, gg* (stark): *Lùmpe* (Lappen), *gnap* (knapp), *Dante* (Tante), *wyt* (weit), *digg* (dick), *waggse* (wachsen).

*ph, th, k* (stark und behaucht): *Phaul* (Paul), *Giphägg* (Gepäck), *Thee* (Tee) *Thèèr* (Teer), *Kùchi* (Küche), *bikannt* (bekannt).

Verwende für k-Laut niemals *ch,* schreibe also stets *waggse* (wachsen), *Fùggs* (Fuchs).

*qu=g+w* kann mit *qu* wiedergegeben werden, wenn das Wort eine hochdeutsche Entsprechung hat: *quèèr* (quer), *biquääm* (bequem). Sonst aber muss stets *gw* geschrieben werden: *gwiis* (gewiss), *gwaggle* (wackeln).

*x=g+s* soll mit *x* wiedergegeben werden, wenn das Wort eine hochdeutsche Entsprechung hat: *Xaavèèr* (Xaver), *Alexander,* sonst aber mit *gs* bzw. *ggs: gsùnd* (gesund), *òggse* (ochsen).

Auf die Schreibung *ph* und *th* (für die Aussprache von behauchtem anlautendem *p* und *t*) kann allenfalls verzichtet werden.

Auslautende *p* und *t* können auch doppelt geschrieben werden, wenn sie schon im Grundwort doppelt erscheinen oder im Hochdeutschen Doppelschreibung als Entsprechung haben: *gnapp* (knapp), *kippt* (kippt, Grundwort *kippe*), *glatt* (glatt), *Gibätt* (Gebet, Grundwort *bätte* (beten)).

## Die Reibelaute

Die Reibelaute *f, s, sch, ch* kommen schwach und scharf vor, *v* nur schwach.

*f, s, sch, ch* (schwach): *Faade* (Faden), *Vee* (Vieh), *Gùùfe* (Stecknadel), *Soome* (Samen), *Baasel* (Basel), *Griisch* (Kleie), *Loosche* (Loge), *glyych* (gleich), *Heechi* (Höhe).

*ff, ss, schsch, chch* (scharf): *pfyffe* (pfeifen), *schlooffe* (schlafen), *mässe* (messen), *stoosse* (stossen), *Gryschsch* (Geräusch), *wischsche* (wischen), *Grachch* (Krach), *machche* (machen).

Auf die Doppelschreibung von *sch* und *ch* kann man ohne weiteres verzichten.

Die Unterscheidung von *v* und *f* richtet sich, sofern möglich, nach der Schriftsprache: *Voogel* (Vogel), *Fisch*.

*r* wird im Baseldeutschen als Reibelaut, ähnlich wie *ch,* gesprochen. Wir unterscheiden in der Schreibung nicht zwischen der schwächeren und der stärkeren Stufe: *Gfòòr* (Gefahr, schwächere Stufe), *waarte* (warten, stärkere Stufe). Doppelschreibung erscheint nur in Zusammensetzungen: *ver-rääble* (elend sterben), *Bùùrger-root* (Bürgerrat).

Silbenanlautende *schp* und *scht* werden, wo man sie im Hochdeutschen auch so spricht, mit *sp* und *st* wiedergegeben: *Spiil,* gesprochen *Schpiil* (Spiel), *Stai,* gesprochen *Schtai,* sonst aber stets mit *schp* und *scht: Haschpel* (Haspel), *Kaschte* (Kasten), *Schtrùggduur* (Struktur).

## Die Verschluss-Reibelaute

Bei den Verschluss-Reibelauten *pf, tz, tsch* kann in Anlehnung an die Schriftsprache nur zwischen *tz* und *z* unterschieden werden: *schwätze* (schwatzen), *gratze* (kratzen), *jètz,* aber *Gryz* (Kreuz), *Schwyz* (Schweiz) usw.

## Die stimmhaften Konsonanten

Die Schreibung der Stimmlaute *m, n, l, ng* richtet sich nach der Aussprache: *kuum* (kaum), *im* (im, ihm), *nimme* (nicht mehr), auch *stimmt* (stimmt, Grundwort *stimme); in* (in, ihn), *ginne* (pflücken), auch *ginnt* (pflückt, Grundwort *ginne); wil* (weil), *will* (will), *wèlle* (wollen); *Glang* (Klang), *singt* (singt, Grundwort *singe).*

*ng+g* wird mit *nng* wiedergegeben: *männge* (mancher), *Kinngel* (Kaninchen). *ng+gg* ergibt *ngg: dringge* (trinken), *dùngge* (dünken, tunken).

## Die übrigen Konsonanten

*j* wird als Konsonant mit *j* wiedergegeben: *Jeeger* (Jäger), *jätte* (jäten), *Bùmpjee* (Feuerwehrmann), sonst mit *i: Fèèrie* (Ferien), *Famyylie* (Familie).

*w* wird, wenn so gesprochen, auch dann mit *w* wiedergegeben, wenn es im Hochdeutschen als v geschrieben wird: *Waase* (Vase), *Wèterynäär* (Veterinär). *v* dient also nur zur Wiedergabe des als *f* gesprochenen Lautes: *Vatter* (Vater), *vyyl* (viel).

*h* wird nur geschrieben, wenn es gesprochen wird: *heebe* (halten), *dehaim.* Allenfalls kann es als Bezeichnung der Vokaldehnung dienen, wenn es im Hochdeutschen eine Entsprechung hat (siehe Seite 247, zweitletzter Absatz).

# Die Veränderung der Laute im Satz

Berücksichtige in der Schreibung die lautlichen Veränderungen, die sich durch veränderte Betonung, Form oder Stellung im Satzzusammenhang ergeben.

## Quantitäts- und Qualitätsveränderungen

Verschiedene Betonungen bewirken zum Teil starke Veränderungen im Bereich der Vokale und der Konsonanten. Unterscheide also:

Vokale:

| | | |
|---|---|---|
| *Kùnnsch aabe?* (Kommst du herunter?) | und | *abenander* (entzwei) |
| *myynetwääge* (meinetwegen) | und | *wäge nyt* (wegen nichts) |
| *e nooble Hèèr* (ein nobler Herr) | und | *der Hèr Miller* (der Herr Müller) |
| *Sag s miir* (Sag's mir) | und | *saag mer s* (sag mir's) |
| *dèrt oobe* (dort oben) | und | *obenaabe* (herunter) |
| *i mues goo* (ich muss gehen) | und | *i gang gò baade* (ich gehe baden) |
| *gang uuse* (geh hinaus) | und | *usenander* (auseinander) |

Konsonanten:

| | | |
|---|---|---|
| *Määntig* (Montag) | und | *zmidaag* (mittags) |
| *Spittel* (Spital) | und | *Spidaal* (Spital) |
| *ùffe* (hinauf) | und | *ùfenander* (aufeinander) |

## Angleichungen

Übe in der Wiedergabe von Lautangleichungen im Wortinnern und im Satzverband Zurückhaltung, um die Lesbarkeit nicht zu erschweren.

*Festes Einzelwort*

Wenn nicht die Gefahr der falschen Aussprache besteht, kann die hochdeutsche Schreibweise beibehalten werden: *Zùnft,* gesprochen *Zùmft* (Zunft), *Stadt,* gesprochen *Stat* (Stadt), *Kiirche,* gesprochen *Kiiche* (Kirche). Besteht aber eine stärkere Abweichung, so muss sie wiedergegeben werden: *Dèppig* (Teppich), *Òòrnig* (Ordnung), *näggscht* (nächst).

Bei den Verben wird *b, d, g* des Stamms in allen Formen beibehalten: *du hèbsch* (hältst), gesprochen *hèpsch,* Grundform *heebe;* ebenso *blybsch* (bleibst), *blybt* (bleibt), *rèdsch* (redest), *rèdt* (redet), *grèdt* (geredet), *gnagsch* (nagst), *gnagt* (nagt, genagt); dasselbe gilt für Superlative bei Adjektiven: *greedscht* (geradest), gesprochen *greetscht, s Grèbscht/Greebscht* (das Gröbste).

Vor Ableitungssilben richtet sich die Schreibung nach der Aussprache: *äntlig* (endlich), *stäntlige* (ständlings), *hantlig* (handlich), aber *Änd(i)* (Ende), *Stand* (Stand), *Handlig* (Handlung).

Die Vorsilbe *ab-* bleibt, auch wenn *ap* gesprochen, in der Schreibung unverändert: *abloo* (ablassen), *abstäche* (abstechen), *s bricht ab* (es bricht ab).

Schreibe Zusammensetzungen nur dann lautgetreu, wenn sie nicht mehr als solche empfunden werden: *Bauele* (Baumwolle), *Jùmpfere* (Jungfer, Jungfrau), *Hampfle* (Handvoll), *Mùmpfel* (Mundvoll). Bei deutlich spürbaren Zusammensetzungen schreibe aber dem Leser zuliebe jeden Teil vollständig: *Handduech,* nicht *Hantuech* (Handtuch), *Stadtdòòr,* nicht *Stattòòr* (Stadttor), *Räbbäärg,* nicht *Räppäärg* (Rebberg), *abbräche,* nicht *apräche* (abbrechen).

Jedes Wort behält in der Schrift aus Gründen der Lesbarkeit womöglich seine Selbständigkeit, auch dann, wenn es zu einem einzigen Buchstaben verkürzt ist. Schreibe also: *s brènnt,* nicht *sbrènnt, s Maitli,* nicht *smaitli, d Buebe,* nicht *dbuebe, mer wisse s,* nicht *mer wisses.* Mute dem Leser keine Wortungeheuer und -rätsel zu, wie: *pfraue* statt *d Fraue* (die Frauen), *zyyri* statt *d Syyri* (die Säure), *Ggsùndhait* oder gar *Xùndhait* statt *d Gsùndhait* (die Gesundheit), *gschwimparaad* statt *gschwind baraad* (rasch bereit), *er kèmpaasel* statt *er kènnt Baasel* (er kennt Basel) usw. Bei festen Verbindungen hingegen schreibe zusammen: *zmidaag* (mittags, zu Mittag), *zoobe* (abends, am Abend).

In der Verbindung von Verbform mit Pronomen wird *mer* (wir, mir) angehängt, wenn die Trennung schwierig wäre; schreibe also *simmer* (sind wir), falls du nicht *sind mer* sprichst, *gimmer* (gib mir), falls du nicht *giib mer* sprichst, ebenso *miemer* (müssen wir), *wämmer* (wollen wir) usw.

Schreibe enge Verbindungen von Präpositionen mit Artikel zusammen: *im/am/bim/vòm Huus* (im/am/beim/vom Haus), *zuem/zem* (zum), *ins Huus* (ins Haus), *in Rhyy* (in den Rhein); *zuemene* (zu einem), aber *zuen eme, imene* (in einem), *amene* (an einem), auch: mit *soomene Zyygnis* (mit so einem Zeugnis).

Trenne jedoch bei Pronomen: *zuen em* (zu ihm), *mit ere* (mit ihr).